Ausführliches Verzeichnis der

Guttentag'schen Sammlung

Deutscher Reichs- und Preußischer Gesetze

— Text-Ausgaben mit Anmerkungen; Taschenformat —

welche alle wichtigeren Gesetze in unbedingt zuverlässigen Gesetzestexten und in mustergiltiger Weise erläutert enthält, befindet sich hinter dem Sachregister.

Guttentag'sche Sammlung
Nr. 33. Deutscher Reichsgesetze. Nr. 33.
Text-Ausgaben mit Anmerkungen.

Das öffentliche Vereins- und Versammlungsrecht in Deutschland.

Text-Ausgabe mit Anmerkungen und Sachregistern

von

Dr. Ernst Ball.

Zweite, völlig neu bearbeitete Auflage

herausgegeben von

Dr. F. Friedenthal,
Rechtsanwalt beim Kammergericht.

Berlin 1907.
J. Guttentag, Verlagsbuchhandlung,
G. m. b. H.

Vorrede zur ersten Auflage.

Die Bestimmungen über das Vereinswesen unterliegen nach der Reichsverfassung (Art. 4 Nr. 16) der Gesetzgebung des Reiches. Ein „Reichs-Vereinsgesetz" ist jedoch bisher nicht ergangen. Die Reichsgesetze enthalten nur vereinzelt Bestimmungen, welche das Vereinswesen betreffen. Abgesehen hiervon beruht das Vereins- und Versammlungsrecht in Deutschland auf den in den einzelnen Bundesstaaten und dem Reichslande geltenden Landesgesetzen und Verordnungen.

Die nachfolgende Darstellung enthält im ersten Teile eine Zusammenstellung und Erläuterung der reichsrechtlichen Bestimmungen, im zweiten Teile die Vorschriften des Preußischen Rechtes nebst Kommentar, im dritten Teile das Recht der übrigen Deutschen Bundesstaaten und des Reichslandes. Die Anmerkungen in dem dritten Teile beschränken sich auf die Anführung der zu den einzelnen Landesvereinsgesetzen ergangenen abändernden oder ergänzenden Vorschriften. Indes lassen sich die im zweiten Teile gebotenen Erläuterungen teilweise auch für den dritten Teil verwenden, da viele im preußischen Recht vorkommende Begriffe und Vorschriften sich in dem Rechte der außerpreußischen Bundesstaaten wiederholen.

Von den beigegebenen Sachregistern umfaßt das erste das Reichsrecht und das preußische Recht, das zweite das Recht der übrigen Deutschen Bundesstaaten und des Reichslandes; ein alphabetisches Verzeichnis der Bundesstaaten ist am Schlusse beigefügt.

Obwohl das Vereins- und Versammlungsrecht in Deutschland nur zum kleinen Teile auf der Gesetzgebung des Reiches beruht, erfolgt die Veröffentlichung der nachfolgenden Arbeit aus Zweckmäßigkeitsgründen in der Sammlung Deutscher Reichsgesetze, da eine besondere Sammlung von Zusammenstellungen der für einzelne Materien geltenden reichsrechtlichen und landesrechtlichen Vorschriften nicht existiert.

Berlin, im Sommer 1894.

Dr. Ball.

Vorrede zur zweiten Auflage.

Die Vollendung der zweiten Auflage dieses Buchs hat infolge verschiedener Umstände länger auf sich warten lassen als wünschenswert war. In den fast 13 Jahren, die seit Erscheinen der ersten Auflage verflossen sind, hat sich die Lage der Gesetzgebung bezüglich des öffentlichen Vereins- und Versammlungsrechts, — und nur mit diesem beschäftigt sich das Buch, wie zur Vermeidung von Mißverständnissen jetzt auch in dem Titel zum Ausdruck gebracht ist — im Reiche fast gar nicht, in Preußen überhaupt nicht geändert. Einzelne andere Bundesstaaten haben Novellen erlassen. Nur das Reichsland hat eine neuere Kodifikation dieser Materie aufzuweisen. Der Untätigkeit der Gesetzgebung auf diesem Gebiete steht in Preußen eine um so größere Fruchtbarkeit der Rechtsprechung gegenüber. In erster Linie ist es das Kammergericht, dessen Rechtsprechung reichliches Material zur Auslegung der preußischen vereins- und versammlungsrechtlichen Bestimmungen geliefert hat. Erst in zweiter Linie kommt das Oberverwaltungsgericht. Denn naturgemäß werden diese Fragen ungleich häufiger im Wege des Strafverfahrens, als in dem des Verwaltungsstreitverfahrens ausgetragen.

In dem Augenblick, in welchem dieses Buch zum zweiten Male erscheint, sind die Vorarbeiten zu einem Reichsvereinsgesetz im Gange, welches die zum Teil veralteten Bestimmungen der Landesgesetze ersetzen soll. Schon in den Jahren 1895 und 1896 ist eine Reichstagskommission damit beschäftigt gewesen, auf Grund verschiedener Initiativanträge ein solches Gesetz auszuarbeiten. Die Sache scheiterte jedoch damals an der ablehnenden Haltung der verbündeten Regierungen. Nur das in den Gesetzen verschiedener Bundesstaaten, darunter Preußen, sich findende Verbot für politische Vereine, miteinander in Verbindung zu treten, wurde für inländische Vereine reichsgesetzlich durch Gesetz vom 11. Dezember 1899 beseitigt. Die Bestimmungen des Bürgerlichen Gesetzbuchs über Versagung und Entziehung der Rechtsfähigkeit bei solchen Vereinen, die einen politischen, sozialpolitischen oder religiösen Zweck verfolgen, sind zwar öffentlichen Rechts und deshalb hier berücksichtigt; sie berühren aber doch nur die privatrechtliche Stellung dieser Vereine. Dagegen enthält der dem Reichstag Ende vorigen Jahres vorgelegte Gesetzentwurf über die Rechtsfähigkeit der Berufsvereine in §§ 17, 18 auch Bestimmungen über die öffentlich-rechtliche Stellung dieser Vereine. Der Entwurf wird zurzeit von einer Reichstagskommission beraten. Die genannten Bestimmungen dürften sich durch das Reichsvereinsgesetz erledigen. In der Reichstagssitzung vom 25. Februar d. J. hat der Reichskanzler die demnächstige Vorlegung des Entwurfs eines solchen Gesetzes in Aussicht gestellt, und die Vorarbeiten hierzu sollen im Gange sein. Gleichwohl glaube ich, daß der gegenwärtige Stand der Gesetzgebung und Rechtsprechung, den das vorliegende Buch wiedergibt, nicht nur für den Sozialpolitiker von Interesse sein wird, der berufen ist, mittelbar oder unmittelbar an dem Reformwerk mitzuarbeiten, sondern daß das Buch auch für die eigentliche Praxis noch geraume Zeit hindurch seine Bedeutung behalten wird, da der hervorragend politische Charakter dieser Materie eine schnelle Einigung der Parteien, insbesondere ohne eingehende Kommissionsberatung, sehr unwahrscheinlich macht.

Berlin, im April 1907.

Dr. Friedenthal.

Inhaltsangabe.

Zweiter Teil.

Die Bestimmungen des Preußischen Rechts.

Dritter Teil.

Das Vereins- und Versammlungsrecht in den übrigen Deutschen Bundesstaaten und dem Reichslande.

Verzeichnis der wichtigsten Abkürzungen.

(Über die Zitate der Entscheidungen vgl. die Note am Schluß dieses Verzeichnisses.)

A. = Amtsgericht (Schöffengericht).
AppG. = Apellationsgericht.
Arndt = Dr. Adolf Arndt, Die Verfassungsurkunde für den Preußischen Staat. 5. Auflage 1904 (Nr. 1 der Guttentagschen Samml. Preuß. Gesetze).
Bek. = Bekanntmachung.
BGB. = Bürgerliches Gesetzbuch.
Caspar = Dr. Paul Caspar, Das Preußische Versammlungs- und Vereinsrecht, systematisch dargestellt. Berlin 1904 (J. Guttentag, Verlagsbuchhandlung).
DJZ. = Deutsche Juristen-Zeitung, herausgegeben von Laband, Hamm, Heinitz.
Delius = Dr. jur. Delius, Das Preußische Vereins- und Versammlungsrecht. 3. Auflage, Berlin 1905.
Entsch. = Entscheidung.
G. = Gesetz.
GA. = Goltdammer, Archiv f. Pr. Strafrecht; ohne Zusatz = Entsch. des Obertribunals daselbst.
GewO. (ReichsGewO. oder PreußGewO.) = Gewerbeordnung.

Gr. = Groschuff, Eichhorn und Delius: Die Preußischen Strafgesetze (Seite 42—83; Verordn. v. 11. März 1850, erläutert von Groschuff). 2. Aufl., Berlin 1904.
GS. = Gesetzsammlung.
J. = Jahrbuch für Entscheidungen des Kammergerichts von Johow und Ring Bd. 1—32.
JW. = Jurist. Wochenschrift, herausgegeben v. Neumann.
KabO. = Kabinettsorder.
Kauffmann = Gustav Kauffmann, das Vereinsrecht. Ein Wort gegen Polizeimaßregeln. Berlin 1890.
KG. = Kammergericht.
KGBl. = Blätter für Rechtspflege im Bezirk des Kammergerichts, herausgegeben von Perl und Wreschner.
KK. = Die Rechtsgrundsätze des Königlich Preußischen Oberverwaltungsgerichts, herausgegeben von Kunze und Kautz. 4. Aufl. Berlin, Guttentag.
L. = Landgericht (Strafkammer).
L. bez. A. = Landgericht (Strafkammer mit Überweisungsbefugnis, vgl. § 75 des Gerichtsverfassungsgesetzes).
Lisco = Dr. Hermann Lisco, Die deutschen Vereinsgesetze. Berlin, 2. Aufl. 1881.
LVG. = Landesverwaltungsgesetz.
Mascher = Dr. H. A. Mascher, Das Versammlungs- und Vereinsrecht Deutschlands. Berlin 1888.
MilStGB. = Militärstrafgesetzbuch.
MinBeschl. = Ministerialbeschluß.
MinBl. = Ministerialblatt für die gesamte innere Verwaltung Preußens.
MinVerf. = Ministerialverfügung.
ObTr. = Entscheidungen des Obertribunals, herausgegeben im amtlichen Auftrage.
OR. = Oppenhoff, Die Rechtsprechung des Obertribunals in Strafsachen.
OVG. = Entscheidungen des Kgl. Preußischen Oberverwaltungsgerichts. Bd. 1—48.
PreußG. = Preußisches Gesetz.

PrVBl. = Preußisches Verwaltungsblatt. Berlin.
RG. = Entscheidungen des Reichsgerichts in Strafsachen. Bd. 1—39, Heft 1.
RGBl. = Reichsgesetzblatt.
ReichsG. = Reichsgesetz.
ReichsMilG. = Reichs-Militärgesetz.
ReichsStGB. = Reichs-Strafgesetzbrch.
ReichsVerf. = Reichs-Verfassung.
RGZ. = Entscheidungen des Reichsgerichts in Zivilsachen. Bd. 1—64, Heft 1.
StGB. = Strafgesetzbuch.
Sw. = Schwurgericht.
Thilo = G. Thilo, Das Preußische Vereins- und Versammlungsrecht. Breslau 1865.
Verhandl. I = Stenographische Berichte der ersten Kammer 1849/1850 (S. 2865—2866 und S. 2873 Kommissionsbericht; S. 2866—2879 Beratung).
Verhandl. II = Stenographische Berichte der zweiten Kammer 1849/1850.
VG. = Preuß. Vereinsgesetz (Verordn. v. 11. März 1850).
Vd. = Verordnung.
VU. = Verfassungsurkunde für den Preußischen Staat.
Vf. = Verfügung.
Vorwärts = Das Vereins- und Versammlungsrecht in Deutschland. Berlin 1905, Verlag Vorwärtsbuchhandlung.
ZPO. = Civilprozeßordnung.

Alle Entscheidungen sind nur nach einer Sammlung zitiert. Die sowohl in GA. als auch in OR. abgedruckten Entscheidungen des Obertribunals sind nur mit OR. zitiert, sofern nicht die Wiedergabe in GA. ausführlicher ist. Entscheidungen des RG. und OVG. sind, sofern sie in den offiziellen Sammlungen, des KG., sofern sie im Jahrbuch abgedruckt sind, nur nach diesen Quellen zitiert.

Erster Teil.

Die reichsrechtlichen Bestimmungen.

---

1. Verfassung des Deutschen Reiches.

Vom 16. April 1871 (BGBl. S. 63).

Art. 3. Für ganz Deutschland besteht ein gemeinsames Indigenat mit der Wirkung, daß der Angehörige . . . eines jeden Bundesstaates in jedem anderen Bundesstaate als Inländer zu behandeln und demgemäß . . . zur Erlangung des Staatsbürgerrechtes und zum Genusse aller sonstigen bürgerlichen Rechte unter denselben Voraussetzungen wie der Einheimische zuzulassen . . . ist . . . [1]).

1) Aus Art. 3 wird meistens gefolgert, daß die Angehörigen des einen Bundesstaates von der Teilnahme an Vereinen und Versammlungen in einem anderen Bundesstaate nicht ausgeschlossen werden dürfen (Delius S. 3, Vorwärts S. 29, Caspar S. 46). Art. 3 sagt jedoch nicht, daß jeder Angehörige eines Bundesstaates zugleich die Staatsangehörigkeit in jedem anderen Bundesstaate besitzt; wo also das Vereins- und Versammlungsrecht landesgesetzlich an die Staatsangehörigkeit geknüpft ist (wie z. B. in Preußen, vgl. Preußische Verfassung

Titel II „Von den Rechten der Preußen" Art. 29 u. 30, unten S. 41 ff.), ist es nicht durch Art. 3 der Reichsverfassung auf die Angehörigen der anderen deutschen Bundesstaaten ausgedehnt. (Ebenso: Arndt S. 141, 145).

Art. 4. Der Beaufsichtigung seitens des Reichs und der Gesetzgebung desselben unterliegen . . . 16. die Bestimmungen über . . . das Vereinswesen . . . [1]).

1) Ein Reichsvereinsgesetz ist bis jetzt nicht ergangen. Die Reichsgesetze enthalten nur die im folgenden zusammengestellten einzelnen Bestimmungen über das Vereins- und Versammlungsrecht. Über das Reichsgesetz v. 11. Dez. 1899 betr. das Vereinswesen (RGBl. 1899 S. 699), das für inländische politische Vereine die einzelstaatlichen Koalitionsverbote aufhebt, vgl. unten § 9 VG. Anm. 3. Das „Reichsgesetz gegen die gemeingefährlichen Bestrebungen der Sozialdemokratie" vom 21. Okt. 1878 (RGBl. S. 351) war nur für beschränkte Zeit erlassen und ist nach mehrfachen Verlängerungen seiner Gültigkeitsdauer mit dem 30. Sept. 1890 außer Kraft getreten.

Art. 68.[1]) Der Kaiser kann, wenn die öffentliche Sicherheit in dem Bundesgebiete bedroht ist, einen jeden Teil desselben in Kriegszustand erklären. Bis zum Erlaß eines die Voraussetzungen, die Form der Verkündigung und die Wirkungen einer solchen Erklärung regelnden Reichsgesetzes [2]) gelten dafür die Vorschriften des Preußischen Gesetzes vom 4. Juni 1851 (Gesetz-Samml. für 1851 S. 451 ff.). [3]).

1) Art. 68 gilt nicht für Bayern (Bündnisvertrag v. 23. Nov. 1870 unter III § 5, Reichsverfassung Schlußbestimmung zum XI. Abschnitt). Für Elsaß-Lothringen

gilt außer Art. 68 das Ges. v. 30. Mai 1892 (RGBl. S. 667).

2) Reichsgesetz nicht ergangen.

3) Vgl. unten Art. 111 BU. Anm. 1. a) Voraussetzungen: Die Erklärung in Kriegszustand ist zulässig 1. für den Fall eines Krieges in den von dem Feinde bedrohten oder teilweise schon besetzten Provinzen (§ 1 PreußG. v. 4. Juni 1851), 2. für den Fall eines Aufruhrs bei dringender Gefahr für die öffentliche Sicherheit sowohl in Kriegs- als in Friedenszeiten (§ 2 daselbst). Art. 68 enthält nicht eine dritte selbständige Voraussetzung (a. M. Caspar S. 122). b) Form der Verkündigung: §§ 3 und 5 Preuß. Ges. v. 4. Juni 1851. c) Wirkungen: u. a. können die in den einzelnen Bundesstaaten geltenden verfassungsmäßigen Bestimmungen über Vereins- und Versammlungsrecht zeit- und distriktsweise außer Kraft gesetzt werden (§ 5 daselbst; Allerh. Erlaß v. 22. Juli 1870 u. dag. Westerkamp, Über d. ReichsVerf. S. 67).

2. Strafgesetzbuch für das Deutsche Reich.*)

Vom 31. Mai 1870

(BGBl. S. 195, vgl. RGBl. 1871 S. 127).

§ 110. (L.) Wer öffentlich vor einer Menschenmenge[1]) . . . zum Ungehorsam gegen Gesetze[2]) oder rechtsgültige Verordnungen[3]) oder gegen die von der Obrigkeit innerhalb ihrer Zuständigkeit getroffenen Anordnungen auffordert,[4]) wird mit Geldstrafe bis zu sechshundert Mark oder mit Gefängnis bis zu zwei Jahren bestraft.

*) Die §§ 110, 111, 115, 116, 124, 125, 127 betreffen zwar nicht eigentlich das Vereins- und Versammlungsrecht; jedoch erscheint ihr Abdruck zweckmäßig.

1) Wann eine „Menschenmenge“ vorliegt, ist Tatfrage. Ihre Beschaffenheit muß die Gefährdung der öffentlichen Ordnung in sich tragen (RG. JW. 1901 S. 603).

2) Gesetz i. S. des § 110 ist ein solches, das nach dem anzuwendenden Staatsrecht rechtswirksam besteht. Irrtum über die Rechtsgültigkeit ist Irrtum über das Strafgesetz und schützt nicht. (RG. 36 S. 417 Auff. zum Ungehorsam gegen § 8 VG.) Auch bürgerliche Gesetze gehören hierhin (RG. 20 S. 63 u. 150, 21 S. 299 u. 304) und selbst rechtsgeschäftliche Vereinbarungen, wenn das Gesetz ihre Beobachtung gebietet (RG. GA. 50 S. 122).

3) Formelle und materielle Gültigkeit der Verordnung erforderlich (RG. DJZ. 1901 S. 142).

4) Vorausgesetzt ist die Aufforderung zu einer äußerlich betätigten Weigerung, die Autorität eines gewissen Gesetzes usw. überhaupt anzuerkennen; Aufforderung zu einem konkreten gesetzwidrigen Tun genügt nicht (RG. 20 S. 154, 21 S. 196 u. 356, 22 S. 185, 24 S. 189). Es genügt, daß ein bestimmtes Gesetz in der Weise erkennbar gemacht wird, daß verstanden wird, welchem Gesetz Ungehorsam entgegengesetzt werden soll (RG. DJZ. 1904 Sp. 364). Subjektiv genügt das Bewußtsein, daß die Aufforderung auf Verletzung des Gesetzes abziele (RG. GA. 50 S. 122). Eventualdolus genügt (RG. DJZ. 1902 S. 322).

§ 111. (Sw., L. bez. A.) Wer auf die vorbezeichnete Weise[1]) zur Begehung einer strafbaren Handlung[2]) auffordert, ist gleich dem Anstifter[3]) zu bestrafen, wenn die Aufforderung die strafbare Handlung oder einen strafbaren Versuch derselben zur Folge gehabt hat.

(L. bez. A.) Ist die Aufforderung ohne Erfolg geblieben, so tritt Geldstrafe bis zu sechshundert

Mark oder Gefängnisstrafe bis zu einem Jahre ein. Die Strafe darf jedoch, der Art oder dem Maße nach, keine schwerere sein, als die auf die Handlung selbst angedrohte.

1) Verhältnis des § 111 zu § 110: RG. 21 S. 196 u. 357.

2) Auch wenn die Handlung nur nach Landesrecht strafbar ist (RG. 23 S. 174; vgl. daselbst über das Verhältnis des § 111 zu § 17 des VG.). Bewußtsein von der kriminellen Strafbarkeit der Tat, zu der aufgefordert wird, nicht erforderlich (RG. GA. 53 S. 76). Vgl. §§ 82, 85 StGB.

3) § 48 StGB.

§ 115. (L.) Wer an einer öffentlichen[1]) Zusammenrottung,[2]) bei welcher eine der in den §§ 113 und 114[3]) bezeichneten Handlungen mit vereinten Kräften begangen wird, teilnimmt, wird wegen Aufruhrs mit Gefängnis nicht unter sechs Monaten bestraft.

(Sw.) Die Rädelsführer, sowie diejenigen Aufrührer, welche eine der in den §§ 113 und 114 bezeichneten Handlungen begehen, werden mit Zuchthaus bis zu zehn Jahren bestraft; auch kann auf Zulässigkeit von Polizeiaufsicht erkannt werden. Sind mildernde Umstände vorhanden, so tritt Gefängnisstrafe nicht unter sechs Monaten ein.

1) Öffentlich ist eine Zusammenrottung, wenn die Beteiligung einer unbestimmten Personenmehrheit möglich ist; die Öffentlichkeit des Ortes genügt nicht (RG. 20 S. 300, 21 S. 370).

2) Zusammenrottung s. RG. 20 S. 406.

3) § 113 (Widerstand oder tätlicher Angriff gegen Beamte) und § 114 (Nötigung zur Vornahme oder Unterlassung einer Amtshandlung). Vgl. bei Rüdorff-Appelius, StGB. (Nr. 2 der Guttentagschen Sammlung Deutscher Reichsgesetze).

§ 116. (L. bez. A.) Wird eine auf öffentlichen [1]) Wegen, Straßen oder Plätzen versammelte Menschenmenge von dem zuständigen Beamten oder Befehlshaber der bewaffneten Macht aufgefordert, sich zu entfernen, so wird jeder der Versammelten, welcher nach der dritten Aufforderung [2]) sich nicht entfernt, wegen Auflaufs mit Gefängnis bis zu drei Monaten oder mit Geldstrafe bis zu eintausendfünfhundert Mark bestraft.

Ist bei einem Auflaufe gegen die Beamten oder die bewaffnete Macht mit vereinten Kräften tätlicher Widerstand geleistet oder Gewalt verübt worden, so treten gegen diejenigen, welche an diesen Handlungen teilgenommen haben, die Strafen des Aufruhrs [3]) ein.

1) D. h. zurzeit tatsächlich dem allgemeinen Verkehr freigegeben und dem Publikum allgemein zugänglich (RG. 21 S. 13 u. 371).

2) Auch wenn er die Kenntnis von der dreimaligen Aufforderung nur durch Mitteilung Dritter erlangt hat (RG. 21 S. 154).

3) Vgl. oben § 115.

§ 124. (L.)[1]) Wenn sich eine Menschenmenge[2]) öffentlich zusammenrottet[3]) und in der Absicht, Gewalttätigkeiten gegen Personen oder Sachen mit vereinten Kräften zu begehen, in die Wohnung, in die Geschäftsräume oder in das befriedete Besitztum eines anderen oder in abgeschlossene Räume, welche zum öffentlichen Dienst bestimmt sind, widerrechtlich eindringt, so wird jeder, welcher an diesen Handlungen teilnimmt, mit Gefängnis von einem Monat bis zu zwei Jahren bestraft.

1) §§ 124 ff. können ideell mit einander konkurrieren RG. JW. 1904 S. 189).

2) Vgl. § 110 Anm. 1.

3) Vgl. § 115 Anm. 2.

§ 125. (L.) Wenn sich eine Menschenmenge öffentlich zusammenrottet und mit vereinten Kräften[1]) gegen Personen oder Sachen Gewalttätigkeiten begeht,[2]) so wird jeder, welcher an dieser Zusammenrottung teilnimmt,[3]) wegen Landfriedensbruches mit Gefängnis nicht unter drei Monaten bestraft.

(Sw.) Die Rädelsführer, sowie diejenigen, welche Gewalttätigkeiten gegen Personen begangen oder Sachen geplündert, vernichtet oder zerstört haben, werden mit Zuchthaus bis zu zehn Jahren bestraft; auch kann auf Zulässigkeit von Polizeiaufsicht erkannt werden. Sind mildernde Umstände vorhanden, so tritt Gefängnisstrafe nicht unter sechs Monaten ein.

1) Das gemeinschaftliche Bewußtsein, daß mit vereinten Kräften Gewalttätigkeiten begangen werden bzw. werden sollen, ist erforderlich; dagegen genügt es, daß die dem gemeinschaftlichen Zweck dienenden Handlungen nur von einzelnen aus der Menge vorgenommen werden (RG. 20 S. 304 u. 406).

2) Einen bestimmten Erfolg brauchen die Gewalttätigkeiten nicht gehabt zu haben (RG. 5 S. 377, JW. 1905 S. 748).

3) Absicht der Selbstbegehung von Gewalttätigkeiten ist nicht erforderlich. Auch Teilnahme aus Neugier ist strafbar, sofern der Neugierige weiß, daß er sich in einer zusammengerotteten, Gewalttätigkeiten begehenden Menschenmenge befindet und willentlich als ein Teil dieser Menge darin bleibt (RG. 20 S. 404 u. 406).

§ 127. (L.) Wer unbefugterweise einen bewaffneten Haufen bildet oder befehligt oder eine Mannschaft, von der er weiß, daß sie ohne gesetzliche Befugnis gesammelt ist, mit Waffen oder Kriegsbedürfnissen versieht, wird mit Gefängnis bis zu zwei Jahren bestraft.

Wer sich einem solchen bewaffneten Haufen anschließt,[1] wird mit Gefängnis bis zu einem Jahre bestraft.

1) Die sich Anschließenden brauchen nicht selbst bewaffnet gewesen zu sein (RG. 30 S. 391).

§ 128. (L.)[1] Die Teilnahme[2] an einer Verbindung, deren Dasein, Verfassung oder Zweck vor der Staatsregierung geheim gehalten werden soll,[3][4] oder in welcher gegen unbekannte Obere Gehorsam oder gegen bekannte Obere unbedingter Gehorsam versprochen wird, ist an den Mitgliedern[2] mit Gefängnis bis zu sechs Monaten, an den Stiftern[2] und Vorstehern der Verbindung mit Gefängnis von einem Monat bis zu einem Jahre zu bestrafen.

Gegen Beamte kann auf Verlust der Fähigkeit zur

Bekleidung öffentlicher Ämter auf die Dauer von einem bis zu fünf Jahren erkannt werden.

1) §§ 128, 129 beschränken den Art. 30 PrVU., weil der staatsgefährliche Charakter der dort behandelten Verbindungen ihre Gleichstellung mit anderen Vereinen ausschließt (RG. 35 S. 179). Verbindung setzt voraus: erstens die (in der Regel durch eine bestimmte Organisation verkörperte) Unterordnung des einzelnen unter den irgendwie zum Ausdruck gebrachten Willen der Gesamtheit, und zweitens die Vereinigung auf längere (freilich nur in concreto zu bemessende RG. 16 S. 294, 18 S. 173) Dauer (RG. 13 S. 277, 21 S. 73, 24 S. 330). — Vgl. RG. 13 S. 281 über den Unterschied von Verbindung und Komplott. — Der Zweck der Verbindung braucht kein strafbarer zu sein (RG. 35 S. 178). § 128 behandelt die gefährliche Verbindungsform, § 129 den gefährlichen Verbindungszweck (RG. 35 S. 195). Nach Ansicht des RG. (13 S. 273, 35 S. 180, 197) betreffen beide Paragraphen nur solche Vereinigungen, die eine Einwirkung auf öffentliche Angelegenheiten oder ein Erörtern politischer Angelegenheiten in Versammlungen bezwecken (s. §§ 2, 8 VG.).

2) Mitgliedschaft erfordert gleichfalls die Unterordnung unter einen Gesamtwillen und eine gewisse Dauer des Verhältnisses (RG. 24 S. 330). Einer ausdrücklichen Erklärung des Beitritts oder der Aufnahme bedarf es nicht (RG. 13 S. 283, 17 S. 194, 24 S. 330). — Der Stifter ist strafbar, auch wenn er nicht Mitglied der Verbindung wird (RG. 6 S. 216, vgl. aber 24 S. 330). — Personen, welche weder Mitglieder noch Stifter oder Vorsteher sind, können wegen Teilnahme an einer Verbindung gemäß §§ 128, 129 nicht bestraft werden (RG. 24 S. 330; contra: Entsch. d. RG. v. 15. Jan. 1894, JW. S. 101: es genüge die Beteiligung, welche in der Beförderung der Verbindungszwecke gefunden werden könne).

3) § 128 wird nicht dadurch ausgeschlossen, daß die in Deutschland bestehende Verbindung, deren Dasein hier vor der Staatsregierung geheim gehalten werden soll, zugleich im Auslande besteht und dort nicht geheim gehalten werden soll (RG. 16 S. 170: Teilnahme von Elsaß-Lothringern an der französischen Patriotenliga).

4) Über die Freimaurerlogen vgl. (für Preußen) unten Art. 30 BU. Anm. 1.

§ 129. (L.) Die Teilnahme[1]) an einer Verbindung[1]), zu deren Zwecken oder Beschäftigungen gehört[2]), Maßregeln der Verwaltung oder die Vollziehung[3]) von Gesetzen durch ungesetzliche[4]) Mittel zu verhindern oder zu entkräften, ist an den Mitgliedern mit Gefängnis bis zu einem Jahre, an den Stiftern[1]) und Vorstehern der Verbindung mit Gefängnis von drei Monaten bis zu zwei Jahren zu bestrafen.

Gegen Beamte kann auf Verlust der Fähigkeit zur Bekleidung öffentlicher Ämter auf die Dauer von einem bis zu fünf Jahren erkannt werden.

1) Vgl. Anm. 1 u. 2 zu § 128.

2) Auf einen Verein, der nur Erlaubtes (z. B. Stimmenerwerbung bei Reichstagswahl) bezweckt, aber vorsätzlich die landesgesetzlich vorgeschriebene Anmeldung seiner Versammlungen unterläßt, ist § 129 nicht anwendbar (RG. 16 S. 295).

3) Zur „Vollziehung" gehören alle Maßregeln, welche das Gesetz zur Erreichung seiner Zwecke anordnet (RG. 11 S. 351).

4) Strafbarkeit der Mittel an sich ist nicht erforderlich (RG. 19 S. 99).

3a. Reichsmilitärgesetz.

Vom 2. Mai 1874 (RGBl. S. 45.)

§ 49 (Abs. 2). Die Teilnahme an politischen Vereinen und Versammlungen ist den zum aktiven Heere gehörigen Militärpersonen [1]) unterfagt [2]).

1) Vgl. § 38 ReichsMilG.
2) Strafbestimmungen: §§ 92, 93, 101 MilStGB.

3b. Militärstrafgesetzbuch für das Deutsche Reich.

Vom 20. Juni 1872 (RGBl. S. 174).

§ 6. Personen des Beurlaubtenstandes [1]) unterliegen den Strafvorschriften dieses Gesetzes in der Zeit, in welcher sie sich im Dienste befinden; außerhalb dieser Zeit finden auf sie nur diejenigen Vorschriften Anwendung, welche in diesem Gesetze ausdrücklich auf Personen des Beurlaubtenstandes für anwendbar erklärt sind.[2])

1) Vgl. § 56 ReichsMilG., § 11 G. v. 11. Febr. 1888 (RGBl. S. 11).
2) Vgl. § 113 MilStGB.

§ 92. Ungehorsam gegen einen Befehl in Dienstsachen durch Nichtbefolgung oder durch eigenmächtige Abänderung oder Überschreitung desselben wird mit Arrest bestraft.

§ 93. Wird durch den Ungehorsam ein erheblicher Nachteil verursacht, so tritt strenger Arrest nicht unter vierzehn Tagen oder Gefängnis oder Festungshaft bis zu zehn Jahren, im Felde Freiheitsstrafe nicht unter einem Jahre oder lebenslängliche Freiheitsstrafe ein.

Wird durch den Ungehorsam die Gefahr eines erheblichen Nachteils herbeigeführt, so tritt Freiheitsstrafe bis zu zwei Jahren, im Felde Freiheitsstrafe von drei Monaten bis zu drei Jahren ein.[1])

1) Vgl. zu §§ 92, 93: WG. § 22.

§ 101. Wer unbefugt eine Versammlung von Personen des Soldatenstandes behufs Beratung über militärische Angelegenheiten oder Einrichtungen veranstaltet . . ., wird mit Freiheitsstrafe bis zu drei Jahren bestraft; zugleich kann auf Dienstentlassung erkannt werden.

Die an einer solchen Versammlung . . . Beteiligten werden mit Freiheitsstrafe bis zu sechs Monaten bestraft.

§ 113. Eine Person des Beurlaubtenstandes [1]) wird, auch während sie sich nicht im Dienste befindet, nach den Vorschriften dieses Abschnittes bestraft, wenn sie dem § 101 zuwiderhandelt . . .

1) Vgl. Anm. 1 zu § 6.

4. Reichsgesetz, betreffend den Orden der Gesellschaft Jesu.

Vom 4. Juli 1872 (RGBl. S. 253).

§ 1. Der Orden der Gesellschaft Jesu und die ihm verwandten Orden und ordensähnlichen Kongregationen sind vom Gebiete des Deutschen Reichs ausgeschlossen.[1])

Die Errichtung von Niederlassungen derselben ist untersagt. Die zurzeit bestehenden Niederlassungen sind binnen einer vom Bundesrat zu bestimmenden Frist, welche sechs Monate nicht übersteigen darf, aufzulösen.

1) Über unerlaubte Ordenstätigkeiten vgl. OVG. 37 S. 430, 41 S. 397.

§ 2 betraf die Befugnis zur Ausweisung und Aufenthaltsbeschränkung und ist aufgehoben durch das Reichsgesetz v. 8. März 1904 (RGBl. S. 139).

§ 3. Die zur Ausführung und zur Sicherstellung des Vollzugs dieses Gesetzes erforderlichen Anordnungen werden vom Bundesrate erlassen.[1])

1) Vgl. Bek. v. 5. Juli 1872 (RGBl. S. 254) v. 30. Mai 1873 (RGBl. S. 109) und v. 18. Juli 1894 (RGBl. S. 503).

5. Wahlgesetz für den Deutschen Reichstag.

Vom 31. Mai 1869

(BGBl. 1869 S. 145; vgl. RGBl. 1873 S. 163).

§ 17. Die Wahlberechtigten haben das Recht, zum Betrieb der den Reichstag betreffenden Wahlangelegenheiten Vereine zu bilden und in geschlossenen Räumen unbewaffnet öffentliche Versammlungen zu veranstalten.

Die Bestimmungen der Landesgesetze über die Anzeige der Versammlungen und Vereine, sowie über die Überwachung derselben, bleiben unberührt.[1])[2])

1) Spezialbestimmungen für Wahlversammlungen und

Wahlvereine enthalten die Vereinsgesetze von Preußen (§ 21 Abs. 2), Bayern (Art. 26), Mecklenburg-Schwerin (Vd. v. 2. Mai 1877 § 3 Abs. 3), Mecklenburg-Strelitz (§ 4 Abs. 3), Braunschweig (§ 1), Elsaß-Lothringen (§ 6 Abs. 2).

2) § 17 ist seitens des Reichstags in den Regierungsentwurf eingefügt, wesentlich mit Rücksicht auf den damaligen Rechtszustand in Mecklenburg-Schwerin und Mecklenburg-Strelitz. Die Antragsteller (Abs. 1: Antrag Wiggers, Abs. 2: Antrag Friedenthal) betonten, daß für alle Bundesstaaten das Recht, zu Wahlbesprechungen Vereine und Versammlungen zu bilden, gewährleistet werden solle, die zum Schutze gegen den Mißbrauch dieses Rechtes landesgesetzlich bestehenden Ordnungsbestimmungen aber aufrecht erhalten werden sollten, so daß durch § 17 nicht mehr Freiheit in Mecklenburg erreicht werden solle, als z. B. in Preußen bereits bestehe (Reichstagsverhandlungen 1869 S. 203 u. 979).

Wo daher z. B. landesgesetzlich eine für Wirtshäuser usw. festgesetzte Polizeistunde auch die in solchen Lokalen abgehaltenen öffentlichen Versammlungen trifft (wie in Preußen, vgl. unten Art. 29 VU. Anm. 2b), gilt sie auch für die dort veranstalteten öffentlichen Wahlversammlungen (für Braunschweig: Ges. v. 4. Juli 1853 § 16 verbunden mit § 1).

6. Gewerbeordnung für das Deutsche Reich.

Vom 21. Juni 1869 (BGBl. S. 245).

Redaktion vom 26. Juli 1900 (RGBl. S. 871).

§§ 81 bis 104n (Innungen von Gewerbetreibenden) s. bei Spangenberg, Reichs-Gewerbeordnung, Nr. 6 der Guttentagschen Sammlung deutscher Reichsgesetze.

§ 152. Alle Verbote und Strafbestimmungen gegen Gewerbetreibende, gewerbliche Gehülfen,

Gesellen oder Fabrikarbeiter wegen Verabredungen und Vereinigungen zum Behufe der Erlangung günstiger [2]) Lohn- und Arbeitsbedingungen [1]), insbesondere mittelst Einstellung der Arbeit oder Entlassung der Arbeiter, werden aufgehoben.

Jedem Teilnehmer steht der Rücktritt von solchen Vereinigungen und Verabredungen [3]) frei, und es findet aus letzteren weder Klage noch Einrede statt.

1) § 152 stellt Arbeitgeber und Arbeitnehmer vollständig gleich (RG. 36 S. 238, RGZ. 54 S. 258). Er bezieht sich nur auf Verabredungen und Verbände, die konkrete Dienstverträge zwischen Arbeitgebern, also private Angelegenheiten der Teilnehmer zum Gegenstand haben, nicht auf solche, die eine Änderung in der rechtlichen, wirtschaftlichen oder sozialen Lage des Arbeiter- oder Unternehmerstandes im allgemeinen erreichen wollen. Die Landesgesetze können die Verbände des § 152 nur den für alle Vereine und Versammlungen geltenden, auf deren polizeiliche Überwachung abzielenden Beschränkungen und Ordnungsvorschriften unterwerfen. Das preußische VG. wird von § 152 nicht berührt, da es nur solche Vereine trifft, die eine Einwirkung auf öffentliche Angelegenheiten (§ 2) oder eine Erörterung politischer Gegenstände in Versammlungen (§ 8) bezwecken. Verfolgt daher ein gewerblicher Verband, aus dem Bereiche der wirtschaftlichen Interessen seiner Mitglieder hinaustretend, derartige Ziele, so unterliegt er dem VG. (OVG. 38 S. 405, vgl. RG. 16 S. 383, 22 S. 337.) — Ungültig wegen § 152 sind Landesstrafgesetze gegen Streikpostenstehen. Gefährdungen, die damit verbunden sind, kann durch PolVd. entgegengetreten werden (RG. 34 S. 121).

Die Koalitionsfreiheit erstreckt sich auch auf die Besitzer und Arbeiter von Bergwerken usw. (vgl. unten § 154a), aber nicht auf Gesinde und landwirtschaftliche Dienstleute oder Handarbeiter. Vgl. für die Letzteren das Preuß. G. vom 24. April 1854, Anm. 2a IV zu Art. 30 der Preuß. VU.

2) „Günstige" nicht „günstigere" Bedingungen. Günstig sind die Bedingungen, welche die Arbeitgeber bzw. Arbeiter verlangen, gleichviel, ob sie ihnen materiellen Gewinn bringen oder nicht (RG. in 30 S. 359, DJZ. 1905 Sp. 72; RGZ. 50 S. 31). Aufrechterhalten der bisherigen Lohnsätze ist nur dann Erlangung günstiger Lohnbedingungen, wenn das Recht auf den bisherigen Lohn erloschen ist, und ein neuer Vertrag geschlossen werden soll (KGBl. 1905 S. 35). Es braucht sich nicht um Abmachungen zu handeln, die im Arbeitsvertrage selbst zu treffen sind. Es genügt, daß das Ziel der Verabredung die Erlangung von Vorteilen für die Arbeitgeber oder Arbeitnehmer im Verhältnis beider Teile zueinander ist. Nicht betroffen werden nur Verabredungen, bei denen es sich um Erfüllung rechtsgültig bestehender kontraktlicher Verpflichtungen handelt (RG. 38 S. 161: Zweck der Verabredung war, zu erreichen, daß der Arbeitgeber von Befolgung eines Beschlusses des Arbeitgeberverbandes Abstand nehme, und von dieser Verabredung zurücktrete, die organisierten Arbeiter in unbeschränkter Zahl wieder einstelle und das gesetzliche Recht, in Befolgung der Verabredung der Arbeitgeber einen Prozentsatz der organisierten Arbeiter zu entlassen, nicht ausübe). Der erstrebte Erfolg braucht nicht allen Verbündeten zum Vorteil zu gereichen. Ausfluß des Koalitionsrechts ist es auch, wenn Arbeitgeber oder Arbeitnehmer ohne unmittelbares eigenes Interesse in einen Kampf zwischen solchen Parteien zur Unterstützung der einen oder anderen streitenden Partei eingreifen (RGZ. 54 S. 258: Sympathiestreiks und Aussperrungen).

3) Dazu gehören auch Verabredungen von Arbeitgebern, in ihre Verträge die Streikklausel aufzunehmen

(RGZ. 50 S. 31). Nicht hierher gehören Preiskartelle (vgl. RGZ. 38 S. 155, 53 S. 22).

§ 153. (A.) [1]) Wer andere [2]) durch Anwendung körperlichen Zwanges [3]), durch Drohungen, durch Ehrverletzung oder durch Verrufserklärung [4]) bestimmt oder zu bestimmen versucht, an solchen Verabredungen (§ 152) teilzunehmen, oder ihnen Folge zu leisten, oder andere durch gleiche Mittel hindert oder zu hindern versucht, von solchen Verabredungen zurückzutreten, wird mit Gefängnis bis zu drei Monaten bestraft, sofern nach dem allgemeinen Strafgesetze [5]) nicht eine härtere Strafe eintritt.

1) § 153 soll der durch § 152 gewährten Koalitionsfreiheit gegenüber die freie Willensbestimmung des einzelnen schützen (RG. 36 S. 238). Er dient sowohl zum Schutze derer, die bei einem Lohnkampf als Teilnehmer gewonnen werden sollen, als auch der Gegner (RGZ. 64 S. 57). Verschieden davon ist die Frage, ob § 153 auch Anwendung findet, wenn die Nötigung sich gegen den Gegner richtet (s. Anm. 2).

2) Nach Ansicht des RG. (36 S. 237) sind „andere" nicht blos die der Vereinigung durch Gemeinschaft des Berufs nahestehenden Personen, wie im Falle von Zwangsmaßregeln seitens zum Streik organisierter Arbeiter gegen einen nicht streikenden, demselben oder auch einem anderen Beruf angehörenden Arbeiter (RG. 30 S. 359); § 153 soll also nicht nur zum Schutze gegen Terrorismus der auf derselben Seite des Lohnkampfes Stehenden gegen ihre Genossen dienen (RG. 35 S. 207), sondern es auch verbieten, durch die dort bezeichneten Mittel einen Zwang auf die Willensfreiheit der Mitglieder der Gegenpartei

auszuüben. Mit Recht scheint RGZ. 64 S. 59 dies zu bezweifeln.

3) Zwang, Drohung, Ehrverletzung, Verrufserklärung sind gleichwertige Erscheinungsformen desselben Tatbestandes und enthalten nur unwesentliche Unterschiede im Rahmen derselben Begehungsart. § 264 StPO. ist daher nicht anwendbar (RG. 37 S. 103). Das angewandte Mittel muß rechtswidrig sein (RG. 36 S. 238). Widerrechtlich sind Androhungen nicht, wenn dem Drohenden kraft besonderen Rechtstitels ein Zwangsrecht gegenüber dem Bedrohten zusteht (RG. 14 S. 387). Stellt daher ein Verein von Arbeitnehmern in einem Lohnkampf seiner Satzung gemäß denjenigen seiner Mitglieder, die sich an dem Kampfe nicht beteiligen würden, lediglich den Verlust ihrer Mitgliedschaft in Aussicht, so verletzt er § 153 nicht (RGZ. 64 S. 59). Auch die Androhung des Boykotts ist ebensowenig wie dieser unerlaubt. „Es erscheint unmöglich, anzunehmen, daß der Gesetzgeber das intensivere Zwangsmittel habe gestatten, das mildere aber mit Strafe bedrohen wollen" (RGZ. 64 S. 60).

4) Verrufserklärung ist die von der Seite der Standes- oder Berufsgenossen ausgehende Erklärung, daß ein erkennbarer bezeichneter Genosse wegen Unwürdigkeit von dem Verkehr von Standes- oder Berufsgenossen ausgeschlossen sein solle. Dieser Wille kann auch durch Handlungen zum verständlichen Ausdruck gebracht werden, z. B. durch die solidarische Einstellung der Arbeit aller Beteiligten (RG. DJZ. 1905 Sp. 507).

5) Vgl. § 240 StGB.

§ 154a. (Abs. 1).[1]) Die Bestimmungen der §§ ... 152 und 153 finden auf die Besitzer und Arbeiter von Bergwerken, Salinen, Aufbereitungs-

anstalten und unterirdisch betriebenen Brüchen oder Gruben entsprechende Anwendung.

1) Fassung gemäß G. v. 1. Juni 1891 (RGBl. S. 261) Art. 7.

7. Bürgerliches Gesetzbuch.

Vom 18. August 1896 (RGBl. S. 195).

§ 21.[1]) Ein Verein, dessen Zweck nicht auf einen wirtschaftlichen Geschäftsbetrieb gerichtet ist, erlangt Rechtsfähigkeit durch Eintragung in das Vereinsregister des zuständigen Amtsgerichts.

1) Das BGB. regelt nur die privatrechtliche Stellung der Vereine. Für das öffentliche Vereinsrecht ist die Frage der Rechtsfähigkeit eines Vereins ohne Belang. Daher sind auch die Vorschriften des BGB. über eingetragene Vereine und die der ZPO. über Parteifähigkeit für die Feststellung des Vereinsbegriffs im Sinne des öffentlichen Rechts nicht heranzuziehen (KG. DJZ. 1906 Sp. 970, vgl. VG. § 2 Anm. 1).

§ 23. Einem Vereine, der seinen Sitz nicht in einem Bundesstaate hat, kann in Ermangelung besonderer reichsgesetzlicher Vorschriften Rechtsfähigkeit durch Beschluß des Bundesrats verliehen werden.

§ 24. Als Sitz eines Vereins gilt, wenn nicht ein anderes bestimmt ist, der Ort, an welchem die Verwaltung geführt wird.

§ 43. Dem Vereine kann die Rechtsfähigkeit entzogen werden, wenn er durch einen gesetzwidrigen Beschluß der Mitgliederversammlung oder durch gesetzwidriges Verhalten des Vorstandes das Gemeinwohl gefährdet.

Einem Vereine, dessen Zweck nach der Satzung nicht auf einen wirtschaftlichen Geschäftsbetrieb gerichtet ist, kann die Rechtsfähigkeit entzogen werden, wenn er einen solchen Zweck verfolgt.[1])

Einem Vereine, der nach der Satzung einen politischen, sozialpolitischen oder religiösen Zweck nicht hat, kann die Rechtsfähigkeit entzogen werden, wenn er einen solchen Zweck verfolgt.[1])

Einem Vereine, dessen Rechtsfähigkeit auf Verleihung beruht, kann die Rechtsfähigkeit entzogen werden, wenn er einen anderen als den in der Satzung bestimmten Zweck verfolgt.

1) S. § 61 Anm. 4.

§ 44. Die Zuständigkeit und das Verfahren bestimmen sich in den Fällen des § 43 nach den für streitige Verwaltungssachen geltenden Vorschriften der Landesgesetze. Wo ein Verwaltungsstreitverfahren nicht besteht, finden die Vorschriften der §§ 20, 21 der Gewerbeordnung Anwendung; die Entscheidung erfolgt in erster Instanz durch die höhere Verwaltungsbehörde, in derem Bezirke der Verein seinen Sitz hat.

Beruht die Rechtsfähigkeit auf Verleihung durch den Bunsdesrat, so erfolgt die Entziehung durch Beschluß des Bundesrats.

§ 54. Auf Vereine, die nicht rechtsfähig sind, finden die Vorschriften über die Gesellschaft[1]) Anwendung. Aus einem Rechtsgeschäfte, das im Namen eines solchen Vereins einem Dritten gegenüber vorgenommen wird, haftet der Handelnde persönlich; handeln mehrere, so haften sie als Gesamtschuldner.

1) §§ 705 ff. BGB. Vgl. RG. 60 S. 94: Anwendung auf Vereinigung mit wechselndem Mitgliederbestand, die im Verkehr unter einem Namen auftritt.

§ 55. Die Eintragung eines Vereins der in § 21 bezeichneten Art in das Vereinsregister hat bei dem Amtsgerichte zu geschehen, in dessen Bezirk der Verein seinen Sitz hat.

§ 59 (Abs. 1). Der Vorstand hat den Verein zur Eintragung anzumelden.

§ 61. Wird die Anmeldung zugelassen, so hat das Amtsgericht dies der zuständigen[1]) Verwaltungsbehörde mitzuteilen.

Die Verwaltungsbehörde kann gegen die Eintragung Einspruch erheben,[2]) wenn der Verein nach dem öffentlichen Vereinsrecht unerlaubt ist[3]) oder verboten werden kann oder wenn er einen politischen sozialpolitischen oder religiösen Zweck verfolgt.[4])

1) Nach Landesrecht.

2) Beim Amtsgericht. Gründe für den Einspruch braucht sie nicht anzugeben (OVG. 41 S. 399). Neben dem Einspruch steht der Verwaltungsbehörde auch die Beschwerde nach § 30 ReichsG. über die Angel. d. freiw. Gerichtsbarkeit zu (J. 28 A. 63).

3) Z. B. Teil einer nicht zugelassenen geistlichen Gesellschaft ist (OVG. 41 S. 397).

4) Über Feststellung des Zwecks s. Anm. 5 zu § 2, Anm. 1 c zu § 8 VG. Hat der Verein vor der Anmeldung nicht bestanden, so kann der Zweck natürlich nur nach der Satzung beurteilt werden. Verfolgt er später einen der genannten Zwecke, so bleibt der Verwaltungsbehörde der Weg der §§ 43, 44 BGB. Besteht der Verein schon und verfolgt einen aus der Satzung nicht ersichtlichen politischen usw. Zweck, so ist der Einspruch begründet (OVG. 44 S. 439). Ueber den Begriff der politischen und sozialpolitischen Zwecke s. Anm. 4 zu § 2, Anm. 1 a zu § 8 VG. Unter sozialpolitische Zwecke fällt nicht die Sorge für die verwahrloste Jugend (OVG. in 41 S. 397, DJZ. 1904 Sp. 1045), auch nicht Unterrichts- oder Erziehungszwecke (OVG. 41 S. 397).

§ 62. Erhebt die Verwaltungsbehörde Einspruch, so hat das Amtsgericht den Einspruch dem Vorstande mitzuteilen.

Der Einspruch kann im Wege des Verwaltungsstreitverfahrens oder, wo ein solches nicht besteht, im Wege des Rekurses nach Maßgabe der §§ 20, 21 der Gewerbeordnung angefochten werden.

§ 65. Mit der Eintragung erhält der Name des Vereins den Zusatz „Eingetragener Verein".

8. Reichsgesetz, betreffend die Erwerbs- und Wirtschaftsgenossenschaften.

Vom 1. Mai 1889, in der Fassung der Bekanntmachung v. 14. Juni 1898 (RGBl. S. 810).

§ 81. Wenn eine Genossenschaft sich gesetzwidriger Handlungen oder Unterlassungen schuldig macht, durch welche das Gemeinwohl gefährdet wird, oder wenn sie andere als die in diesem Gesetze (§ 1) bezeichneten geschäftlichen Zwecke verfolgt[1]), so kann sie aufgelöst werden, ohne daß deshalb ein Anspruch auf Entschädigung stattfindet.

Das Verfahren und die Zuständigkeit der Behörden richtet sich nach den für streitige Verwaltungssachen landesgesetzlich geltenden Vorschriften. Wo ein Verwaltungsstreitverfahren nicht besteht, finden die Vorschriften in §§ 20, 21 der Gewerbeordnung mit der Maßgabe Anwendung, daß die Entscheidung in erster Instanz durch die höhere Verwaltungsbehörde erfolgt, in deren Bezirke die Genossenschaft ihren Sitz hat.

Von der Auflösung hat die in erster Instanz entscheidende Behörde dem Gerichte (§ 10)[2]) Mitteilung zu machen.

1) Insbesondere politische Zwecke.

2) In dessen Bezirke die Genossenschaft ihren Sitz hat.

§ 149. (A.) Mitglieder des Vorstandes werden mit Geldstrafe bis zu sechshundert Mark bestraft, wenn ihre Handlungen auf andere, als die im § 1 erwähnten geschäftlichen Zwecke gerichtet sind, oder wenn sie in der Generalversammlung die Erörterung von Anträgen gestatten oder nicht hindern, welche auf öffentliche Angelegenheiten gerichtet sind, deren Erörterung unter die Gesetze über das Versammlungs- und Vereinsrecht fällt.

9. Reichsgesetz, betreffend die Gesellschaften mit beschränkter Haftung.

Vom 20. April 1892 in der Fassung der Bekanntmachung v. 20. Mai 1898 (RGBl. S. 846).

§ 62. Wenn eine Gesellschaft das Gemeinwohl dadurch gefährdet, daß die Gesellschafter gesetzwidrige Beschlüsse fassen oder gesetzwidrige Handlungen der Geschäftsführer wissentlich geschehen lassen [1]), so kann sie aufgelöst werden, ohne daß deshalb ein Anspruch auf Entschädigung stattfindet.

Das Verfahren und die Zuständigkeit der Behörden richtet sich nach den für streitige Verwaltungssachen landesgesetzlich geltenden Vorschriften. Wo ein Verwaltungsstreitverfahren nicht besteht, kann die Auflösung nur durch gerichtliches Erkenntnis auf Betreiben der höheren Verwaltungsbehörde erfolgen. Ausschließlich zuständig ist in diesem Falle das Landgericht, in dessen Bezirk die Gesellschaft ihren Sitz hat.

1) Gesellschaften mit beschränkter Haftung können nach § 1 des G. v. 20. April 1892 zu jedem gesetzlich zulässigen Zwecke errichtet werden, mithin auch zur Einwirkung auf öffentliche, insbesondere politische Angelegenheiten, soweit landesgesetzlich Vereine zu solchen Zwecken zulässig sind. Die Gesellschaften und ihre Versammlungen unterliegen alsdann den öffentlich-rechtlichen Bestimmungen der Landesgesetze über das Vereins- und Versammlungsrecht. Reichsgesetzlich kann die Auflösung gemäß dem obigen § 62 erfolgen.

10. Einführungsgesetz zum Strafgesetzbuch für das Deutsche Reich.

Vom 31. Mai 1870.

(BGBl. S. 195; vgl. RGBl. 1871 S. 127.)

§ 2. (Abs. 2.) In Kraft bleiben die besonderen Vorschriften des Reichs- und Landesstrafrechts, namentlich ... über Mißbrauch des Vereins- und Versammlungsrechts ...

11. Einführungsgesetz zur Strafprozeßordnung.

Vom 1. Februar 1877 (RGBl. S. 346).

§ 6. (Abs. 2). Unberührt bleiben die landesgesetzlichen Bestimmungen: ...

2. über das Verfahren bei Zuwiderhandlungen gegen die Gesetze über das Vereins- und Versammlungsrecht.

Zweiter Teil.

Die Bestimmungen des Preußischen Rechts.

12. Verfassungsurkunde für den Preußischen Staat.

Vom 31. Januar 1850 (GS. S. 17).

Art. 29. [1] [2] Alle Preußen [3] sind berechtigt [4], sich ohne vorgängige obrigkeitliche Erlaubnis friedlich und ohne Waffen [5] in geschlossenen Räumen [6] zu versammeln.

Die Bestimmung bezieht sich nicht auf Versammlungen unter freiem Himmel [6]), welche in Bezug auf vorgängige obrigkeitliche Erlaubnis der Verfügung des Gesetzes unterworfen sind.

1) **Vorbem. zu Art. 29 u. 30.** Art. 29 handelt von dem Versammlungsrecht, während Art. 30 Abs. 1 und 3 das Vereinsrecht betrifft. Nach Art. 30 Abs. 2 regelt das Gesetz die Ausübung der in beiden Artikeln gewährleisteten Rechte. Dies Gesetz ist ergangen in Gestalt der „Verordnung" vom 11. März 1850 (s. unten). Die Befugnisse der Behörden gegenüber Vereinen und Versammlungen bedurften aber nur insoweit der Regelung durch dieses Gesetz, als speziell vereins-

und versammlungsrechtliche Gesichtspunkte maßgebend sind. Eine Polizeiverordnung, die diese Rechte als solche einschränkt, ist daher zwar ungültig (KG. DJZ. 1904 Sp. 653); dagegen bleiben alle anderen (nicht vereins- oder versammlungsrechtlichen) gesetzlichen Bestimmungen und die sich aus ihnen ergebenden Befugnisse der Polizei, auch den zu einem Verein oder einer Versammlung zusammengeschlossenen Personen gegenüber in Kraft. Das OVG. (26 S. 403) stellt folgende, auch vom KG. (J. 22 C. 67) angenommene Grundsätze auf:

a) Die Polizei kann ihr Einschreiten gegen eine Personenmehrheit, falls es lediglich aus dem Grunde erfolgt, weil diese von ihrem Vereins- oder Versammlungsrecht Gebrauch macht, nur auf das Vereinsgesetz stützen, während andrerseits

b) das aus anderen gesetzlichen Vorschriften zulässige oder gebotene Einschreiten gegen eine Mehrheit von Personen oder gegen einzelne Personen nicht lediglich um deswillen rechtswidrig wird, weil diese ihr Vereins- oder Versammlungsrecht ausüben (vgl. auch OVG. 42 S. 419).

Zeitweises Außerkraftsetzen der Art. 29 und 30 s. Art. 68 RVf. Anm. 3, Art. 111 VU.

2) **Art. 29** gewährt mit gewissen Einschränkungen Versammlungsfreiheit. a) Eine Versammlung ist „eine an Zahl nicht allzu kleine, äußerlich irgendwie vereinigte Personenmehrheit oder Menschenmenge, sobald zu dem oft zufälligen oder scheinbaren, durch das örtliche Zusammensein bedingten äußeren Bande eine auf gemeinsamem Wollen beruhende innere Vereinigung hinzutritt" (RG. 21 S. 73 vgl. J. 13 S. 362). Wie das OVG. (20 S. 437) ausführt, versteht der Sprachgebrauch unter Versammlung jede absichtliche Vereinigung mehrerer Menschen an demselben Orte und zu nicht bloß gleichartigen Zwecken, sondern zu einem allen gemeinsamen Zwecke. Je nachdem die Personenmehrheit es auf dauernde Ziele oder

nur auf zeitweiliges, für einen schnell vorübergehenden Zweck berechnetes Zusammensein absah, liegt ein Verein bzw. eine Verbindung, oder eine Versammlung vor. Letztere ist ein Augenblicksverband. Es fehlt das die Mitglieder verknüpfende, auch außerhalb der Versammlung wirksame rechtliche Band (OVG. in 34 S. 439, GA. 17 S. 522, 18 S. 631). Der Unterschied wird sich regelmäßig in der Organisation verkörpern, die bei Versammlungen fehlen kann. Daher ist unerheblich, ob die Versammlung Vorsteher, Ordner, Leiter hat, wie § 14 VG. sie erwähnt, ein Bureau wählt usw. (Gr. S. 44f.). Nur der gemeinsame praktische Zweck, der jeder beliebigen Art sein kann, unterscheidet die Versammlung von der formlosen, unverbundenen Menschenmenge (RG. 21 S. 73). Über den Unterschied zwischen Versammlung und bloßer Privatgesellschaft vgl. § 1 VG. Anm. 1. — Neben den allgemeinen Kennzeichen sind die besonderen Merkmale in Betracht zu ziehen, die die im einzelnen Falle anzuwendende Rechtsnorm ausdrücklich oder stillschweigend aufstellt (RG. 29 S. 165). Auch der Sprachgebrauch kennt einen Begriff der Versammlung im engeren Sinne, nämlich unter Ausscheidung derjenigen, deren Zweck bloße Geselligkeit ist. Zutreffend dürfte die Begriffsbestimmung des KG. (J. 22 C. 63) sein, nach welcher Versammlungen dann unter Art. 29 Abs. 1 VU. fallen, wenn sie zur Erörterung oder Beratung von Angelegenheiten bestimmt sind (ebenso OVG. 18 S. 426, während das OVG. später, 20 S. 437, PrVBl. 24 S. 231 den Begriff auch für Art. 29 in obigem weitesten Sinne gelten lassen will). Nicht unter die Versammlungen des Art. 29 fallen nach der hier vertretenen Ansicht vor allem die Lustbarkeiten, wie Tanzlustbarkeiten, Theater, Konzerte usw. (vgl. auch KG. DJZ. 1898 S. 210). Anders in §§ 7, 9ff. VG. s. unten.

b) Die Versammlungen des Art. 29 genießen das Privileg, daß ihre Abhaltung nicht von vorgängiger polizeilicher Genehmigung abhängig gemacht werden darf, und daß sie im übrigen als solche nur den Beschränkungen des VG. unterliegen. Selbstverständliche Voraussetzung der Versammlungsfreiheit ist, daß die Versammlung zu erlaubten Zwecken stattfindet. Daher ist die Polizei befugt, solche Versammlung im voraus zu verbieten, die zu unerlaubten Zwecken, z. B. zum Zwecke der Begehung einer strafbaren Handlung stattfinden soll (KG. DJZ. 1905 Sp. 509, Verhandl. II S. 631). Vorgängige Mitteilung des Zwecks kann die Polizeibehörde jedoch nicht fordern (OVG. 20 S. 439). Im übrigen ist ein Einschreiten auf Grund der allgemeinen Befugnisse der Polizei zulässig, sofern die Gefahr oder die Störung nicht gerade darin liegt, daß eine Mehrheit von Personen zu einer Versammlung zusammentritt. Die gesetzlichen Grundlagen sind: 1. § 10 II, 17 ALR.: „Die nötigen Anstalten zur Erhaltung der öffentlichen Ruhe, Sicherheit und Ordnung, und zur Abwendung der dem Publico oder einzelnen Mitgliedern desselben bevorstehenden Gefahren zu treffen, ist das Amt der Polizei", 2. § 6 Ges. über die Polizeiverwaltung vom 11. März 1850: „Zu den Gegenständen der ortspolizeilichen Vorschriften gehören: d) Ordnung und Gesetzlichkeit bei dem öffentlichen Zusammensein einer größeren Anzahl von Personen; f) Sorge für Leben und Gesundheit".

Während aber das OVG. (DJZ. 1900 S. 75) die obige Beschränkung der Anwendbarkeit dieser Bestimmungen für Versammlungen des Art. 29 dahin auffaßt, daß das VG. die Polizeibefugnisse nur gegenüber der Gefahr, die darin allein gefunden werden kann, daß eine Mehrheit von Personen zu Versammlungen zusammentritt, hat regeln wollen, meint das KG. (J. 22, C. 68), daß das VG. in Ausführung des Art. 30 VU. die Grenzen seiner Beschränkung jedenfalls bezüglich der „gesetzlichen Ordnung" ausschließlich fixiere, eine weitere Beschränkung von diesem Gesichtspunkt durch Polizeiverordnungen also nicht gestatte. Das OVG. (23 S. 415, 35 S. 424, 41 S. 404, PrVBl. 24 S. 86, 27 S. 894, DJZ. 1900 S. 75, 1902 S. 395) hält daher eine Polizeiverordnung für gültig, die die Abhaltung öffentlicher Versammlungen an Sonn- und Feiertagen während der Stunden des Hauptgottesdienstes verbietet, sofern andere, die Sonntagsruhe ebenso störende Veranstaltungen ebenfalls verboten werden, während das KG. (J. 22, C. 68 abweichend von 10 S. 250) eine derartige Verordnung für Versammlungen, die unter Art. 29 fallen, aus dem obigen Grunde, außerdem übrigens für alle Versammlungen auf Grund des G. v. 9. Mai 1892 für ungültig erklärt, weil eine solche Verordnung nur die innere Sonntagsheiligung, nicht die äußere Heilighaltung betreffe. — Zulässig ist das Einschreiten z. B. aus gesundheitspolizeilichen Gründen, wenn das betr. Lokal von ansteckenden Krankheiten infiziert (OVG. 6 S. 373) oder bei Epidemie eine Menschenansammlung überhaupt nicht zu gestatten ist (OVG. 23 S. 413), desgl. aus baupolizeilichen Gründen bei drohendem Einsturz des Lokals (OVG. 6 S. 373, 42 S. 411, PrVBl. 27 S. 576; KG. in J. 19 S. 302, DJZ. 1898 S. 389). Jedoch darf die Polizei aus sanitären Gründen erst bei offenbarer Gefahr für Leben und Gesundheit einschreiten, also z. B. wegen schlechter Ventilation des Lokals nicht die Versammlung im voraus verbieten, sondern sie erst dann auflösen, wenn die sich bildende Luft offenbare Gefahr für Leben und Gesundheit bietet (OVG. 11 S. 388). — Ebenso ist die polizeiliche Begrenzung der Teilnehmerzahl von vornherein nur dann zulässig, wenn der besondere bauliche Zustand des Lokals die Ansammlung von so viel Menschen, als an sich Platz hätten, gefährlich machen würde; andernfalls darf die Polizei nur das Nachdringen weiteren Publikums verhindern, sobald das Lokal gefüllt ist (OVG. 6 S. 373, 374). Die Polizei darf nicht die Abhaltung einer Versammlung im Hause wegen des Bauzustandes ganz verbieten, wenn sie dort den Aufenthalt von Menschen zu anderen Zwecken gestattet (OVG. 42 S. 411). Sie kann vorschreiben, daß Räume, die zu größeren Versammlungen usw. gebraucht werden, gewissen Erfordernissen entsprechen müssen, z. B. daß die Türen nach außen aufschlagen (OVG. b. KK. 1904 S. 207, vgl. PrVBl. 18 S. 315).

Die bloße Möglichkeit, daß eine Versammlung Störungen der öffentlichen Ordnung zur Folge haben kann, berechtigt nicht zum Verbot der Versammlung von vornherein (auch nicht zum präventiven Verbot eines einzelnen Redeakts, OVG. 21 S. 406); ebensowenig unlautere Motive des Unternehmens, wenn keine Bedenken dagegen obwalten, daß die Versammlung selbst unanstößig verlaufen wird (OVG. 11 S. 382, 31 S. 412). — Schreitet die Polizei aus einem der obigen Gründe ein, so darf sie bei ihren Anordnungen nicht über das Maß des Notwendigen hinausgehen. Sie muß sich z. B. bei Einschreiten wegen Störung der öffentlichen Ruhe und Ordnung zunächst auf Maßnahmen gegen die Person des Täters beschränken und darf nicht ohne weiteres die Versammlung auflösen (OVG. in 31 S. 411, DJZ. 1898 S. 251, 1899 S. 135, 1904 Sp. 270). Bei polizeiwidriger Beschaffenheit des Raumes ist, sofern die Anordnung der sofortigen Herstellung der vorschriftsmäßigen Einrichtung angängig, nur diese das zunächst zulässige Mittel (OVG. PrVBl. 27 S. 576). — Die für öffentliche Lokale eingeführte Polizeistunde berührt jeden öffentlichen Verkehr daselbst, gilt also auch für jede dort abgehaltene Versammlung (OVG. in 23 S. 399, DJZ. 1896 S. 407; KG. DJZ. 1897 S. 107). Sind durch Polizeiverordnung Ausnahmen von der Polizeistunde nach dem Ermessen der Ortspolizeibehörde zulässig, so können sie auch für einzelne Teile des Lokals bewilligt werden, während für die übrigen die allgemeine Polizeistunde auch für öffentliche Versammlungen maßgebend bleibt (OVG. 41 S. 414).

Dagegen ist eine lediglich für Versammlungen, wenn auch aller oder mannigfacher Art bestimmte Polizeistunde für die unter Art. 29 fallenden Versammlungen ungültig. OVG. 32 S. 391; J. 22 C. 66.) Unzulässig ist es auch, für diese eine frühere Polizeistunde festzusetzen, als für den sonstigen Verkehr eines Lokals (OVG. 32 S. 391). Das von einer geschlossenen Gesellschaft (s. unten) ausschließlich benutzte Lokal ist insoweit der Polizeistunde nicht unterworfen. (OVG. in 1 S. 375, 42 S. 279, PrVBl. 24 S. 152, DJZ. 1903 S. 225; J. 11 S. 330, 16 S. 322, 18 S. 217, 19 S. 328). Das Verbot des Gebrauchs einer fremden Sprache in einer Versammlung ist unzulässig, außer wenn polizeiliche Überwachung zulässig ist und der Gebrauch lediglich auf Verhinderung der Kenntnisse des Gesprochenen abzielt (OVG. 32 S. 395, vgl. 43 S. 432, unten § 4 VG. Anm. 11). — Über das polizeiliche Verbot des Entrollens und der Weihe einer roten Fahne in einer sozialdemokratischen, in geschlossenen Räumen stattfindenden Versammlung vgl. OVG. 21 S. 400 ff., insbesondere 408—410. — Das öffentliche Tragen von Fahnen, Kokarden, Bändern und Abzeichen in anderen als den Landesfarben kann durch polizeiliche Verordnung untersagt werden, wo die nationalen Gegensätze so verschärft sind, daß eine Gefahr für das Publikum bevorsteht, wenn bei einem öffentlichen Zusammensein vieler Personen diese Gegensätze betont werden (KG. b. J. 27 C. 43, 29, C. 22, 31 C. 34, DJZ. 1898 S. 146). — Ein reichsrechtl. Versammlungsverbot stellt nach Ansicht des OVG. (DJZ. 1899 S. 259) § 1 Satz 1 des BörsenG. v. 22. Juni 1896 (RGBl. S. 157) für „börsenähnliche Versammlungen" auf.

Über die Auflösung von Versammlungen vgl. § 5 VG.

c) Für Veranstaltungen, die nicht unter Art. 29 fallen, also vor allem für Lustbarkeiten (vgl. über diesen Begriff OVG. DJZ. 1900 S. 210) gilt folgendes: Auf Grund von § 6 des G. v. 11. März 1850 über die Polizeiverwaltung (s. oben b) können öffentliche Lustbarkeiten von der Polizei überwacht (aber nur im öffentlichen Interesse KG. b. J. 16 S. 428, GA. 42 S. 445), auch durch Polizeiverordnung von vorgängiger Polizeierlaubnis abhängig gemacht werden (OVG. 9 S. 404, 18 S. 422; bei der jetzigen Auffassung des OVG. vom Versammlungsbegriff des Art. 29 ist nicht einzusehen, woher letztere Befugnis abzuleiten ist). — Öffentlich ist eine Lustbarkeit, zu der jedermann, sei es ohne oder gegen Eintrittsgeld Zutritt hat (OVG. 18 S. 424), oder auch wenn die Teilnahme einer nach Zahl, Ort und Individualität unbestimmten Mehrheit von Personen freisteht, selbst wenn der Zutritt von der Erfüllung gewisser Bedingungen (Zugehörigkeit zu einer Gewerkschaft) abhängig gemacht ist (OVG. in 22 S. 415, 23 S. 403, PrVBl. 24 S. 781, vgl. KG. DJZ. 1896 S. 323). Nicht öffentliche Lustbarkeiten, d. h. solche geschlossener Gesellschaften, wenn sich die Teilnahme auf die Mitglieder und Gäste beschränkt (J. 20 C. 115), sind diesen Beschränkungen nicht unterworfen (OVG. 9 S. 406, 23 S. 403; KG. b. J. 6 S. 188, 11 S. 330, 16 S. 322, 23 C. 108, DJZ. 1896 S. 342, f. Kurhessen J. 26 C. 40). Eine solche Befugnis der Polizei kann auch nicht durch Polizeiverordnung vermittels der Vorschrift begründet werden, daß nicht öffentliche Lustbarkeiten unter gewissen Voraussetzungen als öffentlich „gelten“ sollen (OVG. DJZ. 1904 Sp. 411; J. 17 S. 328, 416, 20 C. 113). Daher ist zweifelhaft, ob der Standpunkt des Reskripts des Ministers des Innern v. 26. Nov. 1856 zutrifft, wonach Tanzlustbarkeiten, die von geschlossenen Gesellschaften gegen Erhebung eines Eintrittsgeldes veranstaltet werden, nicht als öffentliche zu betrachten sind, wenn die Gesellschaft bereits anderweit besteht, und die Tanzlustbarkeiten für die Mitglieder und etwaigen Gäste nur gelegentlich neben den Zwecken, die sie sonst verfolgt, veranstaltet (s. Delius S. 69).

Eine „geschlossene Gesellschaft" ist nach J. 20 C. 114 „ein nach außen hin abgeschlossener Kreis von Personen, die nach innen miteinander verbunden sind". Das KG. hält die Begriffsbestimmung des OVG. (27 S. 430) für zu eng, wonach nur ein durch das innere Band wechselseitiger persönlicher Beziehungen in sich zusammengehaltener und nach außen bestimmt abgeschlossener Personenkreis als geschlossene Gesellschaft anzusehen sei, da es, namentlich auch unter den höheren Ständen, Vereinigungen, besonders Klubs gäbe, denen durchweg der Charakter einer geschlossenen Gesellschaft zuerkannt werde und bei denen persönliche Beziehungen doch nur zwischen einem Teil der Mitglieder bestehen. — Auch ein Verein, der hauptsächlich oder ausschließlich Veranstaltungen von Lustbarkeiten bezweckt, kann eine geschlossene Gesellschaft sein (OVG. 35 S. 440, PrVBl. 24 S. 781). Über den weiteren Begriff des Vereins s. § 2 VG. Anm. 1.

„Gäste" sind Personen, die auf Grund persönlicher oder sachlicher Beziehung von dem veranstaltenden Verein oder dessen Mitgliedern eingeladen oder vom Verein zugelassen oder von Mitgliedern eingeführt sind (J. 20 C. 115, vgl. OVG. 18 S. 422, 22 S. 415, 35 S. 436). Persönliche Einladung oder Einführung jedes Gastes ist erforderlich, andernfalls die Veranstaltung zur öffentlichen wird (vgl. OVG. 29 S. 434, Delius S. 67). Das KG. (J. 20 C. 116) gestattet Einladung an ganze individuell begrenzte Personengruppen, insbesondere an geschlossene Gesellschaften, sofern durch diese Zuziehung nicht einer unbestimmten Mehrheit von von Personen der Zutritt gewährt wird (hiergegen Delius S. 67).

d) Für alle Arten von Versammlungen gilt noch folgendes:

1. Eintrittsgeld und Tellersammlungen.

Ein festes Eintrittsgeld für eine Versammlung zu erheben, ist unzweifelhaft zulässig (J. 12 S. 243 MinVerf. im MinBl. 1890 S. 201, 1891 S. 231; vgl. auch RG. 21 S. 195), desgl. Verkauf von Eintrittskarten, Programmen usw. Dagegen ist fraglich, wie das Erheben eines beliebigen Eintrittsgeldes und das Einsammeln freiwilliger Beiträge in der Versammlung (sog. Tellersammlungen) zu behandeln ist. Man hat in doppelter Weise versucht, hierfür behördliche Genehmigung zu fordern. Man hat darin (sofern die Versammlung öffentlich) die Ausschreibung einer öffentlichen Kollekte gesehen und gemäß § 11 Ziff. 4 der Instruktion für die OberPr. v. 31. Dez. 1825 (GS. 1826 S. 1) die Genehmigung des Oberpräsidenten gefordert. Man hat ferner versucht, gemäß § 6d und 11 des Gesetzes über die Polizeiverwaltung vom 11. März 1850 (GS. S. 265) die Tellersammlungen usw. durch besondere Polizeiverordnung von der Genehmigung der Ortspolizeibehörde abhängig zu machen. Das KG. hat früher (J. 12 S. 264, 398, DJZ. 1897 S. 23) angenommen, daß Sammlungen in öffentlichen Versammlungen, insbesondere sog. Tellersammlungen als Kollekten im Sinne von § 11 Ziff. 4e der Instruktion v. 31. Dez. 1825 anzusehen seien. In diesem Sinne hat auch das RG. (18 S. 58, 21 S. 192) entschieden. Eine „Sammlung" sollte jedoch nur vorliegen, wenn eine Einwirkung von Person zu Person durch Angehen der Geber stattfindet, nicht also bei bloßem Aufstellen eines Tellers, öffentlicher Aufforderung usw. (KG. bei J. 8 S. 234, 10 S. 263, 13 S. 397, 20 C. 98, 22 C. 94, DJZ. 1900 S. 483, GA. 41 S. 316). Gegenwärtig steht das KG. auf dem Standpunkt, daß Geldsammlungen in öffentlichen Versammlungen nicht als Kollekten anzusehen sind, und von der Genehmigung des Oberpräsidenten nicht abhängig gemacht werden dürfen. § 11 Ziff. 4e der Instruktion von 1825 stellt kein selbständiges Verbot auf, sondern regelt nur die Zuständigkeit zur Genehmigung der nach § 244 II 20 ALR. verbotenen Hauskollekten. Die Fortgeltung des § 244 II 20 ALR. läßt das KG. dahingestellt, da sich § 11 der Instruktion jedenfalls nur auf Hauskollekten, d. h. Einsammeln von Gaben von Haus zu Haus beziehe (J. 22 C. 95, 28 C. 77, vgl. 23 C. 65). Polizeiverordnungen, die die genannten Sammlungen von der Genehmigung der Polizeibehörde abhängig machen, sind ungültig, soweit sie die unter Art. 29 fallenden Versammlungen treffen sollen (J. 12 S. 177, 13 S. 265), im übrigen gültig, sofern die allgemeinen Voraussetzungen vorliegen (J. 28 C. 78).

2. Der Einberufer und Leiter einer Versammlung, welchem ein Gastwirt in seinem Gasthause eine Räumlichkeit für die Abhaltung der Versammlung zur Verfügung gestellt hat, ist zur Ausübung des Hausrechts (§ 123 StGB.) in dieser Räumlichkeit befugt (RG. 24 S. 194, OVG. DJZ. 1899 S. 135).

3. Für Einladungen zu Versammlungen mittels Plakaten, Verteilung von Druckschriften usw. sind §§ 9, 10, 41 des Preuß. G. v. 12. Mai 1851 (GS. S. 273) zu berücksichtigen.

3) **Alle Preußen.** a) Ausnahmen: I. Militärpersonen, vgl. oben S. 26f., unten S. 56. II. Frauenspersonen, Schüler und Lehrlinge dürfen den Versammlungen und Sitzungen politischer Vereine (VG. § 8 Abs. 1) nicht beiwohnen (§ 8 Abs. 3 das. vgl. unten S. 100); im übrigen ist ihr Versammlungsrecht nicht beschränkt (OVG. 34 S. 441, Versammlungsfreiheit der Frauen).

b) Nichtpreußen können sich auf Art. 29 nicht berufen (streitig hinsichtlich der Angehörigen anderer deutscher Bundesstaaten, vgl. oben S. 16); es gibt jedoch zurzeit kein Gesetz, welches die Teilnahme von Nichtpreußen an Versammlungen mit Strafe bedroht.

4. **Berechtigt.** Rechtsmittel gegen polizeiliche Ver-

fügungen, welche das Versammlungsrecht verletzen: Gesetz v. 30. Juli 1883 §§ 127—131 (unten S. 103).

5) Vgl. VG. §§ 7 und 18.

6) **Geschlossene Räume,** d. h. nach allen drei Dimensionen abgeschlossene, nicht nur gedeckte Räume; der Ausdruck für den Gegensatz: „Unter freiem Himmel" ist schlecht gewählt; die Gefährlichkeit der Versammlung unter freiem Himmel beruht nicht auf dem Herbeifliegen des Publikums. Eine Versammlung unter freiem Himmel im Sinne von Art. 29 und des VG. (§§ 9, 11, 17) ist jede Versammlung, welche nicht in einem nach Länge, Breite und Höhe geschlossenen Raume stattfindet, also z. B. einerseits auch eine Versammlung in einem ummauerten Hofe (a. M. anscheinend RG. JW. 1899 S. 481) oder in einem nur in der Länge und Breite geschlossenen Garten (J. 18 S. 301), anderseits eine solche in einem gedeckten, aber seitlich offenen Raume. Nicht erforderlich ist, daß der Raum auf allen vier Seiten geschlossen ist (OVG. GA. 52 S. 409: Gartenhalle mit Bedachung und Umschließung nach drei Seiten ist ein geschlossener Raum; J. 18 S. 301). — s. auch Verhandl. II S. 650. — Eine Versammlung in einer gewöhnlichen Scheune ist, auch wenn das Scheunentor offen steht, keine Versammlung unter freiem Himmel (OVG. 46 S. 435).

Wann eine Versammlung, die zunächst im geschlossenen Raume stattfindet, eine solche unter freiem Himmel wird, ist eine Frage rein tatsächlicher Natur. Eine Versammlung hört auf im geschlossenen Raume stattzufinden, wenn die Verhandlungen im wesentlichen nicht mehr innerhalb des Raumes stattfinden. Unschädlich ist, wenn eine verhältnismäßig nicht erhebliche Zahl von Personen von draußen zuhört, dagegen geht der Charakter der Versammlung in geschlossenen Räumen sofort verloren, wenn auch nur eine außerhalb befindliche Person sich aktiv an den Erörterungen der Versammlung beteiligt oder der Redner durch eine Öffnung nach außen spricht, und die

Teilnehmer im wesentlichen außerhalb der Räume versammelt sind (OVG. 46 S. 435).

Art. 30.[1]) **Alle Preußen**[2]) **haben das Recht,**[3]) **sich zu solchen Zwecken, welche den Strafgesetzen nicht zuwiderlaufen, in Gesellschaften zu vereinigen.**[4])

Das Gesetz[5]) **regelt, insbesondere zur Aufrechterhaltung der öffentlichen Sicherheit, die Ausübung des in diesem und in dem vorstehenden Artikel (29.) gewährleisteten Rechts.**

Politische Vereine[6]) **können Beschränkungen und vorübergehenden Verboten im Wege der Gesetzgebung unterworfen werden.**

1) Vgl. Art. 29 Anm. 1. — Art. 30 gewährt prinzipielle Vereinsfreiheit. „Gesellschaft" bedeutet hier so viel als „Verein". (Über diesen Begriff s. § 2 VG. Anm. 1.) — Art. 30 bezieht sich aber nur auf physische Personen. Ein Recht juristischer Personen, sich ihrerseits zu Gesellschaften zusammen zu schließen, ist darin nicht gewährleistet (vgl. OVG. 29 S. 425, 39 S. 428).

Frühere Spezialgesetze, welche einzelnen Personen oder Vereinen besondere Privilegien gewährten, gelten fort, z. B. KabO. v. 22. Febr. 1842 betr. die bestätigten Kriegervereine (MinBl. 1842 S. 97, OVG. 36 S. 426; J. 11 S. 305, 14 S. 347, vgl. § 10 VG. Anm. 6). — Dagegen sind aufgehoben alle das freie Vereinigungsrecht beschränkenden älteren Bestimmungen (Vd. v. 6. April 1848 [GS. S. 87] § 4), z. B. auch das Verbot (Edikt v. 20. Okt. 1798 [GS. 1816 S. 7] §§ 3, 4) anderer Freimaurerlogen als der ausdrücklich tolerierten drei Mutter- und ihrer Tochterlogen (OVG. 25 S. 400).

2) **Alle Preußen.** a) Ausnahmen und Beschränkungen: I. Militärpersonen, vgl. oben S. 26,

unten S. 56. — II. Jesuiten von Deutschland ausgeschlossen, vgl. oben S. 27; andere geistliche Orden der katholischen Kirche von Preußen ausgeschlossen bzw. beschränkt gemäß Preuß. G. v. 31. Mai 1875 (GS. S. 217) nebst Abänderungsgesetz v. 14. Juli 1880 (GS. S. 285) Art. 6, v. 21. Mai 1886 (GS. 147) Art. 13 und v. 29. April 1887 (GS. S. 127) Art. 5. — III. Beamte sollen sich an Vereinen, „welche statutenmäßig oder faktisch eine der Staatsregierung feindliche Tendenz verfolgen, eine systematische Opposition gegen dieselbe unterhalten, den bestehenden verfassungsmäßigen Zustand zu untergraben suchen, die Pflicht der Treue gegen den König gering achten und anstatt die Regierung zu unterstützen, ihr hemmend entgegenzutreten bemüht sind", nicht beteiligen (MinBeschl., MinBl. 1850 S. 122, vgl. ebenda S. 96). Zuwiderhandlungen sind an den Beamten nur im Dienstaufsichtsverfahren zu rügen, gegen den Verein kann deswegen nicht eingeschritten werden. Vgl. Caspar S. 52. — Vgl. auch G. v. 10. Juni 1874 (GS. S. 244) betr. die Beteiligung der Staatsbeamten bei der Gründung und Verwaltung von Aktien- usw. Gesellschaften. — IV. Gesinde, ländliche Dienstleute (sog. Instleute usw.) und solche Handarbeiter, welche sich zu bestimmten land- und forstwirtschaftlichen Arbeiten verdungen haben, werden mit Gefängnis bis zu 1 Jahr bestraft, wenn sie „die Arbeitgeber oder die Obrigkeit zu gewissen Handlungen oder Zugeständnissen dadurch zu bestimmen suchen, daß sie die Einstellung der Arbeit oder die Verhinderung derselben bei einzelnen oder mehreren Arbeitgebern verabreden, oder zu einer solchen Verabredung andere auffordern", § 3 Preuß. G. v. 24. April 1854 (GS. S. 214). Die dort ebenfalls aufgeführten Schiffsknechte unterstehen nach § 21 RG. v. 20. Mai 1898 (RGBl. S. 368) der Gewerbeordnung (s. oben). — V. Fortgefallen sind die Koalitionsverbote für Gewerbetreibende, gewerbliche Gehülfen, Gesellen und Fabrikarbeiter (ReichsGewO. § 152, vgl. oben S. 29). Vgl. ferner oben S. 17 (Sozialdemokraten). — VI. Vgl. ReichsStGB. §§ 128, 129 (oben S. 23f.). — VII. Frauen, Schüler und Lehrlinge dürfen politische Vereine (§ 8 VG.) nicht bilden oder in solche aufgenommen werden (vgl. unten S. 98).

b) Nichtpreußen können sich auf Art. 30 nicht berufen (streitig hinsichtlich der Angehörigen anderer deutscher Bundesstaaten, vgl. oben S. 16; es gibt jedoch zurzeit kein Gesetz, welches die Teilnahme von Nichtpreußen an Vereinen verbietet.

3) Rechtsmittel gegen polizeiliche Verfügungen, welche das Vereinsrecht verletzen: G. v. 30. Juli 1883 §§ 127 bis 131 und VG. § 16.

4) und zwar ohne obrigkeitliche Erlaubnis. Staatliche Genehmigung kann jedoch erforderlich sein, wenn ein Verein besondere Vorrechte beansprucht (z. B. Kriegervereine laut KabO. v. 22. Febr. 1842, vgl. oben S. 53). Für Versicherungsgesellschaften vgl. § 4 ff. ReichsG. v. 12. Mai 1901 (RGBl. S. 139), § 122 das. in Verbindung mit § 1 G. v. 17. Mai 1853 (GS. S. 293) und ReichsStGB. § 360 Ziff. 9.

5) Vgl. die „Verordnung" v. 11. März 1850 (unten S. 59), welche jedoch nur gewisse Arten von Vereinen (§§ 2, 8 das.) betrifft. Sie ist Gesetz (s. S. 59). Der Weg der Verordnung ist, abgesehen von dem Falle des Art. 63 VU. (Notverordnung), ausgeschlossen. — Über die Frage, wieweit das VG. die Befugnisse der Behörden gegenüber Vereinen begrenzt, s. Art. 29 Anm. 1. Aus den dort entwickelten Grundsätzen folgt, daß die Polizei nicht gehindert ist, „gegen Vereine, welche die bestehenden Polizeiverordnungen über die Veranstaltung öffentlicher Lustbarkeiten übertreten, einzuschreiten und zum Zwecke wirksamer Verhütung strafbarer Handlungen dieser Art von den Leitern solcher Vereine die erforderliche Auskunft zu verlangen, insbesondere auch Mitteilung über die zum

Verein gehörigen Mitglieder zu erfordern, wenn genügende Anzeichen für den Verdacht vorliegen, daß der Verein bestehenden Vorschriften zuwiderhandelt" (OVG in DJZ. 1897 S. 108, PrVBl. 26 S. 369). — Über die Befugnisse der Polizei gegenüber Vereinen, bei denen die Vermutung besteht, daß sie unter § 2 VG. fallen, s. das. Anm. 11. — Über Vereinsabzeichen s. MinErl. v. 7. Juli 1897, MinBl. S. 132, vgl. Art. 29 Anm. 2b.

6) **Politische Vereine.** Über diesen Begriff vgl. § 8 VG. Anm. 1. Die in Ausführung des Art. 30 Abs. 3 angeordneten Beschränkungen des § 8 VG. erstrecken sich nicht auf alle politischen Vereine, sondern nur auf diejenigen, welche bezwecken, politische Gegenstände in Versammlungen zu erörtern, also nicht z. B. auf politische Vereine, welche nur durch schriftliche Mitteilung einwirken wollen (Verhandl. II S. 2773; OVG. 20 S. 432).

Art. 38. Die bewaffnete Macht darf weder in noch außer dem Dienste beratschlagen, oder sich anders als auf Befehl versammeln. Versammlungen und Vereine der Landwehr zur Beratung militärischer Einrichtungen, Befehle und Anordnungen sind auch dann, wenn dieselbe nicht zusammenberufen ist, untersagt.)[1])

1) Strafbestimmungen: früher VG. § 22 (unten S. 132), jetzt MilStGB. für das Deutsche Reich §§ 92, 93, 101, 113 (oben S. 26f.). — Vgl. § 49 Abs. 2 ReichsMilG. oben S. 26.

Art. 39. Auf das Heer finden die in den Artikeln ... 29, 30 ...... enthaltenen Bestimmungen nur insoweit Anwendung, als die militärischen Gesetze[1]) und Disziplinarvorschriften nicht entgegenstehen.

1) Vgl. oben Art. 38, sowie ReichsMilG. § 49, MilStGB. §§ 101, 113 (oben S. 26f.).

Art. 111. Für den Fall eines Krieges oder Aufruhrs können bei dringender Gefahr für die öffentliche Sicherheit die Artikel ... 29, 30 ... der Verfassungsurkunde zeit- und distriktsweise außer Kraft gesetzt werden. Das Nähere bestimmt das Gesetz.[1])

1) Gesetz über den Belagerungszustand v. 4. Juni 1851 (GS. S. 451). Für das Vereins- und Versammlungsrecht kommen in Betracht:

§ 1. Für den Fall eines Krieges ist in den von dem Feinde bedrohten oder teilweise schon besetzten Provinzen *jeder Festungskommandant befugt, die ihm anvertraute Festung mit ihrem Rayonbezirke, der kommandierende General aber den Bezirk des Armeekorps oder einzelne Teile desselben zum Zweck der Verteidigung in Belagerungszustand zu erklären.*

§ 2. Auch für den Fall eines Aufruhrs kann, bei dringender Gefahr für die öffentliche Sicherheit, der Belagerungszustand sowohl in Kriegs- als in Friedenszeiten erklärt werden. — *Die Erklärung des Belagerungszustandes geht alsdann vom Staatsministerium aus, kann aber provisorisch und vorbehaltlich der sofortigen Bestätigung oder Beseitigung durch dasselbe, in dringenden Fällen, rücksichtslich einzelner Orte und Distrikte, durch den obersten Militärbefehlshaber in denselben, auf den Antrag des Verwaltungschefs des Regierungsbezirks, wenn aber Gefahr im Verzuge ist, auch ohne diesen Antrag erfolgen. — In Festungen geht die provisorische Erklärung des Belagerungszustandes von dem Festungskommandanten aus.*

§ 3. Die Erklärung des Belagerungszustandes ist bei Trommelschlag oder Trompetenschall zu verkünden, und außerdem durch Mitteilung an die Gemeindebehörde, durch Anschlag an öffentlichen Plätzen und durch öffentliche Blätter ohne Verzug zur allgemeinen Kenntnis zu bringen. — Die Aufhebung des Belagerungszustandes wird durch Anzeige an die Gemeindebehörde und durch die öffentlichen Blätter zur allgemeinen Kenntnis gebracht.

§ 5. Wird bei Erklärung des Belagerungszustandes für erforderlich erachtet, die Artikel ... 29, 30 ... der Verfassungsurkunde oder einzelne derselben zeit- und distriktsweise außer Kraft zu setzen, so müssen die Bestimmungen darüber ausdrücklich in die Bekanntmachung über die Erklärung des Belagerungszustandes aufgenommen, oder in einer besonderen, unter der nämlichen Form (§ 3) bekannt zu machenden Verordnung verkündet werden. — Die Suspension der erwähnten Artikel oder eines derselben ist nur für den Bezirk zulässig, der in Belagerungszustand erklärt ist und nur für die Dauer des Belagerungszustandes.

§ 16. Auch wenn der Belagerungszustand nicht erklärt ist, können im Falle des Krieges oder Aufruhrs, bei dringender Gefahr für die öffentliche Sicherheit die Artikel ... 29, 30 ... der Verfassungsurkunde oder einzelne derselben vom Staatsministerium zeit- und distriktsweise außer Kraft gesetzt werden.

Die Erklärung des Belagerungszustandes (Kriegszustandes) steht jetzt für das ganze Bundesgebiet (außer Bayern) dem Kaiser allein zu (vgl. ReichsVerf. Art. 68 oben S. 17). Die vorstehenden §§ 1 und 2 sind daher *insoweit obsolet*, als sie gewisse Behörden zur Erklärung des Belagerungszustandes ermächtigen (Laband, Reichsstaatsrecht II S. 537, Gr. S. 88, Delius S. 17; a. M. Rönne, Reichsstaatsrecht I S. 84, Arndt, Verfassung des Deutschen Reichs, 2. Aufl. S. 293 Anm. 2). — Dagegen ist § 16 noch in Geltung, da die danach zulässige Außerkraftsetzung einzelner Verfassungsbestimmungen durch das

Staatsministerium nicht von der Erklärung des Belagerungszustandes abhängig ist.

In der Praxis ist mehrfach die unbeschränkte Fortgeltung der §§ 1 und 2 angenommen worden.

13. Verordnung[1]) über die Verhütung eines die gesetzliche Freiheit und Ordnung gefährdenden Mißbrauchs[2]) des Versammlungs- u. Vereinigungsrechtes.

Vom 11. März 1850 (GS. 277).[3])

1) Die „Verordnung" ist in Wirklichkeit ein Gesetz. Sie ist entsprechend Art. 62 VU. zustande gekommen und durch Abdruck in der Gesetzsammlung gemäß Art. 106 VU. gehörig bekannt gemacht. Nach Art. 106 Abs. 2 VU. haben die Behörden (daher auch der ordentliche Richter und der Verwaltungsrichter) ihr verfassungsmäßiges Zustandekommen nicht zu prüfen (OVG. PrVBl. 24 S. 281).

2) Die Verordnung soll nicht das verfassungsmäßige Versammlungs- und Vereinigungsrecht (VU. Art. 29 u. 30) erschöpfend ordnen, sondern nur zur Verhinderung von Mißbräuchen einzelne Arten seiner Ausübung regeln (OVG. 20 S. 439). Das hindert aber nicht, daß gemäß Art. 30 Abs. 2 VU. die Vereine des Art. 29 anderen vereinsrechtlichen Beschränkungen, als denen des VG. nicht unterliegen (s. Art. 29 Anm. 1).

3) Gültig für den ganzen Umfang der Monarchie: vgl. Vd. v. 25. Juni 1867 (GS. S. 921, neue Landesteile 1866) Art. II, v. 13. Mai 1867 u. 20. Sept. 1867 (GS. S. 700 u. 1534, Meisenheim), v. 22. Mai 1867 (GS. S. 729, Kaulsdorf), v. 23. Juni 1876 (GS. S. 169, Lauenburg) § 10; G. v. 18. Febr. 1891 (GS. S. 11, Helgoland), § 5.

Übersicht.

§ 1: Versammlungen, in denen öffentliche Angelegenheiten erörtert oder beraten werden sollen.

§ 2: Vereine, die eine Einwirkung auf öffentliche Angelegenheiten bezwecken.

§ 3: Vereinsversammlungen.

§ 4: Befugnis der Polizei zur Überwachung von Versammlungen.

§ 5: Befugnis der Polizei zur Auflösung von Versammlungen.

§ 6: Verpflichtung der Anwesenden, bei Auflösung sich zu entfernen.

§ 7: Verbot des bewaffneten Erscheinens in Versammlungen.

§ 8: Vereine, die bezwecken, politische Gegenstände in Versammlungen zu erörtern.

§ 9: Öffentliche Versammlungen unter freiem Himmel.

§ 10: Öffentliche Aufzüge.

§ 11: Volksversammlungen.

§ 12: Strafvorschriften bez. § 1.

§ 13: Strafvorschriften bez. § 2.

§ 14: Strafvorschriften bez. § 4.

§ 15: Strafvorschriften bez. § 6.

§ 16: Strafvorschriften bez. § 8.

§ 17: Strafvorschriften bez. §§ 9, 10, 11.

§ 18—19: Strafvorschriften bez. § 7.

§ 20: Veraltet.

§ 21: Gebotene Versammlungen — Wahlvereine.

§ 22: Strafvorschrift bez. Art. 38 VU.

§ 23: Ersetzung des G. v. 29. Juni 1849 durch dieses Gesetz.

§ 1. Von allen Versammlungen,[1]) in welchen öffentliche Angelegenheiten[2]) erörtert oder beraten[3]) werden sollen,[4]) hat der Unternehmer[5]) mindestens vierundzwanzig Stunden vor dem Beginne der

Versammlung, unter Angabe des Ortes und der Zeit derselben, Anzeige[6]) bei der Ortspolizeibehörde[7]) zu machen. Diese Behörde hat darüber sofort eine Bescheinigung[8]) zu erteilen.

Beginnt[9]) die Versammlung nicht spätestens eine Stunde nach der in der Anzeige angegebenen Zeit, so ist die später beginnende Versammlung als vorschriftsmäßig angezeigt nicht anzusehen. Dasselbe gilt, wenn eine Versammlung die länger als eine Stunde ausgesetzten Verhandlungen wieder aufnimmt.

1) **Versammlungen.** a) Begriff vgl. Art. 29 VU. Anm. 2a. Dort ist schon erörtert, daß der Begriff „Versammlung" eine nicht allzu kleine Zahl von Teilnehmern voraussetzt. Versammlungen zum Zwecke des geselligen Verkehrs unterliegen dem § 1 nicht, auch wenn in ihnen gelegentlich politisiert usw. wird; es sei denn, daß die Geselligkeit als Zweck nur vorgeschoben ist (vgl. unten Anm. 4). Das Gesetz hat den Ausdruck „Versammlung" in bewußtem und gewolltem Gegensatz zu dem Ausdruck „Gesellschaft" oder „Privatzusammenkunft" gewählt (Verhandl. II S. 516). Die Entstehungsgeschichte ergibt, daß dem § 1 „nicht jede kleine, selbst in einem Privathause zur Besprechung irgend eines Gegenstandes von öffentlichem Interesse sich zusammenfindende Gesellschaft" unterworfen sein sollte (Verhandl. I S. 2877 f.); J. 25 C. 25, 31 C. 25; RG. 29 S. 167; OVG. 20 S. 441, 23 S. 408 (quaestio facti, ob Versammlung nach § 1 oder bloße Privatgesellschaft), auch nicht bloße „Sitzungen", wenn man darunter nur den Charakter solcher privater Vereinigungen an sich tragende Zusammenkünfte von Vereinsmitgliedern versteht. Auch hier Tatfrage, ob eine solche vorliegt (RG. 29 S. 168, vgl. § 3

Anm. 2, § 8 Anm. 6). — Für die Frage des Vorhandenseins einer Versammlung kommt es nur auf die Zahl der wirklich erschienenen Personen an, nicht auf diejenigen, deren Erscheinen in Aussicht genommen war. KG. JZ. 1906, Sp. 322. — § 1 ist nicht auf öffentliche Versammlungen beschränkt (OR. 15 S. 794; J. 6 S. 246; auch sog. vertrauliche Besprechungen können hierher gehören: J. 6 S. 249: Vertrauensmännerversammlungen). Desgleichen ist in § 1 wie für Versammlungen überhaupt eine besondere Organisation (Bureauwahl usw.) nicht vorausgesetzt (RG. 6 S. 217, 21 S. 73; J. 6 S. 243 u. 246, Gr. S. 42); jedoch verlangt § 1 eine Versammlung, „die ihrer Natur und ihrem Umfange nach Vorsteher, Unternehmer, Ordner, Leiter erfordert, oder bei denen das doch gebräuchlich ist" (J. 25 C. 27, vgl. OVG. 20 S. 440 RG. 29 S. 167).

b) Besondere Bestimmungen: I. für die regelmäßigen Vereinsversammlungen, § 3 (vgl. Anm. zu § 3 über Vereinsversammlungen überhaupt und Vorstandssitzungen); II. für die Versammlungen und Sitzungen politischer Vereine § 8 Abs. 3; III. für die Versammlungen kirchlicher und religiöser Vereine mit Korporationsrechten § 2 Abs. 3; IV. für die öffentlichen Versammlungen unter freiem Himmel §§ 9--11; V. für die gebotenen Versammlungen § 21.

2) **Öffentliche Angelegenheiten** sind diejenigen, welche nicht ausschließlich einzelne (physische oder juristische) Personen und deren Privatinteressen, auch nicht die Interessen einer begrenzten, durch bestimmte persönliche Beziehungen verbundene Personenzahl, sondern die Gesamtheit des Gemeinwesens und das gesamte öffentliche Interesse herrühren (RG. 22 S. 338, KG. b. J. 11 S. 310, 20 C. 83, 23 C. 107, DJZ. 1901 S. 99). Über Angelegenheiten einzelner Bevölkerungs- und Berufsklassen siehe unten b. Es kommt auf den Gesichtspunkt an, unter dem die Erörterung und Beratung stattfinden

soll. Dieselbe Angelegenheit kann sowohl von öffentlichem, als von privatem Gesichtspunkt aus erörtert werden (KG. GA. 48 S. 370). Wissenschaftliche Erörterungen gehören nicht hierher, wenn sie ohne Bezugnahme auf gegenwärtige Verhältnisse stattfinden. Andernfalls kann in der Art ihrer Behandlung die Erörterung öffentlicher Angelegenheiten gefunden werden. — Eine Angelegenheit ist nicht schon deshalb öffentlich, weil sie zwar unmittelbar Privatinteressen betrifft, mittelbar aber für die Allgemeinheit bedeutsam werden kann, z. B. die erstrebte Lohnerhöhung der Arbeiter einer bestimmten Grube, obwohl sie auf die Betriebsverhältnisse anderer Gruben, die Kohlenpreise usw. einwirken kann (KG. b. J. 26 C. 71, 27 C. 59, DJZ. 1901 S. 99, 1904 Sp. 869). — Öffentliche Angelegenheiten sind insbesondere auch:

a) Politische Angelegenheiten: Begriff: § 8 Anm. 1. Dazu sind auch gezählt: Gedenkfeier eines geschichtlichen Ereignisses politischen Charakters (J. 13 S. 366). Säkularfeier der polnischen Konstitution (KG. GA. 39 S. 452).

b) Sozialpolitische Angelegenheiten, z. B. Hebung des Arbeiterstandes (GA. 26 S. 579; Stellung der Delegierten eines Arbeiterverbandes zu einem ausgebrochenen Streik, Beschränkungen der Arbeitszeit, Beseitigung der Sonntagsarbeit, der Überstunden und der Akkordarbeit (J. 16 S. 420); Gründung eines sozialdemokratischen Turnvereins (J. 17 S. 420). Die wirtschaftlichen Verhältnisse einzelner Bevölkerungs- und Berufsklassen sind als öffentliche Angelegenheiten anzusehen, wenn die Zahl der zugehörigen Personen so groß ist, „daß sie einen derartigen Teil der Bevölkerung umfaßt, daß die wirtschaftlichen Verhältnisse dieses Teils der Bevölkerung von allgemeiner wirtschaftlicher Bedeutung sind". (J. 20 C 84, vgl. 79: Interessen des ärztlichen Standes, 82: wirtschaftliche Lage der Berufsmusiker, ferner 10 S. 246: Hebung der sachlichen und sozialen Stellung der im Schuhmachergewerke beschäftigten Erwerbsgenossen im allgemeinen und Agitation gegen das Innungswesen, 11 S. 309: Besprechung allgemeiner Fachangelegenheiten in einem Fachverein, 14 S. 356: Besteuerung der Landwirtschaft, 19 S. 300, 25 C. 23, 26 C. 37; RG. 22 S. 338). Daher fallen sog. „Werkstättenversammlungen" unter § 1, wenn dort nicht nur die Arbeiterverhältnisse der betr. Fabrik (vgl. KG. DJZ. 1907, Sp. 541), sondern des ganzen Berufszweiges besprochen werden. Gleichgültig ist dagegen die Teilnahme noch anderer, zur Fabrik nicht gehöriger Personen. Es kommt nicht auf die Mitglieder der Versammlung, sondern auf den Gegenstand an (KG. v. 5. Sept. 1903 StSS. 755 1903).

c) Gemeindeangelegenheiten (OR. 8 S. 290, J. 27 C. 16), sofern sie das Interesse der Gemeinde nicht als Trägerin von Privatinteressen, sondern als politischer Gemeinde berühren (KG. GA. 42 S. 441).

d) Öffentliche Wahlen, d. h. solche, in denen Personen gewählt werden, die öffentliche Interessen wahrnehmen sollen (J. 28 C. 62: Beratung darüber, wer als Knappschaftsältester eines Knappschaftsvereins gewählt werden soll), auch Vertrauensmännerversammlungen zur vertraulichen Besprechung von Wahlvorbereitungen zählt das KG. hierher (J. 6 S. 642 vgl. oben Anm. 1a).

e) Kirchliche und religiöse Angelegenheiten zählt das KG. jetzt, abweichend von früher (J. 5 S. 272, 9 S. 274), und vom OVG. 42 S. 411 folgerichtig nur dann hierher, wenn sie vom öffentlichen Gesichtspunkte aus behandelt werden (J. 25 C. 25, 31 C. 27). Die Versammlungen der mit Korporationsrechten ausgestatteten kirchlichen und religiösen Vereine unterliegen jedoch dem § 1 nicht; vgl. § 2 Abs. 3.

3) **Erörtert oder beraten.** „Erörtern" heißt „eine Sache, und zwar eine bestimmte Sache nach ihren

Gründen und Wesen untersuchen, auseinandersetzen, auseinanderlegen" (J. 22 C. 111; RG. 38 S. 184 ff.; OVG. 38 S. 417). „Beraten" setzt mehrseitige Meinungsäußerung voraus (Gr. S. 47). Erörtern ist auch ein einseitiger Vertrag, z. B. eine Predigt (J. 5 S. 276). Entwickelung der Gründe für und wider nicht erforderlich; es genügt einseitige Beleuchtung (KG. b. J. 17 S. 421, GA. 43 S. 150). Unerheblich ist ferner, durch welches Mittel — Sprechen oder Singen — der Vortragende sich den Hörern verständlich macht (KG. b. J. 13 S. 364, 15 S. 312, 17 S. 421, GA. 43 S. 284; OVG. 38 S. 420). Ausgeschlossen ist daher auch nicht die Form gesanglicher oder szenischer Vorführungen. Der Inhalt muß aber derartig sein, „daß eine öffentliche Angelegenheit Gegenstand prinzipieller, sachlicher Besprechung gemacht wird, um damit auf das Verständnis der Hörer einzuwirken oder eine Klärung streitiger Fragen herbeiführen" (RG. 38 S. 184). Daher ist im gemeinsamen Einüben und Singen religiöser oder politischer Lieder und im gemeinsamen Beten kein Erörtern oder Beraten zu finden (J. 22 C. 110, 25 C. 25, 31 C. 25; OVG. 38 S. 421), auch nicht in gegenseitiger Unterhaltung (J. 25 C. 28), ebensowenig der Regel nach in humoristisch-coupletartigen theatralischen Darstellungen, auch wenn sie ihre Spitze gegen bestehende staatliche oder gesellschaftliche Zustände richten (RG. 38 S. 184; KG. GA. 49 S. 156). Wohl aber kann das gemeinsame Singen politischer Lieder als Einwirkung auf öffentliche Angelegenheit nach § 2 aufgefaßt werden (s. § 2 Anm. 3).

4) **Sollen.** Die gemeinsame Absicht der Zusammentretenden oder der ausgesprochene oder aus den Umständen zu entnehmende Zweck des Unternehmers, öffentliche Angelegenheiten zur Erörterung usw. zu bringen, entscheidet (OR. 18 S. 318; J. 12 S. 236, 17 S. 423, OVG. 23 S. 407, s. ferner KG. DJZ. 1905 Sp. 269: Auslegung eines Inserates des Unternehmers). Daher ist

§ 1 (u. § 12) anwendbar auch wenn demnächst solche Erörterung gar nicht stattgefunden hat (GA. 27 S. 143), desgl. wenn der Unternehmer den Zusammenberufenen diesen Zweck vorher nicht mitgeteilt oder einen fingierten Zweck angegeben hat (J. 6 S. 243). — Anderseits ist § 1 (u. § 12) unanwendbar, wenn in einer zu einem andern Zweck veranstalteten Versammlung von einzelnen gelegentlich politisiert wird (OR. 15 S. 749: politischer Toast in einem Kriegerverein; KG. v. 18. Dezember 1893, cit. bei Gr. S. 47). Wenn es jedoch nicht bei einer gelegentlichen Abschweifung bleibt, sondern in einer zu einem anderen Zweck veranstalteten Versammlung tatsächlich öffentliche Angelegenheiten erörtert werden, so hat sich das ursprüngliche Programm geändert, und es werden nunmehr die Bestimmungen des VG., insbesondere §§ 1, 4, 12, anwendbar (OVG. 23 S. 407 f., sowie J. 27 C. 62 abw. v. 12 S. 236, 17 S. 428; abw. auch Caspar S. 68, 75); desgl. wenn Personen, welche in einem Lokal sich zufällig zusammengefunden hatten, zur Anhörung eines Vortrags über öffentliche Angelegenheiten oder zur gemeinsamen Erörterung von öffentlichen Angelegenheiten sich vereinigen (RG. 21 S. 75; KG. GA. 39 S. 206), ebenso, wenn nach dem materiellen Schluß einer nicht unter § 1 fallenden Versammlung die Mitglieder vom Vorsitzenden zur Erörterung öffentlicher Angelegenheiten zusammengehalten werden (J. 13 S. 364).

Petitionen unter einem Gesamtnamen sind nur Behörden und Korporationen gestattet (VU. Art. 32).

5) **Unternehmer** (Einberufer). Über diesen Begriff vgl. OVG. 42 S. 406. Nur Anzeigepflicht, nicht Pflicht zur persönlichen Eröffnung der Versammlung oder zur Teilnahme (J. 11 S. 299).

6) Die **Anzeige** (mündliche oder schriftliche OVG. PrVBl. 27 S. 591) muß Ort und (Anfangs-) Zeit der Versammlung enthalten. Der Ort muß so bestimmt angegeben werden, daß die Polizeibehörde Gelegenheit hat

zur Prüfung, ob der Wahl des Ortes im Interesse der öffentlichen Ordnung und Sicherheit Bedenken entgegenstehen und erforderlichenfalls ihr Überwachungsrecht nach § 5 ausüben kann (KG. b. J. 19 S. 301, DJZ. 1898 S. 389). Dem Gesetze ist genügt, sobald ein bestimmtes Lokal als Versammlungsort bezeichnet ist. Abhaltung an einem anderen Orte steht der Abhaltung ohne Anzeige gleich (OVG. PrVBl. 27 S. 591). Mehrere Anzeigen können, auch für aufeinanderfolgende Versammlungen und auch abgesehen von dem Fall des § 3, in einer Zuschrift vereinigt werden (J. 31 C. 29). Das Ende braucht nicht angegeben zu werden; daher kann die für einen bestimmten Tag angemeldete Versammlung eine über den Kalendertag hinausgehende Dauer haben, und ist alsdann nicht als neue zu betrachten (MinVerf. v. 30. Juni 1891 MinBl. S. 156). Die Anzeige muß mindestens 24 Stunden vor dem Beginn der Versammlung bei der Ortspolizeibehörde eingegangen sein. Verzögerungen durch Verschulden des Boten, der Post oder Telegraphie entschuldigen nicht, auch nicht Schreibfehler (KG. v. 21. März 1892 b. Gr. S. 48). Angabe des Zwecks darf nicht verlangt werden (OVG. 20 S. 439), ebensowenig sonstige Nachweise irgendwelcher Art. Anzeigen anderer Personen als des Unternehmers sind wirkungslos (J. 31 C. 29). — Strafvorschriften § 12.

Das Ausfallen einer angezeigten Versammlung bedarf keiner Anzeige (Verhandl. II S. 2772). Für die Sprache, in der die Anzeige abzufassen ist, gilt § 1 der PreußG. v. 28. August 1876 (GS. S. 389): „Die deutsche Sprache ist die ausschließliche Geschäftssprache aller Behörden, Beamten und politischen Korporationen des Staates, der schriftliche Verkehr mit denselben findet in deutscher Sprache statt."

7) **Ortspolizeibehörde,** d. h. a) in den Städten mit königlicher Polizeiverwaltung und im Landkreise Frankfurt a. M. der Polizeipräsident bzw. Polizei=

direktor; b) in den übrigen Städten der Bürgermeister (Provinz Hannover der Magistrat); c) auf dem Lande in den Provinzen der Kreisordnung vom 13. Dezember 1872 außer Posen, sowie in Schleswig-Holstein der Amtsvorsteher, in Posen der Distriktskommissar, in Hannover der Landrat, in Hessen-Nassau der Bürgermeister bzw. nach speziellen Vorschriften ein anderer (Staats-) Beamter, in Westfalen der Amtmann, in der Rheinprovinz der Bürgermeister.

Anzeige an falscher Stelle (z. B. im Bereiche der Kreisordnung vom 13. Dezember 1872: bei dem Gutsvorsteher oder Gemeindevorsteher) genügt nicht und schützt nicht vor Strafe (OR. 8 S. 681; J. 4 S. 302).

8) **Sofort eine Bescheinigung.** Die Bescheinigung ist stempelfrei (MinVerf. im MinBl. 1851 S. 168 u. 1869 S. 23, FinMinErl. v. 20. Mai 1898 III 6775 u. 11. August 1898 III 11407). Die Anzeige (Anm. 6) muß unverzüglich entgegengenommen und die Bescheinigung sofort erteilt werden (PrVBl. 27 S. 591), auch außerhalb der Dienststunden, falls der Beamte von dem Unternehmer angetroffen wird (Verhandl. II S. 2771), und unter dieser Voraussetzung auch an Sonn- und Feiertagen (OR. 19 S. 325). Sie muß Ort und Zeit der angemeldeten Versammlung enthalten (OVG. 22 S. 408). Rechtsmittel gegen die Vorenthaltung einer gehörigen Bescheinigung: LVG. v. 30. Juli 1883 §§ 127 ff. (unten S. 133); vgl. OVG. 22 S. 407). Jede Versammlung, bezüglich deren die Bescheinigung nicht vorgelegt werden kann, kann polizeilich aufgelöst werden (§ 5). Ein Beamter jedoch, welcher die Bescheinigung gesetzwidrig verweigert und demnächst die Versammlung wegen Mangels der Bescheinigung auflöst, ist strafbar (§ 339 StGB.; OR. 19 S. 325).

Die Bescheinigung ist keine Erlaubnis; trotz Erteilung der Bescheinigung kann daher die Versammlung in in den zulässigen Fällen verboten werden. Anderseits aber muß die Bescheinigung erteilt werden ohne Prüfung, ob ein Verbot der Versammlung erforderlich ist (OVG. GA. 52 S. 408, PrVBl. 27 S. 576) oder ob die Abhaltung der Versammlung aus tatsächlichen Gründen (Nichtgewährung des Lokals) an dem angemeldeten Orte unmöglich sein wird (PrVBl. 27 S. 591). Die Versagung der Bescheinigung könnte auch ein Verbot nicht ersetzen. Nur § 5 könnte angewandt werden (OVG. GA. 52 S. 408). Auch dürfen der Bescheinigung keine Bedingungen oder Beschränkungen hinzugefügt werden (OVG. 6 S. 375).

9) **Beginnt.** Eine förmliche Eröffnung ist nicht erforderlich. Auf ihr Fehlen kommt es nicht an, sobald die beabsichtigte Erörterung tatsächlich begonnen. Hat eine Erörterung oder Beratung überhaupt nicht stattgefunden, so kann aus ihrem Fehlen geschlossen werden, daß die beabsichtigte Versammlung nicht stattgefunden hat. (J. 28 C. 22: Die Teilnehmer warteten nur auf die polizeiliche Bescheinigung und gingen dann auseinander; vgl. § 12 Anm. 3.) — Über die Dauer der Versammlung enthält das VG. keine Bestimmungen. Die formelle Schlußerklärung ist unerheblich, sofern die Versammlung tatsächlich weiter tagt (J. 6 S. 252). Über Polizeistunde s. Art. 29 VU. Anm. 2b.

§ 2.[1]) **Die Vorsteher**[2]) **von Vereinen, welche eine Einwirkung**[3]) **auf öffentliche Angelegenheiten**[4]) **bezwecken,**[5]) **sind verpflichtet, Statuten**[6]) **des Vereins und das Verzeichnis der Mitglieder**[7]) **binnen drei Tagen nach Stiftung des Vereins, und jede Änderung der Statuten oder der Vereinsmitglieder binnen drei Tagen, nachdem sie eingetreten ist,**[8]) **der Ortspolizeibehörde**[9]) **zur Kenntnisnahme einzureichen,**[10]) **derselben auch auf Erfordern jede darauf bezügliche Auskunft**[11]) **zu erteilen.**[12])

Die Ortspolizeibehörde hat über die erfolgte Einreichung der Statuten und der Verzeichnisse, oder der Abänderungen derselben, sofort eine Bescheinigung[13]) zu erteilen.

Die Bestimmungen dieses und des vorhergehenden Paragraphen beziehen sich nicht auf kirchliche und religiöse Vereine und deren Versammlungen, wenn diese Vereine Korporationsrechte haben.[14])

1) **Verein.** a) § 2 betrifft nur eine bestimmte Gattung von Vereinen, nämlich solche, die eine Einwirkung auf öffentliche Angelegenheiten bezwecken. Ob die Vereinigung sich Verein, Gesellschaft, Verbindung usw. nennt und in welcher Rechtsform sie besteht, ist im Sinne des VG. gleichgültig. Verein ist jede mehr oder weniger organisierte, auf längere Dauer berechnete Vereinigung Mehrerer zur Verfolgung bestimmter gemeinschaftlicher Zwecke (OR. 10 S. 279; RG. 13 S. 277, 18 S. 172, 21 S. 73, 22 S. 338, 28 S. 66). Eine Vereinsbildung wird nicht dadurch ausgeschlossen, daß die Mitglieder aus Wahlen hervorgegangen sind (RG. 18 S. 172; OVG. 42 S. 404). — Daß die Vereinigung auf längere Dauer stattfindet, ist wesentliches Merkmal zum Unterschied von der Versammlung (vgl. Art. 29 VU. Anm. 2a). Die Dauer ist allerdings nur in concreto zu bemessen; Beispiele RG. 16 S. 294 (6—8 Wochen), 18 S. 173 (mehrtägiger Kongreß ist kein Verein; wohl aber kann ein von dem Kongreß zur Ausführung seiner Beschlüsse gewählter und auf längere Zeit zusammentretender Ausschuß als Verein angesehen werden, desgleichen nach KG. DJZ. 1904 Sp. 557 ein Wahlkomitee; RG. 29 S. 162: Parteileitung der sozialdemokratischen Partei). — Irgendeine Art von Organisation ist vorausgesetzt, während sie bei der Versammlung fehlen kann (RG. 13 S. 277, 24

S. 247; a.M. Caspar S. 27, KG. v. 18. Januar 1894 cit. b. Gr. S. 49; vgl. auch RG. 21 S. 73).

Das OVG. (34 S. 444) hält für wesentlich für den Vereinsbegriff im Sinne des öffentlichen Rechts das Dasein eines auf Vertrag beruhenden Rechtsverhältnisses, durch welches eine Mehrheit von Personen behufs eines ihnen gemeinsamen Zwecks mittelst Unterwerfung unter eine organisierte Willensmacht nach außen hin zu einer Einheit zusammengeschlossen wird. Ob der Verein die privatrechtliche Rechtsfähigkeit besitzt, ist gleichgültig. Auch wenn ihm die allgemeine Fähigkeit abgeht, Träger von Rechten und Pflichten zu sein, so erscheint er doch vermöge seiner Organisation als Einheit. Als solche behandelt ihn das VG. (OVG. 39 S. 432). Darum sind die Vorschriften des BGB. über eingetragene Vereine oder der ZPO. über Parteifähigkeit für die Feststellung des Vereinsbegriffs im Sinne des öffentlichen Rechts nicht heranzuziehen (KG. DJZ. 1906 Sp. 970). — Die rechtliche Verbindung (Organisation) der Vereinsmitglieder, die rechtliche Abgrenzung gegen außen hin darf niemals fehlen (RG. 13 S. 273, 277, 21 S. 71, 73, 24 S. 245, 247, 28 S. 68). Sie kann aber sehr locker sein, und persönliche Beziehungen, ja, — im Gegensatz zur geschlossenen Gesellschaft (Art. 29 VU. Anm. 2c) — überhaupt innere Beziehungen irgendwelcher Art können ganz fehlen. Die Organisation des Vereins kann so lose, die Zahl der Mitglieder so groß, die Zusammensetzung so wechselnd, die Bedingungen für den Erwerb der Mitgliedschaft so leicht zu erfüllen sein, daß die Mitglieder nicht als ein in sich geschlossener, bestimmt abgegrenzter Kreis innerlich verbundener Personen angesehen werden können (OVG. 34 S. 444, vgl. 27 S. 428, 29 S. 434). — Das rechtliche Band gelangt in den Statuten zum Ausdruck. Das Vorhandensein von Statuten (Satzungen, Gesellschaftsvertrag) ist daher für die Existenz des Vereins begriffsnotwendig, nicht aber ihre schriftliche Abfassung (s. Anm. 6). — Verein im Sinne des VG. ist nur ein solcher physischer Personen (vgl. Art. 30 VU. Anm. 1). Juristische Personen, z. B. Gewerkschaften, können einen solchen nicht bilden. Darum ist ein Gewerkschaftskartell, in welchem die am Ort befindlichen Filialen und Sektionen gewerkschaftlicher Zentralverbände und Lokalorganisationen durch Delegierte oder ihren Vorsitzenden vertreten sind (J. 19 S. 295) kein Verein, wenn die Abgeordneten nur als Beauftragte der einzelnen Gewerkschaften auftreten, persönlich aber untereinander ohne rechtliches Band sind (KG. in J. 19 S. 295, DJZ. 1903 S. 155; OVG. in 39 S. 429, PrVBl. 25 S. 180). Ein sog. „Bund" der nur Vereine aufnimmt und nur ihnen Rechte und Pflichten der Mitglieder gewährt, ist trotzdem ein Verein physischer Personen, nur daß er die Aufnahme einzelner Personen an die Bedingung vorausgehender Vereinigung zu Gruppen knüpft, und ihnen gemeinschaftliche Ausübung der Rechte und Pflichten zur Pflicht macht (OVG. DJZ. 1896 S. 284).

b) Lokale Begrenzung. Es ist vorausgesetzt, daß jeder Verein einen bestimmten Sitz innerhalb eines bestimmten Ortspolizeibezirks hat. Für seine Tätigkeit ist er auf dieses Gebiet nicht beschränkt (Verhandl. I S. 2878); er kann sie im In- und Auslande ausdehnen, soweit er will (vgl. Gr. S. 50). Ebensowenig brauchen alle Vereinsmitglieder in diesem Bezirke zu wohnen. Statut und Mitgliederverzeichnis sind nur an dem Vereinssitze einzureichen, nicht auch da, wo auswärtige Mitglieder nur wohnen (OR. 15 S. 230; J. 7 S. 263). — Selbständigkeit ist kein Erfordernis des Vereins (vgl. § 8b). Deshalb sind auch besondere örtliche Zweigvereine von Mitgliedern eines auswärts bestehenden größeren Vereins (Zentralverband usw.) Vereine im Sinne des § 1, auch wenn sie durch ein ihnen auferlegtes Statut organisiert, der Leitung und Kontrolle des Verbandes unterstellt sind, sofern sie nur „zu eigener Vereinstätigkeit berufene Glieder des Gesamtvereins sind, welche — abgesehen von den ihnen speziell übertragenen Geschäften — den allgemeinen Vereinszweck in örtlich abgeschlossener Wirksamkeit zu fördern haben." (OVG. 38 S. 416; vgl. OR. 11 S. 346, 18 S. 155; RG. 22 S. 337; OVG. 31 S. 412, 39 S. 437). Fernere Beispiele örtlicher Vereinsbildung: OR. 10 S 56, GA. 17 S. 522, 23 S. 628; KG. v. 9. Juni, 30. Juni und 14. November 1892 (cit. b. Gr. S. 51). Auch eine sog. Zahlstelle kann in diesem Sinne ein Verein sein (KG. GA. 49 S. 345), desgl. nach OVG. 42 S. 404, J. 30 C. 26, RG. JW. 96 S. 524 ein „Agitationskomitee", sofern die vom Hauptverein Gewählten unter sich in rechtliche Verbindung treten. — Statuten und Mitgliederverzeichnis sind in diesen Fällen auch bei der Ortspolizeibehörde des Sitzes des Zweigvereins einzureichen (OR. 15 S. 230; J. 7 S. 264, 12 S. 238). — Handelt es sich aber um bloße „Verwaltungsorgane eines Gesamtverbandes, Unterbehörden unter dem Vorstande, die kein eigenes Vereinsleben entwickeln", so sind sie keine Vereine im Sinne des VG. Mitgliederverzeichnis und Statuten sind nur am Sitze des Hauptvereins einzureichen (KG. GA. 51 S. 64: Gauvorstände des deutschen Holzarbeiterverbandes, J. 25 C. 23: Ortsvereine des „Verbandes deutscher Bergarbeiter").

2) **Vorsteher** (Vorstand). Das sind leitende Persönlichkeiten. Dazu gehört nicht nur der eigentliche Vorsitzende, sondern jedes Vorstandsmitglied (KG. GA. 46 S. 66), z. B. auch der Schriftführer (KG. v. 23. Oktober 1902 cit. b. Gr. S. 56). Bloße Verpflichtung zur Kassenführung ist keine leitende Tätigkeit (KG. GA. 44 S. 185). Wer Vorstand ist, entscheiden nicht die Statuten, obwohl es aus diesen ersichtlich sein soll, sondern die tatsächlichen Umstände (OR. 14 S. 225; KG. DJZ. 1906 Sp. 1321: Nicht einmal formelle Aufnahme als

Mitglied erforderlich). Bei ständigem Wechsel der Vereinsleitung sind es die jeweilig fungierenden Vorsteher (OR. 17 S. 259). Wer erst nach Ablauf der dreitägigen Anmeldefrist Vorsteher wird, ist zur Nachholung nicht verpflichtet (KG. b. J. 17 S. 418, DJZ. 1897 S. 23, 127; vgl. aber MinErl. v. 20. Oktober 1899; MinBl. S. 244, wonach das KG. am 7. September 1899 abweichend entschieden haben soll). Wie die Geschäftsverteilung unter den Vorstandsmitgliedern ist, ist gleichgültig (KG. b. J. 16 S. 430, DJZ. 1906 Sp. 970).

3) **Einwirkung.** Das Mittel der Einwirkung ist gleichgültig. Ein „Erörtern in Versammlungen" ist nicht erforderlich (anders für die besonderen Beschränkungen politischer Vereine nach § 8). Sie kann außer durch Reden, durch schriftliche Mitteilung unter den Vereinsmitgliedern und Verbreitung von Druckschriften tendenziösen Inhalts geschehen (OR. 19 S 552; J. 17 S. 425), ferner durch gemeinsames Einüben und Singen politischer Lieder (s. Anm. 4) durch Darstellung eines lebenden Bildes (KG. GA. 45 S. 309), durch Theatervorstellungen (OVG. 23 S. 406).

4) **Oeffentliche Angelegenheiten.** Ueber diesen Begriff vgl. oben § 1 Anm. 2. Gleichgültig ist, ob die öffentlichen Angelegenheiten zugleich das Privatinteresse der Vereinsmitglieder berühren (OR. 18 S. 598; J. 11 S. 307; RG. 22 S. 338). — Dem § 2 unterliegen insbesondere die Vereine, die politische Zwecke verfolgen (§ 8 Anm. 1b). Hierzu sind gezählt z. B. auch ein Verein zur Bekämpfung der Vivisektion (OVG. in 42 S. 414, DJZ. 1903 S. 324), ferner der Deutsche Flottenverein (OVG. DJZ. 1901 S. 262); weiterhin Vereine mit nationalpolit. Zwecken, z. B. der „Verein Oberschles. Gewerbetreibender, weil er bestrebt war, die Preußen und Deutschen polnischer Abstammung mit dem Deutschtum in Gegensatz zu bringen (KG. DJZ. 1897 S. 107); ein Verein der Stärkung des nationaldänischen Empfindens

(KG. in DJZ. 1896 S. 19, vgl. 1898 S. 435, GA. 46 S. 67) oder durch Zusammenschluß der Polen die national=polnischen Bestrebungen zu fördern bezweckt (OVG. 44 S. 432). Hierher zählen ferner alle Vereine, die sich in den Dienst einer politischen Partei stellen und sie fördern (KG. DJZ. 1896 S. 59: „Verein freie Volksbühne"), auch z. B. Gesangvereine, wenn durch gemeinsames Einüben und Singen politische Lieder eine bestimmte politische Gesinnung unter den Mitgliedern erhalten und gesteigert, die Zusammengehörigkeit einer politischen Partei gestärkt und das Interesse an ihr wachgerufen werden soll (J. 17 S. 425, 22 C. 112), oder der Verein sich an einem ausgesprochenen sozialdemokratischen Fest beteiligt (OVG. 38 S. 417). Ferner gehören hierher Vereine, die das öffentliche Interesse berührende soziale, insbesondere sozialpolitische Zwecke verfolgen (über diesen Begriff vgl. OVG. 41 S. 397), z. B. Wahrung der Interessen der ganzen Arbeiterschaft gegenüber dem Staat (KG. DJZ. 1896 S. 19, vgl. OVG. DJZ. 1904 Sp. 367), Abfassung von Eingaben und Petitionen in Arbeiterangelegenheiten an Behörden und gesetzgeberische Korporationen (OVG. 31 S. 415), sittliche Hebung und materielle Unterstützung der Israeliten (J. 16 S. 430). Vor allem gehören hierher die Berufsvereine, die das Interesse nicht nur ihrer Mitglieder, sondern der ganzen Berufsklasse verfolgen. Letzteres wird stets angenommen, wenn das Privatinteresse der Mitglieder nicht ohne gleichzeitige Wahrnehmung allgemeiner Standesinteressen vertreten werden kann. Beispiele von Vereinen, die dem § 2 unterstellt worden sind: Der deutsche Tabakarbeiterverband, weil er über Konkurrenz der Zuchthausarbeit mit der freien Arbeit beraten und beschlossen hatte (OR. 18 S. 583), ein Ärzteverein, der den Zweck verfolgt, die Interessen des ärztlichen Standes nach innen und außen zu vertreten (J. 20 C. 79); der Verband deutscher Bergarbeiter (J. 25 C. 23), vgl. ferner KG. b. J. 10

S. 247, 11 S. 307, 310, 12 S. 237, 16 S. 419, GA. 46 S. 66. — Dagegen gehören nicht hierher alle rein geselligen Vereine, ferner Vereine, die lediglich die materiellen Interessen ihrer Mitglieder im Auge haben (J. 3 S. 306, 14 S. 356, 23 C. 105), oder mit dem Halten rein wissenschaftlicher Vorträge über Fragen der Sozialpolitik lediglich die Belehrung ihrer Mitglieder bezwecken (J. 18 S. 304), wie überhaupt alle Bildungsvereine; ferner nicht ein Feuerbestattungsverein, der lediglich einen Sammelpunkt für Freunde der Feuerbestattung bilden und bei einer solchen den Angehörigen zur Seite stehen will, nicht aber die Vereinstätigkeit unmittelbar darauf richtet, daß der Staat oder seine Organe den der Feuerbestattung gegenüber bisher vertretenen Standpunkt verlassen (OVG. GA. 52 S. 409, vgl. 39 S. 444). Turnvereine fallen nur dann unter § 2, wenn sie bezwecken, neben dem Turnen oder unter seinem Deckmantel bestimmte politische Gesinnung zu pflegen; dagegen kommt es auf die demnächstige Verwendung des Turnens im praktischen Leben nicht an (KG. GA. 51 S. 64). — Kirchliche und religiöse Vereine fallen, auch wenn sie nicht Korporationsrechte haben (s. Anm. 14) nicht ohne weiteres unter § 2, sondern nur, sofern sie eine Einwirkung auf öffentliche Angelegenheiten bezwecken. Dies braucht keineswegs immer der Fall zu sein. Abs. 3 besagt nur, daß diese Vereine, wenn sie Korporationsrechte besitzen, selbst dann nicht unter § 2 fallen, wenn sie eine solche Einwirkung bezwecken. Diesen Standpunkt nimmt jetzt das KG. (J. 31 C. 32) mit Recht ein (vgl. § 1 Anm. 2). A. M. Gr. S. 52, gestützt auf die Entstehungsgeschichte des Gesetzes (Verhandl. II S. 2771) sowie OR. 17 S. 14 und 476 (vgl. OVG. 37 S. 440). In jedem Falle unterliegen solche Vereine keinen weitergehenden vereinsrechtlichen Beschränkungen, als denen des VG. (J. 10 S. 250).

5) **Bezwecken** = beabsichtigen, zu unterscheiden

von „bewirken" und „ausüben" (J. 23 C. 107). Eine Handlung ist bezweckt, wenn sie ganz der Absicht des Handelnden gemäß vorgenommen ist (RG. 15 S. 307; J. 10 S. 247). Alles was der Verein als solcher tut, ist als von ihm bezweckt anzusehen. In erster Linie kommt in Betracht, was der Verein im Statut sich als Zweck gesetzt hat. Daneben kann der Verein tatsächlich andere Zwecke verfolgen, die, sei es absichtlich, sei es versehentlich, im Statut nicht genannt sind. Dann ist das Statut allein nicht maßgebend. Jedoch bleiben neben den tatsächlich verfolgten die statutarischen Zwecke bestehen, solange das Statut nicht abgeändert wird. Eine solche Abänderung liegt nicht schon darin, daß der Verein aus irgendwelchen Gründen in der angegebenen Richtung noch nicht tätig geworden ist. Er kann diese Tätigkeit jederzeit aufnehmen. Ob im einzelnen Falle dadurch, daß der Verein tatsächlich dauernd in einer Richtung arbeitet, die seinen Satzungszwecken durchaus widerspricht, die statutarische Zweckbestimmung aufgehoben ist, ist Tatfrage (J. 26 C. 38). Für die Anwendung des § 2 ist es gleichgültig, ob die Einwirkung auf öffentliche Angelegenheiten der einzige oder Hauptzweck des Vereins ist (OVG. in 29 S. 429, PrVBl. 22 S. 45); aus einer tatsächlichen Einwirkung in einzelnen Fällen kann ohne Rechtsirrtum gefolgert werden, daß der Verein eventuell von nun an solche Einwirkung bezweckt (OR. 18 S. 593; J. 11 S. 307). — Dagegen ist eine gelegentliche, nur für den einzelnen Fall gewollte Einwirkung auf öffentliche Angelegenheiten nicht ausreichend, um einen Verein dem § 2 (und § 8) zu unterwerfen; in § 2 (und § 8) ist an den dauernden Vereinszweck (Haupt- oder Nebenzweck) gedacht (ähnlich: Caspar S. 37ff., vgl. OVG. 20 S. 437 Anm.).

6) **Statuten.** Da ein Verein ein Rechtsorganismus ist, ist er ohne Statuten rechtlich unmöglich (Anm. 1). Diese brauchen aber nicht schriftlich abgefaßt zu sein, um

als solche zu gelten (KG. b. J. 26 C. 33, DJZ. 1904 Sp. 557). Streitig ist, ob § 2 dem Verein die **Verpflichtung** auferlegt, schriftlich abgefaßte Statuten zu besitzen, oder den Vorstehern, die nur mündlich vereinbarten Statuten schriftlich zu fixieren. Letzteres nimmt das KG. (J. 26 C. 33) an. A. M. mit beachtenswerten Gründen Delius S. 117, vgl. OVG. GA. 47 S. 472. Ersatzmittel für die Polizei ist das Recht auf Auskunft (Anm. 11). § 2 gibt der Polizei nicht das Recht, Statutenänderungen zu verlangen (KG. DJZ. 1907 Sp. 362). Für die Frage nach Vorstandschaft, Mitgliedschaft, Zweck sind nicht die schriftlichen Statuten, sondern die tatsächlichen Verhältnisse entscheidend (OR. 14 S. 224; GA. 23 S. 470, 25 S. 248). — Ist das Statut in einer fremden Sprache abgefaßt, so kann es auch nur in dieser eingereicht werden. Durch eine bloße Übersetzung wird das Interesse der Behörde, sichere Kenntnis der Statuten zu erhalten, auch nicht befriedigt, weil die Gewähr für die Richtigkeit und Genauigkeit der Übersetzung fehlt. § 1 G. v. 28. August 1876 (§ 1 Anm. 6 VG.) steht nicht entgegen. Denn die Statuten sind keine Erklärungen gegenüber Behörden, ihre Abfassung kein Verkehr mit einer Behörde. Die Polizei kann jedoch, wiederum auf Grund ihres Auskunftsrechts, eine deutsche Übersetzung verlangen (OVG. 44 S. 427, vgl. 1 S. 355; OR. 17 S. 103).

7) **Mitgliederverzeichnis.** Die Liste muß die einzelnen Mitglieder genau genug kenntlich machen, um der Polizeibehörde die Identifizierung der Personen zu ermöglichen. In größeren Städten werden die bloßen Namen meist der Behörde die erforderliche Kenntnis nicht geben. Sie kann daher eventuell ergänzende Auskunft verlangen (J. 31 C. 31). Sonstige Angaben (über Geburtstage usw.) kann sie nicht verlangen, auch nicht eine bestimmte Gruppierung (alphabetisch oder nach einzelnen Zahlstellen, OVG. GA. 50 S. 407) oder Einreichung

nach einem vorgeschriebenen Schema (J. 23 C. 105; OVG. 42 S. 401), auch nicht Einreichung des Originals (OVG. DJZ. 1899 S. 90). Auch besteht keine Verpflichtung, der Polizei Nachweise für die Berechtigung der Namensführung zu erbringen, oder nur deutsche Vornamen anzuzeigen. Es sind die wirklichen Vornamen anzugeben (J. 22 C. 112). — Zu den anzuzeigenden Änderungen gehört auch das Ausscheiden eines Mitgliedes durch Tod (KG. v. 16. Oktober 1899 b. Gr. S. 57), nicht aber Änderungen in der Zusammensetzung des Vorstandes (J. 19 S. 296, 24 C. 71, s. aber Anm. 9). Ein neues Verzeichnis über den gegenwärtigen Bestand kann nur verlangt werden, wenn die bisherigen Anzeigen den Zwecken der Polizei nicht mehr genügen, und die Behörde nur dadurch den Mitgliederbestand erfahren kann (J. 29 C. 20; OVG. in 42 S. 398, PrVBl. 25 S. 284, abweichend früher J. 19 S. 297). Der Vorstand hat die Pflicht, sich nach den Änderungen im Mitgliederbestande zu erkundigen (KG. v. 17. Juni 1901 b. Gr. S. 57).

8) **Binnen drei Tagen.** Die Frist beginnt mit der Errichtung des Vereins, für die Einreichung des Statuts bei dessen nachträglicher schriftlicher Abfassung mit der Abfassung. Der Tag der Errichtung bzw. Abfassung wird nicht mitgerechnet. Die Einreichung kann also bis Ablauf des dritten folgenden Tages geschehen. Ist der dritte ein Sonn- oder allgemeiner Feiertag, so läuft die Frist (entsprechend § 193 BGB.) am folgenden Werktage ab (Gr. S. 57). Verwandelt sich ein bisher geselliger oder Bildungsverein in einen solchen, der Einwirkung auf öffentliche Angelegenheiten bezweckt, so beginnt die Frist mit dem Tage dieser Umwandlung (KG. b. J. 18 S. 305, DJZ. 1899 S. 178). Die strafbare Handlung nach § 13 ist mit Ablauf der drei Tage vollendet (§ 13 Anm. 4). Die Polizei kann aber später Nachholung verlangen (J. 24 C. 70).

9) **Ortspolizeibehörde:** vgl. § 1 Anm. 7, § 2 Anm. 1 b. Die Pflichten aus § 2 bestehen nur gegenüber der Polizeibehörde des Vereinssitzes, nicht gegenüber jeder Polizeibehörde, in deren Bezirk der Verein irgendwie tätig wird (OVG. DJZ. 1897 S. 306).

10) **Einreichen.** Damit ist eine schriftliche Anzeige verlangt. Sie muß vom Vorstand, d. h. mindestens von einem Vorstandsmitglied ausgehen, und zum mindesten auch den Namen des Vereins und des anzeigenden Vorstandsmitgliedes nennen. Durch Anzeigen dritter Personen wird dem Gesetze nicht genügt; ebenso erübrigt sich die Einreichung nicht, wenn die Polizei bereits anderweit von Statut und Mitgliederverzeichnis Kenntnis erhalten hat. Dies hat seinen Grund in der Verantwortlichkeit der Vorsteher nach § 13 Satz 2 (KG. b. J. 28 C. 20, DJZ. 1906 Sp. 970).

11) **Auskunft.** Das Recht aus Auskunft bezieht sich nur auf die Statuten, das Mitgliederverzeichnis und deren Abänderungen. Weitergehende Ansprüche, als die in Anm. 6 und 7 erörterten kann die Polizei auch aus diesem Gesichtspunkt nicht auf das VG. stützen, z. B. nicht das Recht, die Namen der Vorstandsmitglieder oder die von den Mitgliedern bekleideten Ämter zu erfahren (J. 24 C. 72, DJZ. 1906 Sp. 434, abweichend von J. 19 S. 296). Die Auskunftspflicht erstreckt sich nicht auf allgemein bekannte oder aus öffentlichen Registern ersichtlichen Tatsachen (J. 22 C. 112). Einreichung der Gründungsurkunden kann die Polizei nicht fordern (KG. DJZ. 1899 S. 90). Unberührt bleibt das allgemeine Ermittlungsrecht der Polizei, das aber nicht unter dem Schutz des § 13 VG. steht. Auf diesem Wege kann die Polizei regelmäßig ein Verzeichnis der Vorstandsmitglieder verlangen, da sie die Kenntnis dieser Personen wegen deren besonderer Verpflichtungen, über deren Erfüllung sie zu wachen hat, braucht (OVG. PrVBl. 25 S. 285, vgl. J. 24 C. 72). Sie hat aus demselben Grunde ein

Recht auf Auskunft über den Inhalt der Satzung auch gegenüber solchen Vereinen, bei denen noch nicht feststeht, ob sie eine Einwirkung auf öffentliche Angelegenheiten bezwecken, bei denen aber Tatsachen vorliegen, nach denen dies vermutet werden kann (OVG. 44 S. 428: Gründung eines polnischen Jugendvereins zur Stärkung und Belebung des polnischen Nationalgefühls; Vermutung naheliegend, daß der Verein dem politischen Polentum Vorschub leisten wird. Vgl. auch Art. 30 BU. Anm. 5). — Die Polizei kann das ihr zustehende Recht auf Auskunft nicht auf andere Behörden übertragen (OVG. 48 S. 430).

12) **Bei Zuwiderhandlungen:** a) Strafvorschriften § 13. b) Zwangsbefugnisse der Polizei gemäß G. v. 30. Juli 1883 § 132: Androhung und Festsetzung von Geldstrafen ev. Haft (bis 150 Mk. ev. 2 Wochen seitens der Landräte sowie der Polizeibehörde und Gemeindevorstände in Stadtkreisen, bis 60 Mk. ev. 1 Woche seitens der Orspolizeibehörde und der städtischen Gemeindevorstände in Landkreisen). Die Rechtsmittel gegen die Androhung sind dieselben, wie überhaupt gegen ortspolizeiliche Verfügungen (§§ 127ff. vgl. unten S. 183); gegen die Festsetzung und Ausführung nur Beschwerde im Aufsichtswege binnen 2 Wochen (§ 133 a. a. O.). Über die Befugnis der Polizei zur Zwangsgestellung nach vergeblicher Vorladung RG. 22 S. 10.

13) **Bescheinigung.** Vgl. § 1 Anm. 8. Inhalt der Bescheinigung: OVG. 22 S. 408. Das Fehlen dieser Bescheinigung (anders bei § 1) ist unschädlich, sofern tatsächlich die Statuten usw. eingereicht sind.

14) **Kirchliche und religiöse Vereine.** Über solche ohne Korporationsrechte s. oben Anm. 4. — Die Ausnahmebestimmung § 2 Abs. 3 ist nur anwendbar, wenn der einzelne Verein Korporationsrechte besitzt; es genügt nicht, daß die Religionsgesellschaft, welcher er angehört, Korporationsrechte hat (Verhandl. II S. 2786,

2787). — Die Befreiung erstreckt sich nur auf §§ 1 und 2 (und folglich §§ 3, 5 Satz 1, 12, 13); nicht aber auf §§ 4, 5 Satz 2, 6, 7, 9 (abweichend J. 12 S. 179 betreffend § 9?).

§ 3. Wenn für die Versammlungen eines Vereines,[1] [2] [3] welcher eine Einwirkung auf öffentliche Angelegenheiten bezweckt, Zeit und Ort statutenmäßig oder durch einen besonderen Beschluß im voraus feststeht, und dieses wenigstens 24 Stunden vor der ersten Versammlung zur Kenntnis der Ortspolizeibehörde gebracht[4] worden ist, so bedarf es einer besonderen Anzeige, wie sie der § 1 erfordert, für die einzelnen Versammlungen[5] nicht.

1) **Vereinsversammlungen überhaupt.** a) Auch Versammlungen der unter § 2 fallenden Vereine unterliegen der Anzeigepflicht nur, wenn in ihnen öffentliche Angelegenheiten erörtert oder beraten werden sollen. Dies nimmt das RG. (J. 17 S. 421, 24 C. 64, DJZ. 1897 S. 43, 1898 S. 191, 1900 S. 505) jetzt, abweichend von seiner früheren Ansicht (J. 12 S. 245), in Übereinstimmung mit dem OVG. (23 S. 404 ff.), der Entstehungsgeschichte (Verhandl. II S. 2772, weil § 3 nur unnötige Belästigungen verhindern soll) und dem Wortlaut (Anzeige, „wie sie der § 1 erfordert“) an. Die Vergünstigung des § 3 im Verhältnis zu § 1 besteht darin, daß die besondere Unternehmeranzeige wegfällt. Es kommt auf den Unternehmer der einzelnen Versammlung nicht an, auch nicht darauf, ob die Person des Anzeigenden (Vorstehers) wechselt. Nicht erforderlich, auch ohne Interesse für die Behörde ist der Nachweis, ob die Festsetzung auf dem Statut oder einem besonderen Beschluß beruht, ob sie in einer dem Statut entsprechenden, also rechtsgültigen Weise erfolgt ist. Denn das Ge-

setz erfordert die Benachrichtigung, damit die Überwachung stattfinden kann (J. 31 C. 30). Daß der Verein selbst verboten ist, nimmt seinen Versammlungen nicht die Eigenschaft als Vereinsversammlungen (OVG. 44 S. 438).

b) Versammlungen eines politischen Vereins: unten § 8 Anm. 6.

c) Legitimiert zur Wahrung des Versammlungsrechts eines Vereins gegen polizeiliche Verfügungen ist sowohl der Verein, wenn er als solcher vor Gericht auftreten kann, als auch jedes einzelne Vereinsmitglied (OVG. 23 S. 411).

2) Die generelle Anzeige des § 3 deckt nur die **Versammlungen der Vereinsmitglieder.** Dazu gehören auch die Generalversammlungen (J. 14 S. 359), nicht jedoch solche Versammlungen, die auch dem sonstigen Publikum offen stehen, z. B. zu welchen durch Flugblätter eingeladen ist. Dagegen schadet nicht die Anwesenheit geladener Gäste (Art. 29 V. U. Anm. 2c.), auch nicht die zufällige Anwesenheit einiger Nichteingeladener. Eine besondere Kontrolle oder Sicherung, daß kein Unberufener an der Versammlung teilnimmt, ist nicht notwendig und nicht vorgeschrieben, um einer Privat- oder Vereinsversammlung ihren Charakter zu wahren (RG. GA. 49 S. 343). Wenn das RG. hier von Öffentlichkeit der Versammlung spricht, so ist dieser Begriff hier ein anderer als für die Frage der Öffentlichkeit einer Tanzlustbarkeit. Eine solche ist öffentlich, wenn sie nicht von einer geschlossenen Gesellschaft ausgeht. Eine Vereinsversammlung fällt aber unter § 3, ist also nicht öffentlich, auch wenn der Verein keine geschlossene Gesellschaft ist (§ 2 Anm. 1). Dies verkennt Delius S. 132. — Erfolgt die Zuziehung von Gästen in solchem Maße, daß der Charakter der Versammlung überhaupt geändert wird, so hört die Versammlung auf, eine „regelmäßige Vereinsversammlung" zu sein, und unterliegt ohne besondere Anzeige der Auflösung nach § 5 (MinVerf., MinBl. 1890 S. 200).

3) **Sitzungen des Vorstandes** oder sonstige Organe sind zwar (wenn die Teilnehmerzahl nicht allzu klein ist) immer auch Versammlungen (etwas anderes: OVG. 20 S. 441, 23 S. 408 quaestio facti); anzeigepflichtig sind sie aber nur, wenn in ihnen öffentliche Angelegenheiten (§ 1) erörtert usw. werden sollen, nicht nur innere Vereinsangelegenheiten, wie z. B. das Kassenwesen. Das RG. (29 S. 167) und KG. (J. 19 S. 300) nehmen allerdings an, daß Sitzungen im Sinne von Zusammenkünften der Mitglieder eines Organs des Vereins keine Versammlungen und deshalb niemals anzeigepflichtig seien. Der Unterschied gegen die obige Darstellung ist nur ein terminologischer. Die genannten Urteile folgern aus dem Unterschied, den § 8 Abs. 3 zwischen Versammlungen und Sitzungen macht, daß „Sitzungen" nur solche Zusammenkünfte seien, die wegen ihres privaten Charakters nicht als Versammlungen bezeichnet werden können (vgl. § 1 Anm. 1). Im Sinne des § 8 Abs. 3 (Sitzungen eines politischen Vereins) sind übrigens, wie das KG. (J. 24 C. 66) selbst annimmt, „Sitzungen" nur eine bestimmte Art von „Versammlungen" (s. § 8 Anm. 6).

4) Bescheinigung der Ortspolizeibehörde: OVG. 22 S. 408.

5) Die **regelmäßigen** Vereinsversammlungen sind nur von der besonderen Anzeige (§ 1) befreit, aber nicht von der polizeilichen Überwachung (§§ 4 ff.) oder dem etwa aus besonderen Gründen (oben Art. 29 VU. Anm. 2b) zulässigen polizeilichen Einschreiten (OVG. 23 S. 413). Das Ausfallen einer regelmäßigen Vereinsversammlung bedarf keiner Anzeige (Verhandl. II S. 2772).

§ 4.[1]) **Die Ortspolizeibehörde**[2]) **ist befugt,**[3]) **in jede Versammlung, in welcher öffentliche Angelegenheiten erörtert oder beraten werden sollen,**[4]) **einen oder zwei**[5]) **Polizeibeamte oder eine oder**

zwei andere[5]) Personen als Abgeordnete zu senden.[6])

Die Abgeordneten dürfen, wenn sie Polizeibeamte sind, nur in ihrer Dienstkleidung oder unter ausdrücklicher Kundgebung[7]) ihrer dienstlichen Eigenschaft erscheinen. Sind sie nicht Polizeibeamte, so müssen sie durch besondere Abzeichen erkennbar sein.[8])

Den Abgeordneten muß ein angemessener Platz eingeräumt,[9]) ihnen auch auf Erfordern durch den Vorsitzenden[10]) Auskunft über die Person der Redner[11]) gegeben werden.[12])

1) § 4 ermächtigt die Polizeibehörde rein präventiv zur Überwachung der Versammlungen im Sinne des § 1. Daneben besteht die Befugnis der Polizei, sobald ihr die Begehung strafbarer Handlungen in einer Versammlung glaubhaft bekannt wird, gemäß § 17 II 10 ALR. ihre Organe an den Ort der wahrscheinlichen Straftat zu senden, natürlich unter Beachtung der ihr überhaupt (vgl. z. B. §§ 7—9 G. über die persönliche Freiheit v. 12. Febr. 1850, OVG. 1 S. 375 ff., 380) gezogenen Schranken (OVG. 23 S. 408).

Die gemäß § 4 entsendeten Abgeordneten vertreten die Polizeibehörde nicht nur gemäß §§ 5, 6, sondern zugleich in ihren allgemeinen Funktionen. Sie sind deshalb auch befugt, „den Vorsitzenden in der Handhabung der Geschäftsordnung zu unterstützen und gegen Ordnungsstörer amtlich einzuschreiten"; (RG. GA. 38 S. 385).

2) An Stelle der Ortspolizei kann deren vorgesetzte Behörde diese Befugnis ausüben (OR. 5 S. 273), aber nicht die Staatsanwaltschaft. Vgl. Anm. 3.

3) Befugt, nicht verpflichtet. Letzteres auch nicht auf Requisition der Staatsanwaltschaft; jedoch soll die Orts-

polizei, wenn sie der Requisition der Staatsanwaltschaft nicht genügen will, die Gründe mitteilen (MinReskr., MinBl. 1850 S. 378). Ein Recht der Veranstalter von Versammlungen, die Anwesenheit von Polizeibeamten zu verlangen, besteht nicht (Delius S. 137).

4) Versammlung usw. vgl. bei § 1. Das Überwachungsrecht nach § 4 bezieht sich nur auf Versammlungen, in welchen öffentliche Angelegenheiten erörtert oder beraten werden sollen, ohne Unterschied, ob die Versammlungen von Einzelpersonen oder Vereinen, insbesondere auch von politischen, veranstaltet werden (J. 24 C. 64). Die Befugnis zur Überwachung anderer Versammlungen richtet sich daher nach den allgemeinen Grundsätzen (Art. 29 VU. Anm. 2b). Demgemäß ist die polizeiliche Überwachung der geselligen Zusammenkünfte geschlossener Gesellschaften, insbesondere das Eindringen von Polizeibeamten in die von solchen Gesellschaften benutzten Räume unzulässig, sofern nicht die Voraussetzungen zum Eindringen in „Wohnungen", G. v. 12. Febr. 1850, vorliegen (OVG. 1 S. 375). — Nicht öffentliche Versammlungen in geschlossenen Räumen stehen, sofern in ihnen nicht öffentliche Angelegenheiten erörtert werden sollen, in polizeilicher Beziehung den Privatgesellschaften im Privathause gleich (OVG. 9 S. 411). — Überwachung öffentlicher Lustbarkeiten s. Art. 29 VU. Anm. 2c).

5) Erscheinen mehr als zwei Abgeordnete der Polizei, so muß sich die Überzahl auf Aufforderung des zum Hausrecht Befugten (Art. 29 VU. Anm. 2d) entfernen. Welche zwei Abgeordnete bleiben sollen, haben die Abgeordneten zu bestimmen. Entfernen sich die übrigen nicht, so begehen sie Hausfriedensbruch. Wird eine Bestimmung, wer bleiben und wer sich entfernen soll, gar nicht getroffen, so machen sich sämtliche Abgeordnete des Hausfriedensbruchs schuldig, weil keiner von ihnen berechtigt ist, gemeinschaftlich mit mehr als einem anderen

anwesend zu bleiben. — Nach Auflösung einer Versammlung ist die Zuziehung von mehr als zwei Polizeibeamten insbesondere zur Durchführung der Auflösung statthaft.

6) Der Verwalter der Ortspolizei kann auch sich selbst in die Versammlung delegieren (analog OR. 5 S. 201).

7) Diese ausdrückliche Kundgebung kann auch durch konkludente Handlungen erfolgen, welche das Erscheinen in dienstlicher Eigenschaft unzweifelhaft kundgeben (OR. 18 S. 61, Gr. S. 59). Andere, nicht hierzu abgeordnete, zufällig anwesende Polizeibeamte haben nicht die Befugnisse aus § 4 (Delius S. 138).

8) Und sich auf Erfordern als Abgeordnete der Polizei legitimieren (Delius S. 139).

9) Die Wahl des Platzes ist nicht dem Abgeordneten überlassen. Ob der eingeräumte Platz angemessen war, entscheidet nachher ev. (§ 14) der Strafrichter (Verhandl. II S. 2772). „Zur Angemessenheit des Platzes gehört, daß er dem Abgeordneten die Möglichkeit gibt, seines Amtes zu walten, und daß derselbe nicht durch irgendwelche Umstände als mit der Würde der Behörde unvereinbar erscheint" (Gr. S. 59, vgl. Delius S. 141 f.). Die Verweigerung eines angemessenen Platzes berechtigt die Abgeordneten nicht zur Auflösung der Versammlung (arg. § 5).

10) Vorsitzender ist, wer durch Wahl oder stillschweigende Übereinkunft der übrigen Teilnehmer dazu bestellt ist. Der Begriff des Vorsitzenden setzt daher eine Eröffnung und Konstituierung der Versammlung voraus (obwohl eine solche für den Beginn der Versammlung nicht erforderlich ist, s. § 1 Anm. 9). Der Vorsitzende des Vereins, der die Versammlung veranstaltet, gilt nicht ohne weiteres als Vorsitzender der Versammlung. Er wird es erst in dem Augenblick, in dem er einen Akt der Leitung vorgenommen, z. B. die Versammlung für eröffnet erklärt hat, oder wenn er von den Teilnehmern

zum Vorsitzenden erwählt worden ist (KG. DJZ. 1906 Sp. 1265).

11) Die **Auskunft** bezieht sich auf Namen, Stand und Wohnung (Delius S. 140) und muß vor Schluß der Versammlung verlangt werden (KG. v. 9. Jan. 1902, Gr. S. 60). **Redner** ist nur derjenige, der spricht (oder gesprochen hat), nicht auch der erst sprechen soll (KG. DJZ. 1906 Sp. 1265), aber auch, wer nur eine kurze Ansprache gehalten (RG. JW. 99 S. 480, vgl. § 10 Anm. 7), oder einen Zwischenruf ausgestoßen hat (Delius S. 140). Die Auskunft ist in **deutscher Sprache** zu erteilen (OVG. 1 S. 356, s. § 1 Anm. 6), doch kann der Abgeordnete sich natürlich mit einer in anderer Sprache abgegebenen begnügen. Die Erörterungen in der Versammlung selbst brauchen nicht in deutscher Sprache geführt zu werden. Art. 27 VU. gibt jedem Preußen das Recht, seine Meinung frei zu äußern, ohne Beschränkung auf eine bestimmte Sprache, und das Versammlungsrecht unterliegt nur den Beschränkungen des VG. (Art. 29 VU. Anm. 2b). § 4 gewährt der Polizei das Mittel zur Kenntnisnahme des in einer Versammlung Gesprochenen, gewährleistet aber nicht deren tatsächliche Möglichkeit. Diese ist nicht Bedingung der Ausübung des Versammlungsrechts (OVG. 32 S. 402). Hat der Gebrauch der fremden Sprache aber nur den Zweck der Vereitelung der Überwachung, so kann er verboten (OVG. 1 S. 347, 32 S. 405) und bei Nichtbefolgung die Versammlung aufgelöst werden (OVG. 43 S. 432).

12) Strafbestimmung: § 14.

§ 5. Die Abgeordneten der Polizeibehörde sind, vorbehaltlich des gegen die Beteiligten gesetzlich einzuleitenden Strafverfahrens, befugt, sofort jede Versammlung[1]) aufzulösen,[2–5]) bezüglich deren die Bescheinigung der erfolgten Anzeige (§§ 1 und 3)

nicht vorgelegt werden kann.[2a]) Ein Gleiches gilt, wenn in der Versammlung Anträge oder Vorschläge erörtert werden, die einer Aufforderung oder Anreizung zu strafbaren Handlungen enthalten;[2b]) oder wenn in der Versammlung Bewaffnete erscheinen, die der Aufforderung des Abgeordneten der Obrigkeit entgegen, nicht entfernt werden.[2c])

1) **Versammlung.** a) § 5 bezieht sich nur auf Versammlungen im Sinne des § 1 (in welchen öffentliche Angelegenheiten erörtert usw. werden sollen) und gemäß §§ 9, 10 auf öffentliche Versammlungen unter freiem Himmel und öffentliche Aufzüge; denn unter den „Abgeordneten der Polizei" sind offenbar die nach § 4 entsendeten gemeint, und diese dürfen nach §§ 4, 9 nur in die bezeichneten Versammlungen entsendet werden. — Eine Auflösung anderer Versammlungen durch Polizeibeamte (vgl. § 4 Anm. 1) kann daher nicht auf § 5, sondern nur auf die allgemeinen Bestimmungen (§ 10 II 17 ALR., s. Anm. 3) gestützt werden. Vgl. OVG. 23 S. 407.

b) Auch eine von dem Vorsitzenden bereits geschlossene Versammlung kann noch für aufgelöst erklärt werden, falls sie trotz der formellen Schlußerklärungen des Vorsitzenden weiter tagt (J. 6 S. 252, s. § 1 Anm. 9). Dies ergibt sich schon daraus, daß in dem weiteren Tagen der Zusammengebliebenen eine neue Versammlung liegen kann, für welche es nun an der Bescheinigung (§ 1) fehlt (ähnlich: KG. GA. 39 S. 206, 40 S. 373, s. § 1 Anm. 4 a. E.).

c) Die Umgehung des Gesetzes durch Anmeldung von zwei aufeinander folgenden Versammlungen für dasselbe Lokal, um bei Auflösung der ersten Versammlung sogleich die zweite abzuhalten, ist unstatthaft; bildet die zweite Versammlung nur eine Fortsetzung der aufgelösten ersten, so kann sie deshalb ohne weiteres aufgelöst werden (MinReskr. 25. April 1878 bei Delius S. 145).

2) **Die Auflösungsgründe nach dem VG.:**

a) Fehlen der Anzeigebescheinigung § 1; vgl. auch § 1 Abs. 2 (verspäteter Beginn und übermäßige Pause).

b) Erörterung von Anträgen usw., die eine Aufforderung oder Anreizung zu strafbaren Handlungen enthalten. Vgl. auch StGB. §§ 85, 110, 111 (oben S. 18 f.). Die Aufforderung oder Anreizung selbst braucht keine strafbare Handlung darzustellen. „Anreizung" ist im Gegensatz zur „Aufforderung" ein mehr indirektes Mittel, auf den Willen des anderen einzuwirken, vgl. StGB. § 112 (OVG. PrVBl. 21 S. 419). Ob die Aufforderung usw. Erfolg hat, ist gleichgültig. Als Erörtern gilt nicht schon die Stellung eines Antrags, wohl aber die Befürwortung durch den Antragsteller, sowie die Abstimmung. — Zur Auflösung gemäß § 5 genügt nicht, daß ein Teilnehmer der Versammlung (mag dies auch der Redner sein) selbst eine strafbare Handlung begeht (Entsch. d. OVG. u. MinVerf., MinBl. 1890 S. 1; vgl. Anm. 3). Daher ist auch der strafbare Inhalt einer in der Versammlung gehaltenen Rede kein Auflösungsgrund (OVG. DJZ. 1903 S. 84).

c) Nichtentfernung von (auch nur einem) Bewaffneten (vgl. § 7 sowie Art. 29 VU.).

d) Nichtentfernung von Frauenspersonen, Schülern und Lehrlingen aus den Versammlungen und Sitzungen politischer Vereine (§ 8 Abs. 3).

3) **Auflösung aus anderen Gründen** kann erfolgen auf Grund der allgemeinen Bestimmungen, insbesondere gemäß § 10, II 17 ALR. „zur Erhaltung der öffentlichen Ruhe, Sicherheit und Ordnung und zur Abwendung der dem Publiko oder einzelnen Mitgliedern desselben bevor-

stehenden Gefahr" (OVG. 1 S. 353, 11 S. 388), jedoch nur dann, wenn die Auflösung nicht bloß ein geeignetes, sondern das notwendige Mittel zu diesem Zwecke ist, also nicht schon bei Begehung irgend einer strafbaren Handlung in der Versammlung (Entsch. d. OVG. u. MinVerf., MinBl. 1890 S. 1, OVG. in 31 S. 409, DJZ. 1898 S. 251, 1899 S. 135, s. Art. 29 VU. Anm. 2b). — Über den Gebrauch einer fremden Sprache in der Versammlung als Auflösungsgrund vgl. § 4 Anm. 11.

Eine für Wirtshäuser usw. überhaupt festgesetzte Polizeistunde trifft auch die in solchen Lokalen abgehaltenen Versammlungen, einschließlich der öffentlichen Vereinsversammlungen, und berechtigt die Polizei zur Schließung bzw. Auflösung der Versammlung (Art. 29 VU. Anm. 2b; vgl. daselbst auch über das Recht der Polizei, Versammlungen im voraus zu verbieten, und unter d über das Recht des Einberufers und Leiters einer Versammlung auf Grund seines Hausrechts die Versammlung aufzulösen).

4) Die **Auflösungserklärung** muß unzweideutig und den Anwesenden verständlich sein; bestimmte Worte sind nicht vorgeschrieben (RG. 11 S. 374; KG. DJZ. 1905 Sp. 1066) und der Gebrauch der deutschen Sprache ist wohl nicht unbedingt erforderlich (a. M.: OVG. 1 S. 356). — Den Grund der Auflösung braucht der Beamte bei der Auflösungserklärung nicht anzugeben (OR. 9 S. 722).

5) **Rechtsmittel** gegen unbegründete Auflösung: Beschwerde bei der Behörde, welche den betr. Beamten abgeordnet hatte, und gegen deren Bescheid ev. die Rechtsmittel §§ 127 ff. G. v. 30. Juli 1883 unten S. 133 (OVG. 32 S. 392). Übernimmt der Inhaber der örtlichen Polizeigewalt selbst die Überwachung der Versammlung (§ 4 Anm. 6), so stellt sich die von ihm angeordnete Auflösung selbst als eine polizeiliche Verfügung, gegen

die die Rechtsmittel der §§ 127 ff. unmittelbar gegeben sind, dar (OVG. DJZ. 1902 S. 438).

§ 6. Sobald ein Abgeordneter der Polizeibehörde die Versammlung für aufgelöst erklärt hat,[1]) sind alle Anwesenden[2]) verpflichtet, sich sofort[3]) zu entfernen.[4]) Diese Erklärung kann nötigenfalls durch die bewaffnete Macht[5]) zur Ausführung gebracht werden.

1) Auch wenn die Auflösung ohne gesetzlichen Grund erfolgt ist (OR. 9 S. 720, J. 18 S. 307).

2) Auch der Einberufer und Leiter (KG. DJZ. 1907 Sp. 71).

3) D. h. mit tunlichster Beschleunigung (J. 6 S. 254).

4) Ohne besondere Aufforderung (anders bei § 116 StGB. oben S. 21). Rückkehr vor völligem Auseinandergehen der Versammlung ist unstatthaft, auch wenn sie zu dem Zwecke geschieht, die Anwesenden zum Verlassen des Raumes zu bestimmen (KG. DJZ. 1907 Sp. 71). Das Gebot erstreckt sich nicht auf Nebenräume, die vom Versammlungsraum völlig getrennt sind (RG. JW. 1894 S. 503). — Soll nach der Versammlung eine gesellige Zusammenkunft stattfinden, so müssen sich die Beteiligten doch zuvor entfernen (KG. GA. 41 S. 318). — Strafbestimmung: § 15.

5) Vgl. Art. 36 VU., ReichsVerf. Art. 66 Abs. 2, PreußG. v. 20. März 1837 (GS. S. 60) über den Waffengebrauch des Militärs.

§ 7. Niemand darf in einer Versammlung[1]) bewaffnet[2]) erscheinen,[3]) mit Ausnahme[4]) der im Dienste befindlichen Polizeibeamten.

1) Das Waffenverbot folgt schon aus Art. 29 VU. für alle Versammlungen, auf welche sich Art. 29 bezieht, also auf alle nicht bloß geselligen (vgl. Anm. 2a das.). § 7

wiederholt dies verfassungsmäßige Verbot (Verhandl. II S. 2773), und gilt für alle Arten von Versammlungen (OVG. 20 S. 440, 23 S. 407, Gr. S. 63, Delius S. 154), sowie für die in § 10 den Versammlungen unter freiem Himmel gleichgestellten öffentlichen Aufzüge (J. 5 S. 282). A. M. Caspar S. 62, der annimmt, § 7 gelte nur für die Versammlungen der §§ 1, 9, 10 VG., während anderenfalls Bestrafung nur auf Grund besonderer Polizeiverordnung über das Waffentragen eintreten könne. Solche Polizeiverordnungen haben das RG. (20 S. 43, 36 S. 109) und neuerdings das KG. (DJZ. 1903 S. 502, abweichend J. 26 C. 49) für gültig erklärt.

2) Waffe ist ein zur Zufügung von Verletzungen bei Angriff oder Abwehr geeigneter und hierzu entweder nach seinem natürlichen Zwecke oder in concreto nach dem Willen des Trägers bestimmter Gegenstand (ähnlich: OR. 4 S. 433, Delius S. 154 ff. Caspar S. 61). — Ehrendegen, Rapiere usw. gelten daher nur dann als Waffen, wenn sie zu Angriffs- oder Abwehrzwecken mitgebracht werden, nicht aber, wenn sie als Schmuck oder Übungsgerät, Kostümstücke usw. dienen sollen (OVG. 20 S. 440; J. 13 S. 372). Vgl. OR. 4 S. 433 (Paradeschläger bei Kommersen keine „Waffe").

3) Bei Zuwiderhandlung: a) Strafbestimmungen §§ 18, 19.

b) Befugnis zur Auflösung der Versammlung, wenn die Bewaffneten trotz Aufforderung des Abgeordneten der Obrigkeit nicht entfernt werden (§ 5).

4) Waffenprivileg für die militärischen Leichenbegängnisse bestätigter Kriegervereine: KabO. v. 22. Febr. 1842 (MinBl. S. 97; noch gültig, vgl. J. 11 S. 305 und oben S. 53).

§ 8. Für Vereine, welche bezwecken, politische Gegenstände in Versammlungen zu erörtern,[1])

gelten außer vorstehenden Bestimmungen nachstehende Beschränkungen:

a) sie dürfen keine Frauenspersonen, Schüler und Lehrlinge als Mitglieder aufnehmen;[2])

b) sie dürfen nicht mit anderen Vereinen gleicher Art zu gemeinsamen Zwecken in Verbindung treten, insbesondere nicht durch Komitees, Ausschüsse, Zentralorgane oder ähnliche Einrichtungen oder durch gegenseitigen Schriftwechsel.[3])

Werden diese Beschränkungen überschritten, so ist die Ortspolizeibehörde[4]) berechtigt, vorbehaltlich des gegen die Beteiligten gesetzlich einzuleitenden Strafverfahrens, den Verein bis zur ergehenden richterlichen Entscheidung (§ 16) zu schließen.[5])

Frauenspersonen, Schüler und Lehrlinge dürfen den Versammlungen und Sitzungen solcher politischen Vereine nicht beiwohnen. Werden dieselben auf die Aufforderung des anwesenden Abgeordneten der Obrigkeit nicht entfernt, so ist Grund zur Auflösung der Versammlung oder der Sitzung (§§ 5, 6) vorhanden.[6])

1) **Vereine, welche bezwecken, politische Gegenstände in Versammlungen zu erörtern.** a) „Vereine". Begriff: § 2 Anm. 1. Die Erfordernisse des § 8 sind insofern enger, als die des § 2, als dort von öffentlichen Angelegenheiten, hier von politischen Gegenständen die Rede ist, hier ein Erörtern in Versammlungen erforderlich ist, dort nicht. Wenn aber § 2 von Vereinen spricht, welche eine Einwirkung

auf öffentliche Angelegenheiten bezwecken, § 8 von solchen, die bezwecken, politische Gegenstände in Versammlungen zu erörtern, so ist zweifelhaft, ob der Begriff der unter § 8 fallenden Vereine insofern weiter ist, als auch ein Erörtern ohne Einwirkungszweck ausreicht. Dies nehmen das OVG. (20 S. 436 Note, 34 S. 442), sowie Gr. S. 65, Delius S. 165, an, während das RG. (22 S. 337) u. KG. (GA. 49 S. 157, J. 25 C. 20), sowie Zitzlaff (DJZ. 1904 Sp. 57) nur solche Vereine dem § 8 unterstellen wollen, die eine Einwirkung auf politische Angelegenheiten (und zwar durch Erörtern in Versammlungen) bezwecken. Letzterer Ansicht ist nach Zweck und Entstehungsgeschichte des § 8 der Vorzug zu geben. Nach dem Kommissionsbericht (Verhandl. II S. 2773) sollten in § 8 eine bestimmte Art von politischen Vereinen (sog. politische Klubs) getroffen werden, d. h. solche, die sich die Aufgabe stellen, politische Angelegenheiten zu erörtern und auf sie einzuwirken. Auch § 16 spricht von den Vereinen des § 8 als von politischen Vereinen. Erörterungen ohne Einwirkungszweck können aber nur solche rein theoretischer, belehrender Natur sein. Eine Veranlassung, Vereine, die nur solche Erörterungen bezwecken (z. B. die geltende Gesetzgebung zu erklären und zum Verständnis zu bringen, J. 25 C. 20) den Beschränkungen des § 8 zu unterwerfen liegt nicht vor. Auch kann man sie nicht politische Vereine nennen. Bei den Verhandlungen scheint man allerdings, den damaligen Zeitverhältnissen entsprechend, auch gegen theoretisierende Vereine mißtrauisch gewesen zu sein. Es heißt da (II S. 2773): „Man kann ihnen, wenn sie auch eine der bestehenden Ordnung feindliche Richtung verfolgen, durch Strafgesetze nicht beikommen, solange sie sich im Gebiete der Theorien oder Meinungen bewegen. Allein diese Meinungen werden, wenn sie täglich verarbeitet werden, zu Wünschen; aus den Wünschen entstehen Hoffnungen, und der

Hoffende macht sich dann einen Plan, wie die Hoffnungen zu verwirklichen sind. Von diesem Gesichtspunkt ausgehend, erkannte die Kommission, daß die politischen Vereine die Zentralpunkte für die Bewegung bilden, und daß aus den politischen Vereinen die beklagenswertesten Ideen und Tatsachen hervorgehen können, weil die Einwirkung, die sie auf politische Angelegenheiten bezwecken, meistens und zuletzt immer durch Massendemonstrationen und durch Terrorismus geübt werden. Die Kommission überzeugte sich, daß durch eine förmliche Organisation der politischen Vereine neben der geordneten Regierung sich eine zweite bilde, die jene zu untergraben und zu zerstören drohe, und daß eine Regierung durch die gesetzlichen Gewalten kaum noch möglich sei, wenn alle politischen Vereine sich berufen fühlten, ihr Gewicht in die Schale der Entscheidung zu legen." Aus solchen Erwägungen folgt aber höchstens, daß es quaestio facti ist, ob ein theoretisierender Verein etwa gleichzeitig Einwirkungszweck hat. — Die Vereine des § 8 bilden also eine Unterart derjenigen des § 2. Letztere fallen unter § 8, wenn sie 1) eine Einwirkung auf eine bestimmte Art von öffentlichen Angelegenheiten, nämlich die politischen, und 2) speziell durch Erörtern politischer Gegenstände in Versammlungen bezwecken. — Über Wahlvereine s. § 21 Abs. 2 und Anm. 4 daselbst.

b) „Politische Gegenstände" sind nach RG. (16 S. 384) diejenigen, die „die Verfassung, Verwaltung und Gesetzgebung des Staats, die staatsbürgerlichen Rechte der Untertanen und die internationalen Beziehungen der Staaten untereinander in sich begreifen". 22 S. 340 sagt das RG.: „Es handelt sich für die Begriffsbestimmung ‚politische Gegenstände' nicht darum, durch irgendwelche Ideenverbindung zu ermitteln, ob der fragliche Gegenstand nicht unter Umständen und Bedingungen in die Interessen und Aufgaben des Staates hinübergreifen kann, sondern ausschließlich darum, ob der fragliche

Gegenstand als solcher unmittelbar den Staat, seine Gesetzgebung oder Verwaltung berührt, seine Organe und Funktionen in Bewegung setzt." Vereine, die eine Einwirkung hierauf bezwecken, wollen also eine Veränderung der bestehenden Verhältnisse herbeiführen, indem sie die Organe und Funktionen des Staates, insbesondere „die Klinke der Gesetzgebung" in Bewegung setzen (RG. 22 S. 340; KG. GA. 49 S. 157). Daß diese Einwirkung eine unmittelbare sein, den politischen Gegenstand unmittelbar in die Tat umsetzen, also auf eine konkrete Aktion des Staates hinauslaufen soll, ist nicht erforderlich; es genügt z. B. der Zweck, „die Vereinsmitglieder im Sinne eines bestimmten politischen Parteiprogramms zu bearbeiten oder andere Personen als Mitglieder für ihre politische Partei anzuwerben". (Zitlaff a. a. O. der mit Unrecht annimmt, das RG. und KG. hätten in den zitierten Urteilen Abweichendes ausgesprochen; vgl. RG. 29 S. 164, wo für ausreichend angesehen wird, der Zweck „prinzipielle Angelegenheiten einer die Beseitigung der bestehenden Gesellschaftsordnung anstrebenden Partei" zu erörtern). Zu den politischen Gegenständen gehören vor allem auch die sozialpolitischen. Einzelne Beispiele von politischen Gegenständen s. § 1 Anm. 2 und von politischen Vereinen § 2 Anm. 4.

c) „In Versammlungen zu erörtern." „Versammlung", vgl. Art. 29 VU. Anm. 2a, § 2 Anm. 1 (Unterschied von Privatzusammenkünften). Der Gegensatz ist: Erörtern mittelst schriftlichen Gedankenaustausches (RG. 28 S. 69). Daher ist es gleichgültig, ob die Versammlungen solche der Vereinsmitglieder oder auch nur vom Verein veranstaltet sind (anders beim Verbot des Abs. 3). Es genügt der Zweck, politische Gegenstände in anderen Versammlungen zu erörtern (RG. a. a. O., 29 S. 171; OVG. DJZ. 1897 S. 227, 1904 Sp. 998). „Erörtern" s. § 1 Anm. 3.

d) Bezwecken: § 2 Anm. 5. Der Verein muß die

bewußte Absicht verfolgen, politische Gegenstände in Versammlungen zu erörtern (OVG. DJZ. 1897 S. 227). Maßgebend für die Feststellung, ob diese Absicht vorliegt, ist auch hier allein nicht das Statut, sondern das tatsächliche Verhalten des Vereins (OVG. in 44 S. 439, DJZ. 1904 Sp. 367). Gleichgültig ist, ob die tatsächlich geduldeten politischen Erörterungen nur Nebenzweck sind (OVG. 20 S. 435). Nach Satzungsänderung ist das frühere Verhalten nicht mehr maßgebend, wenn nicht etwa die Beibehaltung der früheren Vereinszwecke vereinbart ist, oder Tatsachen vorliegen, die erkennen lassen, daß auch nach Änderung der Satzung dieselben Zwecke verfolgt werden (OVG. 44 S. 443).

2) **Beschränkung a): Verbot der Aufnahme von Frauenspersonen, Schülern und Lehrlingen.** Politische Vereine im Sinne des § 8 dürfen daher auch nicht ausschließlich aus Frauen usw. bestehen (RG. 15 S. 307; J. 16 S. 433). „Aufnahme" im Sinne des § 8 erfordert keine besonderen Förmlichkeiten, auch nicht, daß die betreffenden gleiche Rechte und Pflichten mit den anderen Mitgliedern haben, auch nicht, daß die Vorschriften der Satzung befolgt sind; Willensübereinstimmung zwischen dem Verein und dem Dritten, daß dieser ihm als Mitglied angehören soll, genügt (RG. 38 S. 336: Jugendabteilungen der Sokolvereine, vgl. RG. 28 S. 71). Der Aufnahme steht es gleich, wenn Personen der bezeichneten Art, die dem früher unpolitischen Verein angehörten, nach dessen Umwandlung in einen politischen Verein darin belassen werden (J. 27 C. 16). Auch setzt die Vorschrift nicht einen bestehenden Verein voraus. Aufnehmen lassen sich auch die Gründer (RG. 28 S. 71). — „Schüler" im Sinne des § 8 sind auch Gymnasiasten, nicht aber Studenten und sonstige Hochschüler (Gr. S. 66). Unter „Lehrlingen" sind solche Personen nicht zu verstehen, deren Ausbildung, wenn sie auch mit der des Lehrlings eine gewisse Ähnlichkeit

hat, doch andere Zwecke und Ziele als die Ausbildung eines Lehrlings verfolgt (KG. DJZ. 1903 S. 574: Maschinenbaueleven). Auf männliche Minderjährige, die nicht Schüler oder Lehrlinge sind, bezieht sich das Verbot nicht. Ein dieses Verbot aussprechendes Amendement wurde von der II. Kammer gestrichen (Verhandl. II S. 2773).

3) **Beschränkung b): Koalitionsverbot.** Für inländische Vereine untereinander ist es aufgehoben durch das

Reichsgesetz v. 11. Dez. 1899, betr. das Vereinswesen (RGBl. S. 699):

Einziger Artikel.

Inländische Vereine jeder Art dürfen miteinander in Verbindung treten. Entgegenstehende landesgesetzliche Bestimmungen sind aufgehoben.

Für die Verbindung mit ausländischen Vereinen besteht das Verbot fort.

a) Lokale Begrenzung eines Vereins: § 2 Anm. 1 b.

b) Verhältnis zu § 152 der Reichsgewerbeordnung oben S. 30.

c) „Vereine gleicher Art", d. h. Vereine, welche ebenfalls bezwecken, politische Gegenstände in Versammlungen zu erörtern (OR. 14 S. 172).

d) „Zu gemeinsamen Zwecken." Auf die Art des Zwecks (politisch oder nicht) kommt es nicht an (RG. 16 S. 386).

e) „In Verbindung treten." Vgl. OR. 14 S. 173, 18 S. 197; J. 4 S. 296. Einseitiges Anbahnen von Beziehungen fällt nicht darunter (GA. 23 S. 472), wohl aber Zuwendung von Geldmitteln für gemeinsame Zwecke (RG. 29 S. 163).

4) Vgl. § 2 Anm. 9.

5) Strafbestimmungen und Schließungsverfahren § 16. Gegen die Verbindung kann die Polizei auch präventiv einschreiten (OVG. DJZ. 1897 S. 306).

6) **Verbot der Teilnahme von Frauen usw. an den Versammlungen und Sitzungen politischer Vereine.** a) Obgleich man gerade aus § 8 Abs. 3 gefolgert hat, daß „Sitzungen“ solche private Zusammenkünfte von Vereinsmitgliedern, insbesondere von Mitgliedern eines Organs des Vereins seien, die im Sinne des VG. keine Versammlungen sind (vgl. § 1 Anm. 1, § 3 Anm. 3), hat das Gesetz doch wohl hier einen solchen Unterschied nicht im Auge. Zutreffend nimmt das KG. (J. 24 C. 66) an, daß das Gesetz sich hier nur dem Sprachgebrauch anschließt, der bei gewissen politischen Vereinen (Klubs), Versammlungen nur der Vereinsmitglieder als Sitzungen bezeichnet, während unter Versammlungen auch solche, die nicht auf Mitglieder beschränkt sind, zu verstehen sind. Mit Recht hebt das KG. hervor, daß eine Überwachung von Privatzusammenkünften, die im Sinne des VG. keine Versammlungen sind, undurchführbar ist. Dagegen erklärt das OVG. (20 S. 442) für „Sitzungen“ im Sinne des § 8 Abs. 3 auch solche Privatzusammenkünfte, die keine Versammlungen sind, und erstreckt das Verbot auch auf sie (ebenso Delius S. 171 ff.). Ausgenommen sollen nur eigentliche Familienfestlichkeiten sein, die nicht vom Verein oder in dessen Auftrag oder Vertretung veranstaltet sind. — Da Lustbarkeiten, insbesondere Tanzlustbarkeiten, Theater, Konzerte usw. nicht unter den Begriff der „Versammlungen“ im Sinne des Art. 29 VU. und der §§ 1, 8 VG. fallen (noch weniger natürlich unter den der „Sitzungen“), so ist Frauen usw. die Teilnahme an solchen Veranstaltungen politischer Vereine nicht verboten (J. 24 C. 66). Auf entgegengesetztem Standpunkt steht in ständiger Praxis das OVG., das annimmt, daß auch solche Veranstaltungen im Sinne des § 8 zu den Versammlungen zählen (20 S. 442, 43 S. 444, PrVBl. 23 S. 824, 24 S. 231, DJZ. 1899 S. 159; letztere Entscheidung gewährt der

Polizei auch das Recht, solche Veranstaltungen im voraus zu verbieten, wenn von vornherein feststeht, daß Frauen und Kinder teilnehmen werden). — Dagegen ist nicht Voraussetzung des Verbots, daß in den Versammlungen politische oder überhaupt öffentliche Angelegenheiten erörtert werden. Denn § 8 Abs. 3 spricht von Versammlungen schlechthin. Das KG. (J. 24 C. 67) will das Verbot auf die Versammlungen des § 1 beschränken. — Der Minister des Inneren hat im Jahre 1902 angeordnet, daß die überwachenden Polizeibeamten in polizeilich überwachten Vereinsversammlungen ohne Unterschied der Partei, von der Befugnis, die Entfernung der Frauen zu verlangen, dann keinen Gebrauch machen sollen, wenn diese nur als Zuschauerinnen und nicht als Teilnehmerinnen erschienen sind und diese ihre Eigenschaft auch durch ihr Verweilen in von dem eigentlichen Versammlungsraum räumlich getrennten Plätzen (sog. „Segment") äußerlich hervortritt.

b) Nur die Auflösungsbefugnis des in zulässiger Weise in der Versammlung anwesenden Überwachungsbeamten ist durch § 8 Abs. 3 erweitert; ob ein solcher Beamter auch ohne besonderen Anlaß zum polizeilichen Einschreiten in die Versammlung entsendet werden darf, bestimmt lediglich § 4 (OVG. 23 S. 405).

c) Die Nichtentfernung von Frauen usw. berechtigt, wenn diese nicht zugleich Mitglieder des Vereins sind, die Polizei nur zur Auflösung der Versammlung, aber nicht zur Schließung des Vereins (Verhandl. II S. 2773).

§ 9. Öffentliche Versammlungen unter freiem Himmel[1]) bedürfen der vorgängigen schriftlichen Genehmigung der Ortspolizeibehörde.[2])

Die Genehmigung ist von dem Unternehmer, Vorsteher, Ordner oder Leiter derselben mindestens achtundvierzig Stunden vor der Zusammenkunft nachzusuchen,[2]) und darf nur versagt[3]) werden, wenn aus Abhaltung der Versammlung Gefahr für die öffentliche Sicherheit oder Ordnung zu befürchten ist.[3])

Soll die Versammlung auf öffentlichen Plätzen[4a]) in Städten und Ortschaften, oder auf öffentlichen Straßen stattfinden, so hat die Ortspolizeibehörde bei Erteilung der Erlaubnis auch alle dem Verkehr schuldige Rücksichten[4]) zu beachten.

Im übrigen finden auf solche Versammlungen die Bestimmungen der §§ 1, 4, 5, 6 und 7 Anwendung.[5])

1) **Öffentliche Versammlungen unter freiem Himmel.** a) Der Zweck der Versammlung ist gleichgültig; insbesondere ist nicht erforderlich, daß Erörterung von öffentlichen Angelegenheiten bezweckt wird (OR. 3 S. 49; J. 5 S. 285; OVG. 20 S. 440). Auch rein gesellige Zusammenkünfte sind Versammlungen im Sinne der §§ 9, 10, 17 (auch 7) VG. (vgl. § 10: Hochzeitsversammlungen; anders in Art. 29 VU., §§ 1—6, 8 VG., s. Art. 29 VU. Anm. 2a; J. 2 S. 249: Schulfeste unter freiem Himmel bei Zulassung Erwachsener in unbestimmter Zahl, sofern nicht Anordnung der vorgesetzten Behörde, § 21, vorliegt; J. 17 S. 426, 19 S. 306).

b) Öffentlich ist eine Versammlung, zu welcher nach der Art der Zusammenberufung (Einladung) nicht nur ein individuell begrenzter Personenkreis (insbesondere die Mitglieder eines Vereins), sondern jedermann, oder doch eine unbestimmte Menschenmenge, Zutritt haben soll oder hat, wenn also die Teilnahme einer nach Zahl, Art und Individualität unbestimmten Mehrheit von Personen freisteht. Unerheblich ist, ob der freie Zutritt mit oder ohne Eintrittsgeld gewährt wird, ob die

Menschenmenge einer gewissen Kategorie oder Parteirichtung angehört, ob der Zutritt von der Erfüllung gewisser Bedingungen (Zugehörigkeit zu einer Gewerkschaft) abhängig gemacht ist (RG. Rechtspr. IX S. 311; KG. b. J. 16 S. 430, 17 S. 415, DJZ. 1898 S. 350; OVG. in 22 S. 415, PrVBl. 24 S. 781, 27 S. 894). Öffentlichkeit des Orts genügt nicht, sofern nicht jeder, der den Ort betritt, ohne weiteres als Teilnehmer an der Versammlung zugelassen ist (KG. DJZ. 1898 S. 350) — vgl. Art. 29 VU. Anm. 2c.

c) Nicht öffentliche Versammlungen unter freiem Himmel fallen, wenn sie die Erörterung oder Beratung von öffentlichen Angelegenheiten bezwecken, unter § 1; anderenfalls unterliegen sie dem VG. (abgesehen von § 7) nicht.

d) Unter freiem Himmel: vgl. Art. 29 VU. Anm. 5.

2) **Genehmigung**, nicht blos Anmeldung (vgl. Art. 29 VU.). Mündliche Genehmigung genügt nicht und schützt nicht vor den Strafen des § 17 (OR. 18 S. 558). — Ortspolizeibehörde s. § 1 Anm. 7. — Bei Nachsuchung sind Ort und Zeit der Versammlung anzugeben.

3) **Versagung.** In den Fällen der §§ 9, 10 VG., die das Gesetz als besonders geeignete Gelegenheiten zur Störung der öffentlichen Sicherheit und Ordnung ansieht, hat die Polizeibehörde zur Vorkehrung gegen solche Gefährdung einen weiteren Spielraum als zur Abwehr bevorstehender Gefahren auf Grund von § 10, II 17 ALR. Es bedarf nicht wie dort der sich aus Tatsachen ergebenden Wahrscheinlichkeit einer unmittelbaren Gefahr; es genügt, wenn im Hinblick auf die vorliegenden Umstände die Abhaltung der Versammlung zur Gefährdung der öffentlichen Sicherheit und Ordnung führen kann (OVG. DJZ. 1901 S. 287), z. B. wenn die Polizei mit Recht den Ausbruch von Streitigkeiten oder Gewalttätigkeiten unter den Versammelten oder zwischen diesen und anderen befürchtet (OVG. PrVBl. 24 S. 232, 27 S. 485). Jedoch müssen auch hier Tatsachen vorliegen, aus denen sich ergibt, daß

nach vernünftigem Ermessen eine nahe Möglichkeit ihrer Verwirklichung bevorsteht; es genügen zur Begründung des Verbots nicht Ausführungen allgemeiner Natur, z. B. man habe auf Ausschreitungen in bedenklichem Umfange und mit bedauerlichen Folgen gefaßt sein müssen (OVG. 45 S. 451). — Statt der Versagung darf die Polizei die Genehmigung aus denselben Gründen an Bedingungen knüpfen. — Rechtsmittel gegen Versagung oder nur bedingte Genehmigung: G. v. 30. Juli 1883 §§ 127 ff. unten S. 133). — Eine Frist für die Erteilung oder Versagung der Genehmigung ist nicht ausdrücklich vorgeschrieben; der Bescheid der Polizei muß jedenfalls so zeitig erfolgen, daß die Aufforderung zur Teilnahme an der Versammlung noch möglich ist (arg. § 17 Abs. 2; vgl. Caspar S. 86. — Nachträgliches Verbot einer bereits genehmigten Versammlung ist zulässig (arg. § 17 a. E.), sofern nach der Genehmigung die gesetzlichen Bedingungen der Versagung eintreten oder der Polizei bekannt werden.

4) **Verkehrsrücksichten.** a) Im amtlichen Text ist hinter „Plätzen" ein sinnstörendes und in den Materialien (Verhandl. II S. 2774, 2779; I S. 2875) fehlendes Komma. Der Abs. 3 beschränkt im Verkehrsinteresse diejenigen Versammlungen, welche α innerhalb der Städte usw. auf öffentlichen Plätzen oder öffentlichen Straßen oder β außerhalb der Städte usw. auf öffentlichen Straßen stattfinden sollen (Verhandl. II S. 2774).

b) Diese Versammlungen will Abs. 3 einer weitergehenden Beschränkung als Abs. 2 unterwerfen (Verhandl. II S. 2774); daher ist hier aus Verkehrsrücksichten die Versagung zulässig, auch wenn nicht gerade die öffentliche Sicherheit oder Ordnung gefährdet würden (ähnlich Thilo Anm. 9, Delius S. 179, OVG. u. Min-Verf. im MinBl. 1892 S. 192, OVG. 23 S. 414; a. M. Caspar S. 86).

5) **Anwendung der §§ 1, 4, 5, 6 und 7.** a) Vor

„im übrigen" ist im amtlichen Text kein Absatz, wohl aber in den Materialien (Verhandl. II S. 2779, I S. 2875). Das Fehlen des Absatzes kann sinnstörend wirken; der Schlußsatz (verba: „solche" Versammlungen) bezieht sich auf alle öffentlichen Versammlungen unter freiem Himmel, nicht nur auf die des Abs. 3.

b) Anmeldung (§ 1) der öffentlichen Versammlungen unter freiem Himmel außer der Genehmigungsnachsuchung ist nicht erforderlich (a. M. Caspar S. 87 u. 94). — § 2 Abs. 3 ist auf öffentliche Versammlungen unter freiem Himmel nicht anwendbar (s. Anm. 17 das.).

§ 10.[1]) **Den in dem vorhergehenden Paragraphen erwähnten Versammlungen werden öffentliche Aufzüge**[2]) **in Städten und Ortschaften oder auf öffentlichen Straßen**[3]) **gleichgestellt.**[4]) **Bei Einholung der Genehmigung ist der beabsichtigte Weg anzugeben.**[5]) **Gewöhnliche Leichenbegängnisse,**[7]) **sowie Züge der Hochzeitsversammlungen, wo diese hergebracht sind,**[8]) **kirchliche Prozessionen, Wallfahrten und Bittgänge, wenn sie in der hergebrachten Art stattfinden,**[9]) **bedürfen einer vorgängigen Genehmigung und selbst einer Anzeige nicht.**[6])

1) Die Bestimmung des § 10 ist von der Kommission der II. Kammer damit gerechtfertigt, daß „streng genommen jeder Aufzug unter den Begriff einer Versammlung fällt, und auch Aufzüge der öffentlichen Sicherheit und Ordnung oder dem Verkehr gefährlich werden können" (Verhandl. II S. 3774, vgl. RG. GA. 49 S. 344).

2) Ein **öffentlicher Aufzug** liegt vor, wenn eine zu einem bestimmten Zwecke vereinigte Menschenmenge in einer Weise, welche die Aufmerksamkeit des Publikums zu

erregen und die öffentliche Ordnung zu gefährden geeignet ist, sich über öffentliche Straßen hinbewegt. Daß dies in einer bestimmten Ordnung geschieht, ist nicht erforderlich (J. 15 S. 313, vgl. OR. 18 S. 553, KG. GA. 42 S. 443). Der Begriff „öffentlich" ist hier also ein anderer als in § 9. Es ist nicht erforderlich, daß die Teilnahme einer unbestimmten Menge freisteht, sondern daß der Aufzug die öffentliche Aufmerksamkeit erregt. Das Gesetz geht davon aus, daß solche Aufzüge geeignet sind, die öffentliche Ordnung zu stören. Einer besondere Feststellung im einzelnen Falle, daß er sie gestört hat oder dazu geeignet war, bedarf es nicht (KG. GA. 41 S. 75). Welchen Zweck der Aufzug verfolgt, ist gleichgültig (Gr. S. 70). Wieviel Personen zu einer „Menschenmenge" gehören, ist Tatfrage, bei der zu berücksichtigen ist neben der Zahl der Teilnehmer in erster Linie die örtlichen Verkehrsverhältnisse und sodann das Gebahren der Umziehenden. Die Menschenmenge, die sich unvorhergesehen angeschlossen hat, ist bei der Entscheidung der Frage, ob ein öffentlicher Aufzug vorliegt, nicht zu berücksichtigen (J. 26 C. 39). Das Bewegungsmittel (Fuß, Pferd, Wagen, Fahrrad, Kahn usw.) ist gleichgültig. Die Verteilung der aufziehenden Menschenmenge in einzelne in Abständen sich bewegende Gruppen schließt nach der Ansicht des KG. (Entsch. v. 21. Febr. 1892 zit. bei Gr. S. 70) den Begriff „Aufzug" nicht aus. — Auch eine öffentlich aufziehende Festversammlung fällt unter § 10; es ist nicht erforderlich, daß durch den Aufzug ein Versammlungs- oder Vereinsrecht ausgeübt werden soll (OR. 18 S. 553). Hin- und Rückmarsch eines Vereins zu und von einem Totenhaus bilden je einen besonderen, mit dem Leichenbegängnis nicht zusammenhängenden öffentlichen Aufzug. — Zulässig ist eine generelle Erlaubnis für gewisse Vereinsaufzüge (KG. GA. 49 S. 344).

3) **Öffentliche Straßen,** also auch solche, die sich außerhalb der Städte und Ortschaften befinden. —

Öffentlich sind solche Straßen, die sich im Gemeingebrauch des Publikums befinden und auf welchen die öffentlich-rechtliche Last des Gemeingebrauchs ruht, gleichgültig, in wessen Eigentum der Grund und Boden steht. Auch Fußwege gehören hierzu (a. M. Delius S. 185). Wasserstraßen gehören nicht hierher, soweit sie außerhalb der Städte und Ortschaften sich befinden (OR. 7 S. 310); anders, sofern die Wasserstraße zum Weichbilde der Stadt usw. gehört (KG. v. 27. April 1893 zit. bei Gr. S. 70).

4) **Gleichgestellt:** Vgl. § 9 u. Anm. dazu. Insbesondere auch § 7 anwendbar (J. 5 S. 282; vgl. aber unten Anm. 6 b). — Verbot einer roten Fahne bei einem öffentlichen Aufzuge: OVG. und MinVerf. i. MinBl. 1892 S. 192. Vgl. im übrigen über das öffentliche Tragen von Fahnen, Kokarden, Bändern und Abzeichen Art. 29 VU. Anm. 4.

5) Führt der **Weg** durch mehrere Polizeibezirke, so bedarf es der Genehmigung der Ortspolizeibehörde eines jeden Bezirks (MinVerf. MinBl. 1874 S. 201 unter b). — Abweichung von dem genehmigten Wege macht den Aufzug zu einem ungenehmigten.

6) **Ausnahmen.** Im allgemeinen: a) Nur die drei in § 10 ausdrücklich genannten Arten von regelmäßigen öffentlichen Aufzügen (vgl. Anm. 7, 8, 9) sind von dem Erfordernis der Genehmigung usw. ausgenommen. Keine Ausdehnung auf andere regelmäßige öffentliche Aufzüge, z. B. Schützenzüge (OR. 18 S. 553, J. 2 S. 250). — Privileg für die militärischen Leichenbegängnisse bestätigter Kriegervereine (nur Anzeige, nicht Genehmigung): KabO. v. 22. Febr. 1842 (MinBl. S. 97; noch gültig, vgl. J. 11 S. 305 und oben S. 53).

b) Nur Genehmigung (§ 9 Abs. 1) und Anzeige (§ 1 und § 5 Satz 1) sind für entbehrlich erklärt; dagegen sind anwendbar §§ 4, 5 Satz 2, 6, 7. Für § 7 a. M. (falls Tragen von Waffen bei der Prozession usw. hergebracht) GA. 1 S. 379 und Lisco Anm. 2. Übrigens sind die sog. Waffen bei Prozessionen usw. oft, wie bei GA. 1 S. 379, nur Dekorationsstücke und fallen alsdann nicht unter § 7 (ebenso: Caspar S. 95). § 10 Satz 2 schließt nicht aus, daß den hergebrachten Prozessionen usw. auf Grund anderweitiger gesetzlicher Bestimmungen polizeilich entgegengetreten wird, z. B. aus gesundheitspolizeilichen Gründen (MinVerf. im MinBl. 1874 S. 201 unter f, OVG. 23 S. 413) oder aus Sicherheits- oder verkehrspolizeilichen Gründen, wenn ausnahmsweise durch die hergebrachte Prozession usw. die öffentliche Sicherheit und Ordnung gefährdet oder der Verkehr gehemmt wird (MinBl. a. a. O. unter c, OVG. 23 S. 409ff. insbesondere 413, 414). Vgl. auch oben Art. 29 VU. Anm. 2b.

7) **Gewöhnliche Leichenbegängnisse.** „Ungewöhnlich" ist ein Leichenbegängnis, bei welchem entweder eine über den Zweck der Leichenbestattung hinausgehende Absicht verfolgt oder durch die besondere Weise der Ausführung die öffentliche Ordnung gefährdet wird (J. 12 S. 238, 17 S. 427, 19 S. 303; OVG. 31 S. 418, vgl. auch GA. 7 S. 90, OR. 18 S. 468 u. 20 S. 106). Das Fehlen eines Geistlichen macht das Leichenbegängnis nicht zu einem ungewöhnlichen (OR. 20 S. 106), wohl aber trifft dies zu, wenn mit dem Leichenbegängnis zugleich eine politische Demonstration bezweckt wird (J. 17 S. 427). § 10 betrifft nicht, wie es nach dem Wortlaut den Anschein hat, nur in Bewegung befindliche Versammlungen von Menschen. Daher fallen auch Trauerversammlungen am Grabe unter die Ausnahmevorschriften über Leichenbegängnisse (KG. DJZ. 1899 S. 506). Eine solche ist nicht schon dann ungewöhnlich, wenn auf einem evangelischen Kirchhof ein anderer Geistlicher redet (J. 19 S. 303), auch nicht dann, wenn der die Grabrede haltende Geistliche keiner mit Korporationsrechten versehenen oder überhaupt staatlich anerkannten Religionsgesellschaft angehört. Es genügt,

daß er ein ordinierter Geistlicher irgend einer Religionsgesellschaft ist. Denn bei allen solchen ist es Gebrauch, daß der Geistliche den Sarg begleitet, dem Verstorbenen einen Nachruf widmet, und die Hinterbliebenen und Freunde durch eine Ansprache tröstet (J. 21 C. 98; vgl. OVG. 31 S. 421: Mitwirkung eines dissidentischen Predigers). Jedoch kann unter Umständen der Regierungspräsident befugt sein, zur Aufrechterhaltung der äußeren kirchlichen Ordnung (Art. 23 Nr. 1 G. v. 3. Juni 1876) das unbefugte Amtieren von Geistlichen anderer Religionsgesellschaften auf evangelischen oder katholischen Friedhöfen zu verbieten (KG. b. J. 21 C. 100, vgl. GA. 43 S. 439). — Das Halten von Grabreden durch Laien, d. h. anderen Personen als ordinierten Geistlichen einer Religionsgesellschaft (GA. 45 S. 78 definiert das KG., abweichend von den späteren, oben zitierten Entscheidungen Laienrede als Rede, die nicht von einem Prediger der vom Staate anerkannten Religionsgesellschaften gehalten ist), macht regelmäßig das Leichenbegängnis zu einem ungewöhnlichen, so daß die Polizei auch in der Lage ist, solche Reden bei Strafe zu verbieten. (Über die Zuständigkeit zum Erlaß des Verbots vgl. OVG. 16 S. 386: Der Regel nach die Landes- nicht die Ortspolizeibehörde.) Es kommt darauf an, was an dem betr. Orte hergebracht ist (J. 3 S. 311, 10 S. 253, 21 C. 98; RG. JW. 99 S. 481, vgl. jedoch J. 12 S. 179, wo das KG. aber den maßgebenden Gesichtspunkt unerörtert läßt). „Rede" ist auch jeder kurzgefaßte, den Intentionen und Gefühlen der Trauerversammlung Ausdruck gebende Nachruf an einen Verstorbenen, gleich ob laut oder halblaut gesprochen, z. B.: „Im Namen der Sozialdemokratie widmen wir diesen Kranz" (J. 12 S. 240), „möge Dir die Erde leicht sein" (KG. GA. 43 S. 439); nicht jedoch die bloße Erklärung dessen, was der Sprechende gerade erlaubter Weise tut („diesen Kranz lege ich am Grabe unseres verstorbenen

Genossen nieder"). Sache tatsächlicher Auslegung ist, ob ein Nachruf oder eine bloße Erklärung vorliegt (KG. DJZ. 1899 S. 422, vgl. RG. JW. 99 S. 481). § 20 steht der Gültigkeit einer Polizeiverordnung, die das Tragen von Fahnen bei Leichenbegängnissen beschränkt, nicht entgegen (J. 31 C. 34).

8) **Züge von Hochzeitsversammlungen, wo diese hergebracht sind,** bedürfen keiner Genehmigung oder Anzeige, selbst wenn sie nicht in der hergebrachten Art stattfinden (GA. 1 S. 381, anders bei Prozessionen usw. vgl. Anm. 9). — Bildung eines Herkommens noch nach dem 11. März 1850 zuläsig? vgl. Anm. 9.

9) **Kirchliche Prozessionen usw., wenn sie in der hergebrachten Art stattfinden.** Eine „kirchliche Prozession" ist ein festlicher, mit gottesdienstlichen Feierlichkeiten veranstalteter Umzug zu gottesdienstlichen Zwecken, daher z. B. nicht eine Prozession zum Empfang eines geistlichen Fürsten (J. 20 C. 27). Der geordnete Anmarsch der Teilnehmer von verschiedenen Orten zum Sammelplatz ist noch keine Prozession (KG. DJZ. 1898 S. 271). Ortsübliches Böllerschießen bei der Fronleichnamsprozession ist kein Teil der Prozession (KG. DJZ. 1897 S.205). Prozessionen usw. finden in der hergebrachten Art d. h. in der bisher an dem in Rede stehenden Orte üblichen Weise (KG. DJZ. 1899 S. 42) statt, wenn sie nach Zeit, Ort, Form und Bedeutung hergebracht sind (OR. 3 S. 513; J. 2 S. 245 u. a., vgl. insbesondere für „Zeit" OR. 3 S. 513, für „Ort" OR. 16 S. 234, GA. 23 S. 376 und 24 S. 490, für „Form" J. 10 S. 252; ferner MinVerf. v. 26. Aug. 1874, MinBl. S. 201). Die Üblichkeit einer kirchlichen Prozession ist insbesondere auch in Rücksicht auf ihre regelmäßige Wiederkehr zu bestimmten Zwecken und in bestimmter Art zu beurteilen (KG. DJZ. 1899 S. 42). Inwieweit Abweichungen der Art der Prozession den Charakter des Hergebrachten nehmen, ist Tatfrage. Unbedenklich ist

dem OVG. (36 S. 431, im Gegensatz zum KG. in J. 10 S. 252) darin beizustimmen, daß nur wesentliche Abweichungen in Betracht kommen, da sich niemals zwei Prozessionen vollständig gleichen werden (vgl. J. 10 S. 252: Musikbegleitung und größeres Gepränge bei einer bisher stillen Prozession, KG. DJZ. 1899 S. 42: Rückkehr um Mitternacht statt um Mittag). Streitig ist, ob die zur Zeit der Emanationen des VG. hergebrachte Art gemeint ist, oder sich noch später ein Herkommen bilden kann. Ersteres nimmt das OTr. (OR. 19 S. 298), letzteres nehmen das KG. (J. 2 S. 245, 14 S. 351) und das OVG. (36 S. 430) an, weil das Herkommen rein tatsächlicher Natur sei. Dagegen bemerkt Delius (S. 194) mit Recht, daß das Gesetz alsdann mit sich selbst in Widerspruch treten würde.

§ 11.[1]) **Innerhalb zweier Meilen von dem Orte der jedesmaligen Residenz**[2]) **des Königs, oder von dem Orte des Sitzes beider Kammern dürfen Volksversammlungen**[3]) **unter freiem Himmel von der Ortspolizeibehörde nicht gestattet werden.**[4])[5]) **Das letztere Verbot besteht nur für die Dauer der Sitzungsperiode der Kammern.**

1) Die Vorschrift „beruht auf der Erwägung, daß von den Entschließungen der höchsten Staatsgewalten selbst der Schein ferngehalten werden müsse, als ob sie unter dem Einflusse von Versammlungen gefaßt sein könnten, die sich als Vertreter des Volkswillens aufwerfen möchten, während sie in der Tat nur die Ansichten solcher darstellen, denen eine Einwirkung durch die Gesetzgebung und die Ausübung der vollziehenden Gewalt verfassungsmäßig nicht zusteht" (Verhandl. II S. 2775).

2) Ort = Ortschaft; Residenz = Aufenthalt.

3) Volksversammlungen sind nicht nur solche, zu

denen eine öffentliche oder allgemeine Einladung ergangen ist, sondern auch solche, bei denen auch ohne eine dahinlautende Aufforderung eine allgemeine Beteiligung des Volks erwartet werden kann (Verhandl. II S. 2775). Caspar S. 23 definiert die Volksversammlung als öffentliche Versammlung, welche beansprucht, daß ihre Beschlüsse nicht nur als Beschlüsse der tatsächlich Versammelten, sondern als Willensmeinung des Volkes selbst im Gegensatz zu den Anschauungen der verfassungsmäßig gesetzgebenden Faktoren anerkannt und befolgt werden, ohne daß die Versammlung zur Mitwirkung bei der Gesetzgebung verfassungsmäßig berufen wäre.

4) Die Ortspolizei hat zu ermessen, ob eine angekündigte Versammlung den Charakter einer Volksversammlung annehmen werde. Gewinnt eine genehmigte öffentliche Versammlung unter freiem Himmel in ihrem Verlaufe diesen Charakter, so ist sie aufzulösen.

5) Strafbestimmungen § 17.

§ 12.[1]) (A.) **Wenn eine Versammlung ohne die in § 1 vorgeschriebene**[2]) **Anzeige stattgefunden**[3]) **hat, so trifft den Unternehmer eine Geldbuße von fünf bis fünfzig Talern oder** *Gefängnis***strafe von acht**[4]) **Tagen bis sechs Wochen. Derjenige, der den Platz dazu eingeräumt hat, und jeder, welcher in der Versammlung als Vorsteher, Ordner, Leiter**[5]) **oder Redner**[6]) **aufgetreten ist,**[7]) **hat eine Geldbuße von fünf bis fünfzig Talern verwirkt.**[8])

1) Die strafbaren Handlungen des § 12 sind Übertretungen, auch die des Unternehmers. Denn die angedrohte Gefängnisstrafe ist „polizeiliche Gefängnisstrafe" im Sinne des PreußStGB. v. 14. April 1851. An ihre Stelle ist nach § 6 EG. z. StGB. „Haft" getreten (J. 12 S. 250, 16 S. 427; vgl. OR. 15

S. 278; RG. 13 S. 93). Der Täter ist sowohl bei vorsätzlicher als bei fahrlässiger Begehung strafbar. Bewußtsein der Widerrechtlichkeit oder Strafbarkeit ist nicht erforderlich (vgl. J. 6 S. 251). Irrtum über Tatsachen, die zum gesetzlichen Tatbestand gehören, schließt nach § 59 StGB. die Bestrafung aus, im Fall der Fahrlässigkeit aber nur insoweit, als die Unkenntnis selbst nicht durch Fahrlässigkeit verschuldet ist. Ob letzteres der Fall ist, ist Tatfrage. Im allgemeinen gilt, daß, wenn das Gesetz die Zulässigkeit einer Handlung ausdrücklich an die vorgängige Erfüllung einer polizeilichen Vorschrift knüpft, der Handelnde verpflichtet ist, sich, bevor er die Handlung vornimmt, über die stattgehabte Beobachtung jener Vorschrift glaubhaft zu vergewissern, und sich zu diesem Zwecke entweder die amtliche Bescheinigung der zustehenden Polizeibehörde vorlegen zu lassen oder selbst die nötigen Erkundigungen bei dieser Behörde einzuziehen (J. 11 S. 302). Wer sich statt dessen auf die Versicherungen Dritter verläßt, handelt fahrlässig (KG. b. J. 11 S. 300, 301, GA. 46 S. 380). Wenn in einer nicht zur Erörterung von öffentlichen Angelegenheiten veranstalteten (und deshalb mit Recht nicht angezeigten) Versammlung dennoch tatsächlich solche Angelegenheiten unter Duldung der Vorsteher usw. erörtert werden (vgl. § 1 Anm. 4), so sind die Strafbestimmungen des § 12 anwendbar auf die Redner, welche die öffentlichen Angelegenheiten erörtert, und auf die Vorsteher usw., welche die Duldung geübt haben, sowie auf alle diejenigen, welche nach dem Zeitpunkt dieser Duldung als Vorsteher usw. oder Redner in der Versammlung aufgetreten sind, vorausgesetzt, daß ihnen ein Verschulden zur Last fällt, d. h. wenn sie von dem neuen Programm wissen, oder nur infolge von Fahrlässigkeit nicht wissen und nun trotzdem leiten oder reden (J. 27 C. 62); dagegen nicht anwendbar auf den Unternehmer als solchen, auf den Platzeinräumer und auf diejenigen, welche nur vorher als Vorsteher usw. oder Redner aufgetreten waren (a. M.: Delius S. 203 [§ 12 unterschiedslos anwendbar], Caspar S. 95 [§ 12 gar nicht anwendbar]).

2) Vgl die Anm. zu § 1.

3) Eine förmliche Eröffnung oder Konstituierung der Versammlung ist nicht erforderlich. Gleichgültig ist auch, ob zwanglos oder unter Leitung eines Vorsitzenden verhandelt wird. Es kommt nicht darauf an, was und wie in der Versammlung erörtert und beraten ist (KG. b. J. 6 S. 250, 14 S. 355, DJZ. 1904 Sp. 869). Jedoch ist das bloße Zusammensein zum Zwecke des Wartens auf die polizeiliche Bescheinigung keine Versammlung zum Zwecke der Erörterung oder Beratung öffentlicher Angelegenheiten, sofern es zu solcher Erörterung usw. nicht gekommen, die Eröffnung der Versammlung vielmehr ausdrücklich abgelehnt ist, und die Versammelten wegen Ausbleibens der Bescheinigung schließlich auseinandergegangen sind (J. 28 C. 22; anders OR. 19 S. 411 und das KG. selbst in J. 11 S. 304, GA. 46 S. 380; vgl. § 1 Anm. 9).

4) D. h. eine Woche = 7 Tage (Reskr. v. 20. Aug. 1827 u. 20. Juni 1831 zit. bei Thilo S. 79).

5) D. h. wer als Vorsteher, Ordner, Leiter tatsächlich aufgetreten ist. Der Vereinsvorsteher ist nicht ohne weiteres als Vorsteher der Vereinsversammlung anzusehen (KG. DJZ. 1904 Sp. 948; vgl. § 4 Anm. 10).

6) Begriff des Redners § 4 Anm. 11.

7) Bloße Teilnehmer der Versammlung sind straflos.

8) Verjährung in drei Monaten, beginnend mit dem Tage der Versammlung. Umwandlung der Geldstrafe in Haft § 28 Abs. 1 und § 29 StGB.

§ 13. (A.) **Wenn, der Vorschrift des § 2**[1]) **entgegen, die Statuten eines Vereins oder das Verzeichnis der Mitglieder, oder die eingetretenen An-**

derungen in der bestimmten Frist zur Kenntnis der Ortspolizeibehörde nicht gebracht worden sind, oder wenn eine von der Ortspolizeibehörde erforderte Auskunft nicht erteilt worden ist, so wird jeder Vorsteher[2][3]) des Vereins mit Geldbuße von fünf bis fünfzig Talern bestraft,[4]) insofern er nicht nachweisen kann,[5]) daß die Anzeige[6]) oder die Einreichung des Verzeichnisses ganz ohne sein Verschulden[3]) unterblieben ist. Dieser Strafe tritt eine Gefängnisstrafe[7]) von acht[8]) Tagen bis sechs Wochen hinzu, wenn die Vorsteher wissentlich unrichtige Statuten oder Verzeichnisse eingereicht, oder wissentlich unrichtige Auskunft erteilt haben.[7])

1) Vgl. die Anm. zu § 2.

2) Als Vorsteher unterliegt dem § 13 der örtliche tatsächliche Leiter auch dann, wenn er nach dem Statut nur im Auftrage und als Vertreter des Präsidenten eines auswärtigen größeren Verbandes, welchem der betr. örtliche Verein angehört, handelt (OR. 11 S. 346).

3) Jeder Vorsteher, d. h. jedes Mitglied des Vorstandes, nicht bloß der eigentliche Vorsitzende des Vereins (J. 14 S. 361) ist, vorbehaltlich des ihm obliegenden Unschuldsbeweises, für die in § 13 Satz 1 genannten Unterlassungen verantwortlich. Auf die Geschäftsverteilung unter den Vorstandsmitgliedern kommt es nicht an; erhält ein Vorsteher den Auftrag zur Einreichung der Statuten usw., unterläßt dies jedoch, so sind sämtliche Vorsteher nach § 13 Satz 1 strafbar, wenn sie sich nicht darum gekümmert haben, ob ihr Auftrag auch tatsächlich ausgeführt ist (KG. b. J. 14 S. 360, 16 S. 430, DJZ. 1906 Sp. 970). Ob ein Mitglied seinen Rücktritt von der leitenden Stellung erklärt hat, ist unerheblich, wenn nicht zugleich organische Veränderungen in dem Verein

stattgefunden haben, durch die er die Vorsteherschaft verloren hat (KG. DJZ. 1906 Sp. 971).

4) Übertretung; Umwandlung der Geldstrafe in Haft § 28 Satz 1 und § 29 StGB. — Verjährung in drei Monaten. Da die strafbare Handlung mit Ablauf der in § 2 vorgeschriebenen Frist von drei Tagen bzw. der von der Polizei in ihrem Auftrage bestimmten oder sich aus den Umständen ergebenden Frist vollendet ist, und eine spätere Nachholung des Versäumten nicht befreit, so liegt kein Omissivdauerdelikt vor. Die Verjährung beginnt daher mit Ablauf der Frist (KG. b. J. 17 S. 419, 24 C. 69, DJZ. 1897 S. 23, 127; a. M. Delius S. 207). Vgl. § 2 Anm. 2.

5) Ein besonderes Verschulden des einzelnen Vorstandsmitgliedes ist nicht erforderlich. Jede Unterlassung der Anzeige seitens jedes Vorstandsmitgliedes ist ohne weiteres strafbar, sofern das betr. Mitglied nicht nachweist, daß die Anzeige ganz ohne sein Verschulden unterblieben ist (J. 16 S. 432).

6) Das Wort „Anzeige" ist ungenau; gemeint ist die Einreichung der Statuten und ihrer Änderungen, sowie die Auskunftserteilung (Thilo S. 82 u. a.).

7) Zur Anwendung des § 13 Satz 2 muß dem Vorsteher nachgewiesen werden, daß er wissentlich gehandelt hat. — Das Delikt § 13 Satz 2 ist ein Vergehen (ebenso: Caspar S. 106 u. a.; a. M. Delius S. 208); daher Verjährung in drei Jahren (Beginn der Verjährung mit Einreichung der unrichtigen Anzeige usw.); Umwandlung der Geldstrafe in Gefängnis § 28 Satz 1 und § 29 StGB.

8) D. h. sieben, vgl. § 12 Anm. 4.

§ 14. (L. bzw. A.) **Wenn in einer Versammlung, der Vorschrift des § 4 entgegen, den Abgeordneten der Ortspolizeibehörde der Zutritt oder die Einräumung eines angemessenen Platzes ver-**

weigert worden ist, so trifft den Unternehmer und jeden, welcher in der Versammlung als Vorsteher, Ordner oder Leiter aufgetreten ist, Geldbuße von zehn bis einhundert Talern oder Gefängnis von vierzehn Tagen bis zu sechs Monaten. Dieselbe Strafe hat der Vorsitzende verwirkt, wenn er sich weigert, den Abgeordneten der Polizeibehörde Auskunft über die Person der Redner zu geben, oder wenn er wissentlich unrichtige Auskunft erteilt.[1])

1) Zuwiderhandlungen gegen § 14 sind Vergehen. Verjährung in fünf Jahren. Umwandlung der Geldstrafe in Gefängnis oder Haft § 28 Abs. 2 und § 29 StGB. — Vgl. im übrigen die Anm. zu § 4.

§ 15. (A.) Wer sich nicht sofort entfernt, nachdem der Abgeordnete der Ortspolizeibehörde die Versammlung für aufgelöst erklärt hat (§§ 5, 6, 8),[1]) wird mit Geldbuße von fünf bis zu fünfzig Talern oder mit Gefängnis von acht[2]) Tagen bis drei Monaten bestraft.[3])

1) Einer besonderen Aufforderung an die Anwesenden, sich zu entfernen, bedarf es nicht, ebensowenig der Angabe der Gründe für die Auflösung. Ob die Versammelten geglaubt haben, sie brauchten sich vor Angabe der Gründe nicht zu entfernen, ist unerheblich (KG. v. 11. April 1901 Gr. S. 75). — Die Strafe ist auch dann verwirkt, wenn die Auflösung nicht aus einem der Gründe erklärt war, aus welchen das Gesetz (§§ 5 u. 8) ausdrücklich die Auflösung gestattet (OR. 9 S. 720). Voraussetzung ist aber stets, daß es sich um eine unter § 1 des VG. fallende Versammlung handelt (KG. GA. 43 S. 151). — Vgl. im übrigen die Anm. zu §§ 5 u. 6.

2) D. h. sieben, vgl. § 12 Anm. 4.

3) Vergehen; Verjährung in drei Jahren. Umwandlung der Geldstrafe in Gefängnis oder Haft § 28 Abs. 2 und § 29 StGB.

§ 16.[1]) (L.)[2]) Wenn ein politischer Verein die in § 8 zu a und b gezogenen Beschränkungen überschreitet,[3]) so haben Vorsteher, Ordner und Leiter, die diesen Bestimmungen entgegen gehandelt haben,[4]) eine Geldbuße von fünf bis fünfzig Talern oder Gefängnisstrafe von acht[5] Tagen bis zu drei Monaten verwirkt.[6])[7]) Der Richter kann außerdem nach der Schwere der Umstände auf Schließung des Vereins[8]) erkennen. Auf diese Schließung muß erkannt werden, wenn Vorsteher, Ordner oder Leiter sich wiederholt strafbar gemacht haben.[9])

(A.) Wer sich bei einem auch nur vorläufig (§ 8)[10]) geschlossenen politschen Vereine[11]) als Mitglied ferner beteiligt,[12]) wird mit Geldstrafe von fünf bis zu fünfzig Talern oder Gefängnisstrafe von acht Tagen bis zu drei Monaten belegt.[13])

(A.) Wer der Vorschrift des § 8a entgegen sich als Mitglied aufnehmen läßt, hat eine Geldbuße von fünf bis zu fünfzig Talern verwirkt.[14])

Wenn die Polizeibehörde einen politischen Verein vorläufig geschlossen hat[15]) (§ 8), so ist sie gehalten, binnen achtundvierzig Stunden nach der Schließung davon und von den Gesetzwidrigkeiten, welche zur Schließung Anlaß gegeben haben, der Staatsanwaltschaft Anzeige zu machen.[16]) Findet die Staatsanwaltschaft[17]) die angeblichen Gesetzwidrigkeiten nicht geeignet, eine Anklage darauf zu gründen, so hat die Ortspolizeibehörde auf die ihr durch die Staatsanwaltschaft binnen weiteren acht Tagen zu erteilende Nachricht die Schließung des Vereins aufzuheben.[18]) Anderenfalls muß die Staatsanwaltschaft ebenfalls binnen acht Tagen entweder die Anklage erheben oder binnen gleicher Frist die Voruntersuchung beantragen.[19]) Alsdann ist vom Gerichte sofort Beschluß darüber zu fassen, ob die vorläufige Schließung des Vereins bis zum Erkenntnisse in der Hauptsache fortdauern soll.[20])

1) § 16 behandelt die Folgen des Zuwiderhandelns gegen § 8 Abs. 1. Vgl. die Anm. zu § 1.

2) Vgl. unten Anm. 7.

Anm. 3—7. Bestrafung der Vorsteher, Ordner und Leiter.

3) Objektiv ist vorausgesetzt, daß ein „politischer Verein" (im Sinne des § 8, vgl. § 8 Anm. 1) Frauenspersonen, Schüler oder Lehrlinge als Mitglieder aufgenommen hat (§ 8a) oder mit einem anderen politischen Verein zu gemeinsamen Zwecken in Verbindung getreten ist (§ 8b). — Schon die Konstituierung politischer Vereine, welche in verbotener organischer Verbindung stehen, macht strafbar, auch wenn noch keine Versammlungen zur Erörterung von öffentlichen Angelegenheiten stattgefunden haben (OR. 19 S. 151). — Ein Verein überschreitet die Beschränkungen auch dann, wenn er die von seinen Vorstehern zunächst eigenmächtig, in Erwartung der Genehmigung des Vereins bewirkten Überschreitungs-

handlungen nachträglich, ausdrücklich oder stillschweigend genehmigt (J. 4 S. 295).

4) **Subjektiv** gehört zur Bestrafung eines Vorstehers usw., daß **gerade er** dem § 8a oder b entgegen gehandelt hat, aktiv oder durch schuldhaftes (auch fahrlässiges, KG. in GA. 39 S. 453, DJZ. 1897 S. 146) Unterlassen oder Dulden. Die Strafe trifft ihn daher, auch wenn er bei der Aufnahme des Mitglieds, das nicht aufgenommen werden durfte, nicht positiv mitgewirkt hat, sofern er den durch den Verein ausgesprochenen gesetzwidrigen Willen exekutiert. Im Falle der verbotswidrigen Aufnahme von Mitgliedern ist also jeder strafbar, der, trotzdem er es weiß, dem Verein als Vorsteher usw. angehört (RG. 28 S. 71). — Es genügt, wenn der Vorsteher usw. wußte, daß der Verein die Erörterung gewisser Gegenstände bezwecke, sofern diese im Sinne des Gesetzes „politische" sind; irrtümliche Annahme des Vorstehers, die betr. Gegenstände seien „nichtpolitische", schützt nicht vor Strafe (RG. 15 S. 309), selbst dann nicht, wenn bei der Behörde selbst Zweifel über die Qualität des Vereins bestanden haben sollten (J. 4 S. 301). — **Leiter** ist, wer nach der Art des äußeren Auftretens im Gegensatz zu den anderen Mitgliedern innerhalb des Vereins eine leitende Stellung einnimmt (RG. 28 S. 68).

5) D. h. sieben, vgl. § 12 Anm. 4.

6) Vergehen, Verjährung in drei Jahren; die Verjährung beginnt mit der Beendigung der gesetzwidrigen Mitgliedschaft bzw. Verbindung. Umwandlung der Geldstrafe in Gefängnis oder Haft § 28 Abs. 2 u. § 29 StGB.

7) Die **Zuständigkeit** ist streitig. Nach der Höhe der angedrohten Strafe (Gefängnis bis zu drei Monaten) würde das Schöffengericht zuständig sein (Gerichts-Verf.-G. § 27 Ziff. 2). Da jedoch außerdem auf Schließung des Vereins erkannt werden kann bzw. muß, und hierfür das Schöffengericht nicht für zuständig erklärt ist (§ 27 Ziff. 2

a. a. O. „nur"), während die Strafkammer des Landgerichts für Vergehen, „welche nicht zur Zuständigkeit der Schöffengerichte gehören", unbeschränkt zuständig ist (§ 73 Ziff. 1 a. a. O.) und also auch auf Schließung erkennen kann, so ist zur Entscheidung im Falle des § 16 Abs. 1 nur die Strafkammer des Landgerichts zuständig (ebenso: KG. v. 6. Aug. 1886 zit. bei Gr. S. 78, DJZ. 1896 S. 39, sowie Gr. selbst; a. M.: Lisco S. 48, Delius S. 218, Caspar S. 113). — Wird die Strafkammer für zuständig erachtet, so werden dadurch zugleich Zweifel und Anomalien vermieden, welche sonst eintreten (unten Anm. 20 a).

Anm. 8—9. Schließung des Vereins durch gerichtliches Erkenntnis.

8) a) Die angedrohte definitive Schließung ist nicht Strafe, sondern nur eine Schutzmaßregel (KG. DJZ. 1896 S. 39), welche nach positiver Bestimmung nur in Verbindung mit einem Strafverfahren und nur durch das Organ der Strafrechtspflege erfolgen kann. Da die Schließung nicht „Strafe" ist, so kann (trotz § 6 EG. zum StGB.) auch jetzt noch darauf erkannt werden (RG. 15 S. 307). — Zuständigkeit vgl. Anm. 7. Ein Schließungsverfahren in den Formen des zur Zeit des Erlasses des VG. noch nicht bekannten Verwaltungsstreitverfahrens gibt es nicht. Dabei ergeben sich Mißstände. Die Schließung trifft alle Mitglieder des Vereins, während die Wahrung der Interessen des Vereins im Strafverfahren, insbesondere die Einlegung von Rechtsmitteln, nur den angeklagten bzw. verurteilten Vorstehern usw. möglich ist (unten f). Der Strafrichter hat Zweckmäßigkeitsfragen zu ermessen (unten c), die verwaltungsrechtlicher Natur sind und seinem Erfahrungsgebiete fern liegen. Anderseits kann die Schließung nur erfolgen, wenn zugleich wenigstens gegen einen Vorsteher auf Strafe erkannt wird (unten c): ein objektives Schließungsverfahren, auch vor dem Strafrichter ist nicht gegeben, so

daß nach dem Tode der schuldigen Vorsteher nicht mehr auf Schließung erkannt werden kann.

b) Vorläufige polizeiliche Schließung (§ 8 Abs. 2, § 16 Abs. 4) **kann** (nicht: muß) der Schließung durch gerichtliche Erkenntnis vorhergehen (RG. 28 S. 66).

c) Das Strafverfahren braucht nicht gegen sämtliche Vorstandsmitglieder gerichtet zu sein. Die Schließung durch gerichtliches Erkenntnis setzt voraus, daß wenigstens **ein** Vorsteher usw. aus § 16 Abs. 1 zur Strafe verurteilt wird („außerdem"; unklar OR. 14 S. 172, vgl. auch S. 732), und daß eine gewisse „**Schwere der Umstände**" vorliegt. Ob bei Vorhandensein dieser Voraussetzungen auf Schließung zu erkennen ist, unterliegt dem **Ermessen** des Gerichts, außer im Falle Anm. 9. Die Wirkung der Schließung trifft alle Vereinsmitglieder (GA. 20 S. 601).

d) Auch **nach freiwilliger Auflösung** eines Vereins kann auf dessen Schließung erkannt werden (OR. 14 S. 731; wichtig wegen der Verhinderung der Wiedereröffnung).

e) Schließung **für das Gebiet Preußens**, wenn der Vorstand des Vereins außerhalb Preußens residiert: OR. 16 S. 719.

f) **Rechtsmittel** gegen die gerichtliche Schließung können nur die **verurteilten** Vorsteher usw. einlegen (OR. 14 S. 731).

9) **Obligatorisch** ist die Schließung, wenn ein politischer Verein bereits einmal eine der Beschränkungen § 8 a oder b überschritten hat, deshalb die Bestrafung (GA. 3 S. 255) eines seiner Vorsteher usw. rechtskräftig erfolgt ist, demnächst der Verein zum zweitenmale eine der Beschränkungen überschritten und einer seiner Vorsteher usw. sich dabei nach § 16 Abs. 1 strafbar gemacht hat. Daß beide Male **dieselbe Person** sich als Vorsteher usw. strafbar gemacht habe, ist nicht erforderlich. Andererseits liegt der Fall obligatorischer Schließung nicht vor,

wenn der gegenwärtige Vorsteher usw., welcher dem § 8 entgegen gehandelt hat, bereits früher aus § 16 Abs. 1 bestraft worden ist, jedoch als Vorsteher usw. eines anderen Vereins.

Anm. 10—13. Bestrafung der ferneren Beteiligung an geschlossenen Vereinen.

10) Vorläufig geschlossen, d. h. polizeilich (§ 8 Abs. 2), nicht aber lediglich durch ein noch nicht rechtskräftiges gerichtliches Urteil (OR. 20 S. 89).

11) Der Richter, welcher über die fernere Beteiligung zu urteilen hat, hat nur zu prüfen, ob der geschlossene Verein fortgedauert hat, bzw. ob die als Fortläufer inkriminierten Vereinsformen mit dem geschlossenen Verein identisch sind. Ob die Schließung mit Recht erfolgt ist, oder dabei ein Irrtum (z. B. über den Begriff der politischen Gegenstände) geschehen ist, darf er nicht nachprüfen. Wohl aber darf er bei Prüfung der Identität der Vereinszwecke im Zweifel auch darauf Gewicht legen, daß der jetzt vorliegende Verein ausschließlich nichtpolitische Tendenzen verfolge, und daraus tatsächlich auf die Nichtidentität des Vereinszweckes und des Vereins selbst zurückschließen (RG. 24 S. 248, vgl. auch KG. v. 12. Okt. 1893 bei Gr. S. 77).

12) Die Beteiligung an einem geschlossenen politischen Verein ist auch an denjenigen, gegen welche früher eine Verurteilung nicht ergangen war, strafbar (OR. 13 S. 663).

Um eine Beteiligung an einem geschlossenen politischen Verein festzustellen — wozu natürlich zunächst die Feststellung erforderlich ist, daß der Verein als solcher trotz der Schließung seine Tätigkeit fortgesetzt hat — bedarf es nicht des Nachweises, daß der Verein fortgefahren hat, Versammlungen abzuhalten und in ihnen politische Gegenstände zu erörtern. Es genügt hierzu vielmehr der Nachweis überhaupt irgendwelcher Vereinstätigkeit (z. B. Verteilung von Zeitschriften) und einer Beteiligung hierbei, z. B. durch Weiterzahlung des Vereinsbeitrages (OR. 18 S. 344, 20 S. 141; Vorwärts S. 70).

13) Vergehen. Verjährung in drei Jahren; die Verjährung beginnt mit der Beendigung des gesetzwidrigen Zustandes, d. h. der Beteiligung. Umwandlung der Geldstrafe in Gefängnis oder Haft, § 28 Abs. 2 und § 29 StGB. — Zuständig ist das Schöffengericht, § 27 Ziff. 2. GVG.

Anm. 14. Bestrafung der aufgenommenen Frauenspersonen, Schüler und Lehrlinge. Übertretung. Verjährung in drei Monaten; die Verjährung beginnt mit der Beendigung der gesetzwidrigen Mitgliedschaft. Umwandlung der Geldstrafe in Haft, § 28 Abs. 1 und § 29 StGB. — Zuständig ist das Schöffengericht, § 27 Ziff. 1 GVG.

Anm. 15—20. Schließungsverfahren bis zur Schließung durch gerichtliches Erkenntnis (vgl. Anm. 8 Abs. b).

15) Vorläufige Schließung durch die Ortspolizeibehörde (§ 8 Abs. 2). Eine Form hierfür ist nicht vorgeschrieben. Mitteilung an den Verein bzw. dessen Vorstand, sowie öffentliche Bekanntmachung sind üblich, letztere wegen § 16 Abs. 2 ratsam. Beschwerde ist nicht zulässig, da die Entscheidung über die Rechtmäßigkeit der Schließung in dem besonderen Verfahren § 16 Abs. 4 erfolgt (a. M. Caspar S. 112; unklar Delius S. 223).

16) Anzeige der Ortspolizeibehörde an die Staatsanwaltschaft binnen 48 Stunden von der Schließung usw. Bei Fristversäumnis: Beschwerde bzw. Klage gemäß §§ 127 ff., G. v. 30. Juli 1883 (unten S. 133); das Rechtsmittel erledigt sich jedoch, sobald die vorgeschriebene Anzeige an die Staatsanwaltschaft, wenn auch verspätet, erfolgt (a. M. Gr. S. 79, der meint, die Verzögerung der Anzeige ziehe eine Aufhebung der vorläufigen Schließung ohne weiteres nach sich). Legitimiert

zur Beschwerde bzw. Klage ist jedes einzelne Vereinsmitglied (analog: OVG. 23 S. 411, vgl. Anm. 1c zu § 3).

(Anm. 17—19 Entscheidung der Staatsanwaltschaft.)

17) Die Staatsanwaltschaft muß binnen weiteren acht Tagen eine Entscheidung (Anm. 16 oder 17) treffen. Bei Fristversäumnis: Beschwerde an den Oberstaatsanwalt, ev. an den Justizminister. Die Beschwerde erledigt sich, sobald die Entscheidung der Staatsanwaltschaft, wenn auch verspätet, erfolgt (a. M. Gr. S. 79, der meint, die Verzögerung der Entscheidung der Staatsanwaltschaft ziehe eine Aufhebung der vorläufigen Schließung ohne weiteres nach sich). Legitimation zur Beschwerde: wie Anm. 16.

18) Findet die Staatsanwaltschaft keinen Anlaß zur Erhebung der Anklage, so muß sie (binnen acht Tagen, Anm. 17) die Ortspolizei hiervon benachrichtigen, und diese muß sofort die Schließung aufheben. Unterläßt die Ortspolizei die sofortige Wiederaufhebung der Schließung, so Rechtsmittel wie Anm. 16. — Sehr fraglich ist, ob die Ortspolizei ein Beschwerderecht hat, falls die Staatsanwaltschaft die Erhebung der Anklage ablehnt. Bei der Beratung des VG. wurde angenommen, daß die Ortspolizei die Schließung nur als Organ der Staatsanwaltschaft vornimmt; hierzu würde das Beschwerderecht nicht passen. Anderseits ging man ausdrücklich davon aus, daß der Ortspolizei die Beschwerde an den Oberstaatsanwalt zustehe (Verhandl. II S. 2776). Man wird daher die Ortspolizei als „Verletzte" auffassen müssen und ihr das Recht auf Beschwerde an den Oberstaatsanwalt und ev. den Antrag auf gerichtliche Entscheidung (§§ 169, 170 StPO.) zugestehen müssen, sowie im geeigneten Falle die Beschwerde im Aufsichtswege an den Oberstaatsanwalt und ev. an den Justizminister.

19) Findet die Staatsanwaltschaft Anlaß zur Erhebung der Anklage, so muß sie (binnen acht Tagen, Anm. 17) die Anklage erheben, unmittelbar oder durch Antrag auf Voruntersuchung, Zuständigkeit: oben Anm. 7; auch bei Zuständigkeit des Schöffengerichts würde übrigens eine Voruntersuchung trotz § 176 StPO. zulässig sein, vgl. § 6 EG. z. StPO. (oben S. 40).

20) Beschluß des Gerichts (sofort) über die Fortdauer der vorläufigen Schließung.

a) Gericht, d. h. der Untersuchungsrichter, falls Voruntersuchung beantragt ist; sonst die Beschlußkammer des Landgerichts (vgl. oben Anm. 7; wird das Schöffengericht als zuständig erachtet, so ergeben sich erhebliche Zweifel, vgl. Delius S. 218, Caspar S. 113 Anm. 249 und andererseits Gr. S. 78).

b) Sofortige Beschlußfassung ist nur instruktionell vorgeschrieben (KG. v. 6. Aug. 1886, zit. Gr. S. 79).

c) Der Beschluß präjudiziert dem Endurteil (§ 16 Abs. 1) nicht.

d) Wird Aufhebung der vorläufigen Schließung beschlossen, so gilt diese Aufhebung als durch den Gerichtsbeschluß bewirkt (arg. § 16 Abs. 1 „auf Schließung erkennen"), ohne daß es wie nach Anm. 18 der Mitwirkung der Ortspolizei bedarf. Gegen den Aufhebungsbeschluß steht der Staatsanwaltschaft kein Rechtsmittel zu (Gr. 1. Aufl. S. 71 wegen § 347 StPO.; a. M.: Delius S. 222, Caspar S. 114 u. a.).

e) Wird Fortdauer der vorläufigen Schließung beschlossen, so ist in dem Endurteile die vorläufige Schließung aufzuheben, falls nicht auf (definitive) Schließung erkannt wird. Gegen den die Fortdauer anordnenden Beschluß steht den angeklagten Vorstehern usw. kein Rechtsmittel zu (Gr. 1. Aufl. S. 71 wegen § 347 StPO., Thilo S. 96, Lisco S. 49; a. M.: Delius S. 222 wegen Verhandl. I S. 2876 u. Caspar S. 114).

§ 17. (A.) Wer an einem Aufzuge[1]) oder an einer Versammlung unter freiem Himmel[2]) teilnimmt, zu welcher die nach dem gegenwärtigen Gesetze erforderliche Genehmigung nicht erteilt ist,[3]) wird mit einer Geldbuße von einem bis fünf Talern bestraft.[4])

(A.) Wer zu einer solchen Versammlung oder zu einem solchen Aufzuge vor Eingang der obrigkeitlichen[5]) Erlaubnis auffordert[6]) oder auffordern läßt, oder darin als Ordner, Leiter oder Redner[7]) tätig ist, wird mit Geldbuße von fünf bis fünfzig Talern oder mit Gefängnis von acht[8]) Tagen bis zu drei Monaten bestraft.[9])

Diese Strafen sind jederzeit[10]) verwirkt, wenn die Versammlung oder der Aufzug in Städten und Ortschaften oder auf öffentlichen Straßen, oder wenn eine Volksversammlung in den Fällen des § 11 stattgefunden hat. In allen anderen Fällen[11]) sind die Teilnehmer und selbst diejenigen, welche als Redner aufgetreten sind, nur dann strafbar, wenn die Versagung der Genehmigung oder das nachträgliche Verbot vorher öffentlich oder den Teilnehmern besonders bekannt gemacht[12]) war. Wird die Nichtgenehmigung oder das Verbot während[13]) der Versammlung oder während des Aufzuges selbst bekannt gemacht, so kann sich wegen seiner späteren Beteiligung niemand mit Unkenntnis der Nichtgenehmigung oder des Verbotes entschuldigen.

1) Vgl. § 10.

2) Vgl. Art. 29 VU., §§ 9, 11 VG. Das Urteil kann dahingestellt sein lassen, ob die Menge schon Aufzug oder noch gewöhnliche Versammlung war (RG. GA. 49 S. 344, vgl. § 10 Anm. 1).

3) Der Strafrichter hat nicht zu prüfen, ob die Genehmigung mit Recht versagt war (OR. 14 S. 340). Ist die Genehmigung erteilt, aber von gewissen Bedingungen abhängig gemacht, und werden diese nicht erfüllt, so ist § 17 Abs. 1 nicht anwendbar; die Polizei hat nur das Recht, hindernd einzuschreiten (J. 29 C. 22).

4) Übertretung; Verjährung in drei Monaten. Umwandlung der Geldstrafe in Haft § 28 Abs. 1 u. § 29 StGB.

5) Und zwar schriftlichen (OR. 18 S. 553).

6) Aufforderung zu einer Versammlung unter freiem Himmel ist nur dann strafbar, wenn sie in der Absicht geschieht, daß zu ihr eine unbestimmte Menschenmenge geladen werden soll. Aus dem Zutritt nichtgeladener Personen und der Zugänglichkeit des Orts kann die Strafbarkeit nicht gefolgert werden (J. 19 S. 306). — Die Aufforderung ist strafbar, auch wenn die Versammlung oder der Aufzug gar nicht stattgefunden hat (OR. 3 S. 49, J. 12 S. 241). Aufforderung durch Plakate: PrG. v. 12 Mai 1851 §§ 9 u. 41 (vgl. OVG. 5 S. 413, oben Art. 29 VU. Anm. 2 a. E. Aufforderung durch die Presse: ReichsG. v. 7. Mai 1874 (RGBl. S. 65), § 20 (vgl. J. 12 S. 241). Ob der Verbreiter von Einladungen dadurch seinerseits zur Teilnahme zu der Versammlung auffordert, ist Tatfrage (RG. DJZ. 1907 Sp. 241). — Nimmt der Auffordernde nachher an der nichtgenehmigten Versammlung teil, so liegt Realkonkurrenz (§ 74 StGB.) zwischen § 17 Abs. 1 u. § 17 Abs. 2 (J. 5 S. 283), bzw. falls der Auffordernde nach-

her als Ordner usw. tätig ist, Realkonkurrenz zwischen den beiden Alternativen in § 17 Abs. 2 vor.

7) Die Tätigkeit muß innerhalb des äußeren Verlaufs des Vorgangs entfaltet sein (RG. JW. 99 S. 481). — Über den Begriff „Redner" vgl. § 4 Anm. 11, § 10 Anm. 7.

8) D. h. sieben vgl. § 12 Anm. 4.

9) Vergehen; Verjährung in 3 Jahren. Umwandlung der Geldstrafe in Gefängnis oder Haft, § 28 Abs. 2 u. § 29 StGB.

10) Abs. 3 Satz 1 bezieht sich sowohl auf Abs. 1, wie auf Abs. 2 (J. 20 C. 30). Der gute Glaube an die Erteilung der Genehmigung schützt nicht. Die Anwendung von § 59 StGB. (vgl. § 12 Anm. 1) ist durch die vorliegende Spezialvorschrift ausgeschlossen. Nach § 2 Abs. 2 EG. z. StGB. (S. 40) ist § 17 Abs. 3 in Kraft geblieben (OR. 16 S. 510; KG. bei J. 13 S. 373, 20 C. 30, 26 C. 72, DJZ. 1906 Sp. 1153).

11) D. h. bei den — eine verschwindende Ausnahme bildenden — Versammlungen unter freiem Himmel, welche außerhalb von Städten und Ortschaften und nicht auf öffentlichen Straßen stattfinden. Für Aufzüge ist diese Bestimmung völlig gegenstandslos, da nur diejenigen Aufzüge der Genehmigung bedürfen, welche „in Städten und Ortschaften oder auf öffentlichen Straßen" stattfinden (§ 10).

12) Wer an einer Versammlung unter freiem Himmel mit der **Kenntnis**, daß sie nicht genehmigt ist, teilnimmt, kann sich nicht darauf berufen, daß die Versagung der Genehmigung nicht öffentlich oder besonders bekannt gemacht sei; dies gilt auch, wenn die Genehmigung gar nicht nachgesucht ist (J. 10 S. 247; a. M. Caspar S. 91: Der Teilnehmer sei straflos, falls die Genehmigung gar nicht nachgesucht sei).

13) D. h. **an** die Versammelten.

§ 18. (L. bzw. A.) Wer gegen das Verbot des § 7 in einer Versammlung bewaffnet erscheint,[1]) wird mit Gefängnis von vierzehn Tagen bis zu sechs Monaten bestraft.[2])

1) Vgl. oben § 7 (Anm. 1, 2, 4), §§ 9, 10 (Anm. 4 6b).

2) Vergehen; Verjährung in 5 Jahren.

§ 19. (L.) Wer auffordert, in einer Versammlung mit Waffen zu erscheinen,[1]) oder die Aufforderung hierzu verbreiten läßt, oder in einer Versammlung Waffen austeilt,[2]) wird mit Gefängnis von sechs Wochen bis zu einem Jahre bestraft.[3])

1) Vgl. § 18 Anm. 1.

2) Vgl. auch StGB. § 127 (oben S. 23).

3) Vergehen; Verjährung in 5 Jahren.

§ 20. (Veraltet; § 20 betraf die Zuständigkeit. Jetzt ist das Gerichtsverfassungsgesetz vom 27. Januar 1877 maßgebend.)

§ 21. Auf die durch das Gesetz oder die gesetzlichen Autoritäten angeordneten[1]) Versammlungen[2]) und die Versammlungen der Mitglieder beider Kammern[3]) während der Dauer der Sitzungsperiode finden die vorstehenden Bestimmungen keine Anwendung.

Wahlvereine unterliegen den Beschränkungen des § 8 nicht.[4])

1) Bloße Ermächtigung genügt nicht (J. 17 S. 416).

2) Gesetzlich oder durch die gesetzlichen Autoritäten angeordnet sind die Versammlungen aller dem

öffentlichen Rechte angehörigen Verbände der Gemeinden, Kreise, Bezirke und Provinzen, sodann gewisse Versammlungen derjenigen Vereine, welche zwar dem öffentlichen Rechte nicht angehören, aber durch Gesetz oder Anordnung der Staatsregierung jenen gleichgestellt sind: Religionsgesellschaften, Aktiengesellschaften, Hilfskassen usw. (KG. GA. 41 S. 318, Delius S. 230, Caspar S. 64). Vorausgesetzt ist dabei, daß die betreffende Versammlung auch in gesetzlicher Weise zusammenberufen ist. Anderenfalls, z. B. bei Zusammenberufung einer Stadtverordnetenversammlung durch einen anderen als den Vorsitzenden oder dessen Stellvertreter, sind §§ 1 ff. anwendbar (KG. b. J. 14 S. 354, GA. 42 S. 441); ebenso wenn Nichtmitglieder zu solchen Versammlungen (z. B. zu Innungsversammlungen, § 104 Abs. 4 u. 5 GewO.) zugezogen werden (J. 12 S. 247).

Über „Schulfeste" vgl. J. 2 S. 249; § 9 Anm. 1.

3) Nicht nur die eigentlichen Sitzungen, sondern auch die sog. Fraktionsversammlungen gehören hierher.

4) Wahlvereine im Sinne des § 21 sind nur diejenigen, welche lediglich in Beziehung auf konkrete bevorstehende Wahlen (OR. 10 S. 56, 16 S. 800) zum Landtag, zum Reichstag oder zu anderen öffentlich-rechtlichen Vertretungen politischer Art eine Wirksamkeit entfalten. Diese Wahlvereine sind an sich politische Vereine (RG. 16 S. 295) und nur den Beschränkungen des § 8 entzogen, während die sonstigen Ordnungsvorschriften (§§ 1—7, 9, 11), insbesondere die Anzeigepflicht, auch für Wahlvereine und deren Versammlungen gelten (J. 6 S. 251). Vgl. auch § 17 Abs. 2 des Wahlgesetzes für den deutschen Reichstag (oben S. 28). — Streitig ist, ob Wahlvereine nur von der Beschränkung § 8b oder auch von der Beschränkung § 8a befreit sind; für letzteres spricht die allgemeine Fassung des § 21 Abs. 2. Anderseits wäre es eine Anomalie, Nichtwahlberechtigte bei der Bildung von Wahlvereinen zu privilegieren. Das OVG. (44

S. 434) erklärt deshalb einen Frauenwahlverein für unzulässig und führt aus: „Die Bevorrechtigung der Wahlvereine soll zur zweckentsprechenden Ausübung des Wahlrechts dienen und muß sich deshalb auf Vereine der Wahlberechtigten beschränken. Daher gehört zum Begriff des Wahlvereins im Sinne des § 21, daß der Verein aus wahlberechtigten Personen besteht. Das Recht zur Bildung von Wahlvereinen beruht auf dem Recht, zu wählen, und steht darum den nicht wahlberechtigten Personen nicht zu. § 17 des Reichstagswahlgesetzes steht zwar nicht entgegen, ist aber Bestätigung dieser Auffassung. Deshalb unterliegt der Wahlverein den Beschränkungen des § 8a, Frauen dürfen einen solchen nicht bilden." Derselben Ansicht Gr. S. 82, gestützt auf Verhandl. II S. 2777, wo ebenfalls nur an die Beschränkung des § 8b gedacht wurde, und Thilo S. 110; a. M. Delius S. 234, Caspar S. 119.

§ 22. Zuwiderhandlung gegen die Vorschrift des Artikels 38 der Verfassungsurkunde vom 31. Januar 1850, welcher also lautet:

> **„Die bewaffnete Macht darf weder in noch außer dem Dienste beratschlagen, oder sich anders, als auf Befehl versammeln. Versammlungen und Vereine der Landwehr zur Beratung militärischer Einrichtungen, Befehle und Anordnungen sind auch dann, wenn dieselbe nicht zusammenberufen ist, untersagt."**

wird nach den Bestimmungen des ***§ 125 des ersten Teiles des Militärstrafgesetzbuches*** 1) **bestraft.**

1) An Stelle dieses § 125 sind die §§ 92 und 93 (vgl. auch § 101) des MilStrGB. getreten, s. oben S. 26.

§ 23. Gegenwärtiges Gesetz tritt an die Stelle der Verordnung vom 29. Juni 1849. (Gesetz-Sammlung S. 221—225.)

13a. Zusatz.

Gesetz über die allgemeine Landesverwaltung.

Vom 30. Juli 1883 (GS. S. 195).

Vierter Titel.

Rechtsmittel gegen polizeiliche Verfügungen.

§ 127. Gegen polizeiliche Verfügungen der Orts- und Kreispolizeibehörden findet, soweit das Gesetz nicht ausdrücklich anderes bestimmt, die Beschwerde statt, und zwar:

a) gegen die Verfügungen der Ortspolizeibehörden auf dem Lande oder einer zu einem Landkreise gehörigen Stadt, deren Einwohnerzahl bis zu 10 000 Einwohnern beträgt, an den Landrat und gegen dessen Bescheid an den Regierungspräsidenten;

b) gegen die Verfügungen der Ortspolizeibehörden eines Stadtkreises, mit Ausnahme von Berlin, einer zu einem Landkreise gehörigen Stadt mit mehr als 10 000 Einwohnern, oder des Landrats an den Regierungspräsidenten, und gegen dessen Bescheid an den Oberpräsidenten;

c) gegen ortspolizeiliche Verfügungen in Berlin an den Oberpräsidenten.

Gegen den in letzter Instanz ergangenen Bescheid des Regierungspräsidenten beziehungsweise des Oberpräsidenten findet die Klage bei dem Oberverwaltungsgerichte statt.

Die Klage kann nur darauf gestützt werden,

1. daß der angefochtene Bescheid durch Nichtanwendung oder unrichtige Anwendung des bestehenden Rechts, insbesondere auch der von den Behörden innerhalb ihrer Zuständigkeit erlassenen Verordnungen den Kläger in seinen Rechten verletze;
2. daß die tatsächlichen Voraussetzungen nicht vorhanden seien, welche die Polizeibehörde zum Erlasse der Verfügung berechtigt haben würden.

Die Prüfung der Gesetzmäßigkeit der angefochtenen polizeilichen Verfügung erstreckt sich auch auf diejenigen Fälle, in welchen bisher nach § 2 des Gesetzes vom 11. Mai 1842 (Gesetz-Samml. S. 192) der ordentliche Rechtsweg zulässig war.

Die Entscheidung ist endgültig, unbeschadet aller privatrechtlichen Verhältnisse.

§ 128. An Stelle der Beschwerde in allen Fällen des § 127 findet die Klage statt und zwar:

a) gegen die Verfügungen der Ortspolizeibehörden auf dem Lande oder einer zu einem Landkreise gehörigen Stadt, deren Einwohnerzahl bis zu 10 000 Einwohnern beträgt, bei dem Kreisausschusse;

b) gegen die Verfügungen des Landrats oder der Ortspolizeibehörden eines Stadtkreises oder einer zu einem Landkreise gehörigen Stadt mit mehr als 10000 Einwohnern bei dem Bezirksausschusse.

Die Klage kann nur auf die gleichen Behauptungen gestützt werden, wie die Klage bei dem Oberverwaltungsgerichte (§ 127 Absatz 3 und 4).

§ 129. Die Beschwerde im Falle des § 127 Absatz 1 und die Klage im Falle des § 128 sind bei derjenigen Behörde anzubringen, gegen deren Verfügung sie gerichtet sind.

Die Behörde, bei welcher die Beschwerde oder Klage angebracht ist, hat dieselbe an diejenige Behörde abzugeben, welche darüber zu beschließen oder zu entscheiden hat. Der Beschwerdeführer bzw. Kläger ist hiervon in Kenntnis zu setzen.

Die Frist zur Einlegung der Beschwerde und zur Anbringung der Klage gegen die polizeiliche Verfügung, sowie gegen den auf Beschwerde ergangenen Bescheid beträgt zwei Wochen.

Die Anbringung des einen Rechtsmittels schließt das andere aus. Ist die Schrift, mittelst deren das Rechtsmittel angebracht wird, nicht als Klage bezeichnet oder enthält dieselbe nicht ausdrücklich den Antrag auf Entscheidung im Verwaltungsstreitverfahren, so gilt dieselbe als Beschwerde. Bei gleichzeitiger Anbringung beider Rechtsmittel ist nur der Beschwerde Fortgang zu geben. Das hiernach unzulässigerweise angebrachte Rechtsmittel ist durch Verfügung der im Absatz 1 bezeichneten Behörde zurückzuweisen. Gegen die zurückweisende Verfügung findet innerhalb zwei Wochen die Beschwerde an die zur Entscheidung auf die Klage berufene Behörde statt.

Wird die Beschwerde oder Klage der Vorschrift des ersten Absatzes zuwider innerhalb der gesetzlichen Frist bei derjenigen Behörde angebracht, welche zur Beschlußfassung oder Entscheidung darüber zuständig ist, so gilt die Frist als gewahrt. Die Beschwerde oder Klage ist in solchen Fällen von der angerufenen Behörde zur weiteren Veranlassung an diejenige Behörde abzugeben, gegen deren Beschluß sie gerichtet ist.

§ 130. Gegen polizeiliche Verfügungen des Regierungspräsidenten findet innerhalb zwei Wochen die Beschwerde an den Oberpräsidenten und gegen den vom Oberpräsidenten auf die Beschwerde erlassenen Bescheid innerhalb gleicher Frist die Klage bei dem Oberverwaltungsgerichte nach Maßgabe der Bestimmungen des § 127 Absatz 3 und 4 statt.

Gegen polizeiliche Verfügungen des Regierungspräsidenten in Sigmaringen findet innerhalb zwei Wochen unmittelbar die Klage bei dem Oberverwaltungsgerichte statt.

Gegen die Landesverweisung steht Personen,

welche nicht Reichsangehörige sind, die Klage nicht zu.

§ 131. Der § 6[1]) des Gesetzes vom 11. Mai 1842 (Gesetz-Samml. S. 192) findet auch Anwendung, wenn eine polizeiliche Verfügung im Verwaltungsstreitverfahren durch rechtskräftiges Endurteil aufgehoben worden ist.

1) Dieser lautet: „Wird eine polizeiliche Verfügung im Wege der Beschwerde als gesetzwidrig oder unzulässig aufgehoben, so bleiben dem Beteiligten seine Gerechtsame nach den allgemeinen gesetzlichen Bestimmungen über die Vertretungsverbindlichkeit der Beamten vorbehalten."

Dritter Teil.

Das Vereins- und Versammlungsrecht in den übrigen Deutschen Bundesstaaten und dem Reichslande.

14. Königreich Bayern.

Gesetz, die Versammlungen und Vereine betr.

Vom 26. Februar 1850 (GBl. S. 53)*) in der Fassung des Gesetzes vom 15. Juni 1898 (GBl. S. 289).

Abschnitt I.

Von den Versammlungen.

Art. 1. Alle Staatsangehörigen haben das Recht, sich friedlich und ohne Waffen zu versammeln; einer besonderen Erlaubnis dazu bedarf es nicht.

Art. 2. Wer zu einer Versammlung, in welcher

*) Hierzu Vollz.-Instr. v. 3. März 1850.

öffentliche Angelegenheiten erörtert werden sollen, öffentliche oder allgemeine Einladungen erläßt, und wer den Platz zu deren Abhaltung einräumt, ist verpflichtet, mindestens 24 Stunden vor dem Beginne der Versammlung unter Angabe des Ortes, der Zeit und des Zweckes derselben Anzeige bei der Ortspolizeibehörde zu machen, welche darüber sofort eine Bescheinigung zu erteilen und ohne Säumnis der Königlichen Distriktspolizeibehörde Nachricht zu geben hat.

Alle Einladungen oder Aufforderungen zu solchen Versammlungen, mögen sie in öffentlichen Anschlägen enthalten, oder in öffentlichen Blättern eingerückt, oder sonst durch Schrift oder Druck verbreitet sein, müssen mit den Unterschriften derjenigen, welche sie ergehen lassen, versehen werden.

Minderjährige dürfen Versammlungen der in Absatz 1 bezeichneten Art nicht beiwohnen.*)

Art. 3. Versammlungen, welche unter freiem Himmel abgehalten werden sollen, können bei dringender Gefahr für die öffentliche Ordnung und Sicherheit durch schriftlichen Erlaß der Distriktspolizeibehörde verboten werden.

Art. 4. Zu Versammlungen, welche auf öffentlichen Plätzen und Straßen in Städten und Ortschaften stattfinden sollen, sowie zu öffentlichen

---

*) Abs. 3 hinzugefügt durch § 1 des G. vom 15. Juni 1898.

Aufzügen*) in Städten und Ortschaften hat der Unternehmer, Leiter oder Ordner die Zustimmung der betreffenden Gemeindeverwaltung zu erholen und sodann die Genehmigung der Distriktspolizeibehörde nachzusuchen, welche den Bescheid möglichst schleunigst und spätestens am folgenden Tage schriftlich zu erteilen hat.

Herkömmliche kirchliche Prozessionen, Wallfahrten und Bittgänge, gewöhnliche Leichenbegängnisse, Züge der Hochzeitsversammlungen und hergebrachte Umzüge der Innungen unterliegen dieser Bestimmung nicht.

Durch Beschluß der Gemeindeverwaltung kann dem Bürgermeister in widerruflicher Weise allgemein oder für bestimmte Fälle die Befugnis eingeräumt werden, an Stelle der Gemeindeverwaltung die nach Absatz 1 erforderliche Zustimmung zu Versammlungen und Aufzügen zu erteilen.

Die Distriktspolizeibehörden sind ermächtigt, in widerruflicher Weise allgemein oder für bestimmte Orte, Vereine oder Fälle zu gestatten, daß die durch Absatz 1 vorgeschriebene Genehmigung für öffentliche Aufzüge durch die Ortspolizeibehörde, in Gemeinden mit städtischer Verfassung durch den Bürgermeister, erteilt werde.**)

---

*) Für Maskenzüge vgl. Art. 32 Abs. 1 Nr. 1, Art. 36 Nr. 2, 3 des PolStGB. v. 26. Dez. 1871 (GBl. S. 9), für Fackelzüge § 12 der Vd. v. 27. Juni 1862 (RegBl. S. 1573).

**) Abs. 3 und 4 hinzugefügt durch § 2 des G. vom 15. Juni 1898.

Art. 5. Den Ordnern, Leitern einer Versammlung liegt ob, für Aufrechterhaltung der Ordnung und des Gesetzes Sorge zu tragen. Sie haben Sprechern, welche durch ihren Vortrag das Gesetz verletzen oder zu Gesetzesverletzungen auffordern, das Wort zu entziehen, und, wenn ihren Anordnungen zur Aufrechthaltung des Gesetzes keine Folge gegeben wird, die Versammlung aufzuheben.

Art. 6. Den Versammlungen ist nicht gestattet, Adressen oder Petitionen in Masse zu überbringen, oder durch Abordnung von mehr als zehn Personen zu übersenden.

Art. 7. Die Polizeibehörde ist befugt, zu jeder Versammlung einen oder zwei Polizeibeamte oder durch besondere Abzeichen erkennbare Abgeordnete zu senden, denen ein angemessener Platz einzuräumen ist.

Art. 8. Die Abgeordneten der Polizeibehörde sind befugt, zu verlangen, daß Versammlungen, in denen Vorträge gehalten, Anträge oder Vorschläge erörtert werden, mittelst welcher zu Gesetzesverletzungen aufgefordert oder aufgereizt wird, sofort durch die Ordner oder Leiter aufgehoben werden, unbeschadet des gegen die Übertreter des Gesetzes einzuleitenden Strafverfahrens.

Art. 9. Wird dem Verlangen der Abgeordneten der Polizeibehörde nicht augenblicklich entsprochen, so erklären diese die Versammlung für aufgelöst und alle Anwesenden sind verpflichtet, sich sogleich zu entfernen.

Wird dieser Verpflichtung nicht nachgekommen und einer wiederholten Aufforderung nicht Folge geleistet, so kann die Auflösung durch bewaffnete Macht zur Ausführung gebracht werden.*)

Art. 10. Solange der Landtag versammelt ist, dürfen innerhalb der Entfernung von sechs Stunden von dem Orte seines Sitzes Volksversammlungen unter freiem Himmel nicht abgehalten werden.

Abschnitt II.

Von den Vereinen.

1. Von den Vereinen im allgemeinen.

Art. 11. Die Staatsangehörigen haben das Recht, Vereine ohne vorgängige Erholung polizeilicher Erlaubnis zu bilden.

2. Von den nicht politischen Vereinen.

Art. 12. Vereine, deren Zweck sich nicht auf die öffentlichen Angelegenheiten bezieht, sind, wenn sie Vorsteher und Satzungen haben, verpflichtet, ihre Gründung und jede Veränderung ihrer Vorstandschaft oder ihrer Zwecke der vorgesetzten Polizeibehörde binnen drei Tagen anzuzeigen.

---

*) G. vom 4. Mai 1851, das Einschreiten der bewaffneten Macht zur Erhaltung der gesetzlichen Ordnung betr. (G. u. VBl. 1851/2 S. 9.

Art. 13. Sobald ein nicht politischer Verein zugleich politische Zwecke zu verfolgen oder in den Bereich seiner Verhandlungen zu ziehen beginnt, unterliegt er allen Anordnungen und Strafbestimmungen über politische Vereine.

3. Von den politischen Vereinen.

Art. 14. Vereine, deren Zweck sich auf die öffentlichen Angelegenheiten bezieht, sind verpflichtet, Vorsteher zu wählen, und diese haben Satzungen über Verfassung und Wirksamkeit des Vereines binnen drei Tagen nach dessen Errichtung, alle Abänderungen aber binnen drei Tagen nachdem sie zustande gekommen, der Distriktspolizeibehörde zur Kenntnisnahme einzureichen, derselben auch auf Verlangen jede darauf bezügliche Auskunft zu erteilen.

Art. 15. Frauenspersonen und Minderjährige können weder Mitglieder politischer Vereine sein, noch den Versammlungen derselben beiwohnen.

Dieses Verbot bezieht sich hinsichtlich großjähriger Frauenspersonen nicht auf solche politische Vereine, welche nur den besonderen Berufs- und Standesinteressen bestimmter Personenkreise oder nur Zwecken der Erziehung, des Unterrichtes und der Armen- oder Krankenpflege dienen.*)

Art. 16. Auf Versammlungen solcher Vereine

*) Abs. 2. Hinzugefügt durch § 3 des G. v. 15. Juni 1898.

finden die Vorschriften der Artikel 1 bis 9 des gegenwärtigen Gesetzes volle Anwendung.

Insbesondere liegt den Vorstehern der Vereine die vorgängige Anzeige bei der Ortspolizeibehörde nach der Vorschrift des Artikels 2 dieses Gesetzes bezüglich aller Versammlungen ob, für welche Zeit und Ort nicht bereits satzungsmäßig feststehen.*)

Art. 17.**) Politischen Vereinen ist nicht gestattet, mit Vereinen, welche außerhalb des Deutschen Reiches ihren Sitz haben, in der Art in Verbindung zu treten, daß entweder die einen den Beschlüssen und Organen des anderen unterworfen oder mehrere solcher Vereine unter einem gemeinsamen Organe zu einem gegliederten Ganzen vereinigt werden.

Das Staatsministerium des Innern ist ermächtigt, Ausnahmen von diesem Verbote zu bewilligen.

Art. 18. Den politischen Vereinen ist untersagt, Beschlüsse in der Form von Gesetzen, Verordnungen, Rechtssprüchen oder anderen Erlassen der öffentlichen Behörden zu fassen.

Art. 19. Jede Polizeibehörde***) ist befugt, Vereine zu schließen, wenn dieselben

*) Abs. 2. Fassung nach § 4 des G. v. 15. Juni 1898.

**) Fassung des Abs. 1 und Hinzufügung des Abs. 2 laut § 5 des G. vom 15. Juni 1898.

***) Die Schließung ist jetzt, wenn sie auf Grund der Ziff. 1 bis 5 erfolgt, Verwaltungsrechtssache; vgl. G. v. 8. Aug. 1878 (GVBl.

1) den Bestimmungen des Art. 14 dieses Gesetzes nicht genügen,
2) dem Art. 16 zuwider nicht angezeigte, sohin geheime Versammlungen halten, oder
3) die Abgeordneten der Polizeibehörde dem Art. 7 zuwider von Versammlungen ausschließen, oder
4) dem Art. 17 oder dem Art. 18 entgegen handeln, oder
5) die religiösen, sittlichen, gesellschaftlichen Grundlagen des Staates zu untergraben drohen, oder endlich
6) wenn ihre Zwecke oder Beschlüsse den Strafgesetzen zuwiderlaufen.

In dem letzteren Falle haben die Gerichte, welchen die verfügte Schließung des Vereins binnen acht Tagen anzuzeigen ist, über die Fortdauer der Schließung zu entscheiden.

Rekursen gegen Beschlüsse auf Schließung von Vereinen kommt ein Suspensiveffekt nicht zu.

Die Schließung eines Vereines ist öffentlich bekannt zu machen.

Abschnitt III.

Strafbestimmungen.

Art. 20. Handlungen oder Unterlassungen, welche den Bestimmungen der Artikel 2, 5, 7, bzw.

S. 369) Art. 8 Ziff. 6. Daneben ist der Strafrichter in den Fällen Ziffer 1 bis 4 selbständig zur Schließung zuständig, vgl unten Art. 24.

Artikel 16 Abs. 1, dann Artikel 12, 14 und 15 des gegenwärtigen Gesetzes zuwiderlaufen, sind mit Geldstrafen bis zu hundert Gulden*) zu ahnden.

Gleicher Strafe unterliegt, wer im Falle des Artikels 4 ohne vorgängige polizeiliche Bewilligung eine Versammlung oder einen öffentlichen Aufzug veranlaßt, dazu einladet, dieselben ordnet oder leitet.**)

Art. 21.***) Wer den Bestimmungen des Artikel 1 dieses Gesetzes zuwider in einer Versammlung bewaffnet erscheint, ohne durch Dienstleistung in seinem Amte hierzu berechtigt zu sein, oder darin Waffen verteilt; wer den Bestimmungen der Artikel 3, 6, 9 und 10 zuwider bei Versammlungen oder Abordnungen sich beteiligt, welche durch gegenwärtiges Gesetz oder gehörig verkündetes Verbot untersagt sind, soll mit einer Gefängnisstrafe bis zu einem Jahre, oder falls mildernde Umstände vorliegen, mit einer Geldstrafe bis zu 100 Gulden*) belegt werden.

Art. 22. Mitglieder politischer Vereine, welche einer der im Artikel 19 Ziff. 2, 3, 4 und 6 aufgezählten Übertretungen sich schuldig machen, sind, soferne nicht nach den Bestimmungen des Strafgesetzbuches eine höhere Strafe verwirkt ist, mit

---

*) Ein Gulden = 1 Mark 80 Pfennig, G. v. 8. Nov. 1875 GVBl. S. 665) Art. 1.

**) Abs. 2. Hinzugefügt durch § 6 des G. v. 15. Juni 1898.

***) Fassung nach § 7 des G. v. 15. Juni 1898.

Gefängnis bis zu sechs Monaten, oder falls mildernde Umstände vorliegen, mit einer Geldstrafe bis zu 100 Gulden*) zu beahnden.

Art. 23. Die Untersuchung und Bestrafung der Übertretungen des gegenwärtigen Gesetzes steht den ordentlichen Gerichten zu.**)

Art. 24.***) Wenn wegen Übertretung des gegenwärtigen Gesetzes oder wegen Verbrechen oder Vergehen, welche aus Veranlassung der Verhandlungen eines Vereines verübt oder versucht worden sind, die öffentliche Klage erhoben ist, so kann das zuständige Gericht die vorläufige Schließung des Vereins anordnen.

Das zuständige Strafgericht ist befugt, in dem Endurteile die Schließung eines Vereines für immer auszusprechen.

Mitglieder eines Vereines, welche sich nach obrigkeitlicher Einstellung oder Aufhebung desselben wieder versammeln, sind nach den Bestimmungen des Artikel 21 zu bestrafen.

Die Veränderung der Benennung des Vereines oder seines Sitzes soll hiergegen nicht schützen, wenn aus den Umständen hervorgeht, daß jene

*) Vgl. die Anm. bei Art. 20.

**) Art. 23 Abs. 2 aufgehoben durch Gesetz zur Ausführung der ReichsStPO., v. 18. Aug. 1879 (GVBl. S. 781) Art. 2 Ziff. 10.

***) Wortlaut des Art. 24 gemäß G. v. 18. Aug. 1879 Art. 84.

Veränderung nur zum Schein vorgenommen worden sei.

Art. 25. (Aufgehoben.)*)

Abschnitt IV.
Schlußbestimmungen.

Art. 26.**) Auf die durch das Gesetz oder durch die gesetzlichen Autoritäten angeordneten Versammlungen, sowie auf die Vorberatungen von Mitgliedern dieser Versammlungen während der Dauer ihrer Sitzungen, dann auf die Versammlungen der Wahlberechtigten zum Betriebe der den Reichstag betreffenden Wahlangelegenheiten und die Wahlvorversammlungen der Wahlmänner und Urwähler für den Landtag, die Kreis- oder Gemeindevertretung, sowie für andere auf Gesetz oder Anordnung von Behörden beruhende öffentliche Körperschaften, nach erlassenem Wahlausschreiben finden die Bestimmungen der Art. 2 bis 24 des Gesetzes keine Anwendung.

Vereine, welche Kapital durch Aktien aufbringen, Kreditpapiere in Umlauf zu setzen beabsichtigen, Anstalten für den öffentlichen Verkehr, für Sicherung des Vermögens, für Ersparung und Versorgung, für Auswanderung, endlich Vereine, welche den Betrieb von Erwerbsgeschäften zum

*) Durch G. v. 18. Aug. 1879 Art. 2 Ziff. 10.

**) Fassung nach § 8 des G. v. 15. Juni 1898.

Zwecke haben, sowie überhaupt alle diejenigen Vereine, welche unter den Begriff von zivilrechtlichen oder Handelsgesellschaften fallen, unterliegen den hierüber bestehenden Gesetzen und Vorschriften.

Art. 27.*) Die Bestimmungen gegenwärtigen Gesetzes haben bei dem stehenden Heere nur insoweit in Anwendung zu kommen, als denselben die militärischen Dienstvorschriften nicht entgegen stehen.

Jedem selbständig Kommandierenden steht ferner die Befugnis zu, den Untergebenen die Teilnahme an Vereinen und Versammlungen zeitweise zu untersagen.

Art. 28. Die Disziplinarvorschriften für öffentliche Lehranstalten, dann für Staatsbeamte und öffentliche Diener**) werden durch gegenwärtiges Gesetz ebenfalls nicht berührt.

Art. 29. Alle gemäß Artikel 2, 3, 4, 12, 13, 14, 16 bei den Polizeibehörden zu machenden Anzeigen und die deshalb von der Behörde zu gebenden Erlasse sind stempel- und taxfrei.

---

*) Vgl. jetzt ReichsMilG. § 49, MilStGB. §§ 92, 93, 109, 113 (oben S. 26).

**) Vgl MinErl. v. 18. März u. 3. April 1850, Bd. v. 10. März 1868 (RegBl. S. 449), MinErl. v. 13. Nov. 1868 (JMBl. S. 245)

15. Königreich Sachsen.

Gesetz, das Vereins- und Versammlungsrecht betreffend.

Vom 22. November 1850 (GVBl. S. 264).*) Dazu Abänderungsgesetz vom 21. Juni 1898 (GVBl. S. 187).

Abschnitt I.

Von den Versammlungen.

§ 1. Zu friedlichen Versammlungen und deren Veranstaltung bedarf es keiner besonderen Erlaubnis.**)

Das Recht, sich zu versammeln, wird unter folgenden Bedingungen ausgeübt:

§ 1a.***) Minderjährigen ist die Teilnahme an Versammlungen, welche politischen Zwecken dienen, verboten.

Die Veranstalter oder Leiter einer solchen Versammlung sind gehalten, die Aufforderung, sich zu entfernen, an die etwa anwesenden Minderjährigen zu richten und nach Befinden auf Ver-

---

*) Hierzu AusfVd. vom 23. Novbr. 1850 (GVBl. S. 270); Vd. v. 22. Aug. 1874 (GVBl. S. 125).

**) Für die Studierenden an der Universität Leipzig vgl. G. v. 28. Febr. 1878 (GVBl. S. 19). — Über öffentliche Versammlungen an Sonn- und Festtagen vgl. G. v. 10. Sept. 1870 (GVBl. S. 313) § 8.

***) Eingefügt durch Art. II des G. v. 21. Juni 1898.

langen der Abgeordneten der Polizeibehörde diese Aufforderung zu wiederholen.

§ 2. Die Zusammenberufung von Versammlungen, in welchen öffentliche Angelegenheiten erörtert werden sollen, ist, selbst wenn sie öffentlich erfolgt, wenigstens 24 Stunden vor dem Zusammentritte der Versammlung, mit Angabe der Zeit, des Orts und Zwecks derselben, der Polizeibehörde des Versammlungsorts schriftlich anzuzeigen, worüber der betreffende Beamte sofort eine Bescheinigung auszustellen hat. Die Anzeige liegt denjenigen Personen ob, von welchen die Zusammenberufung ausgeht.

§ 3. Zur Berufung von Versammlungen sind nur diejenigen berechtigt, welche dispositionsfähig und im Besitze der politischen Ehrenrechte*) sind. Unter ihnen muß sich mindestens ein Gemeindeglied desjenigen Orts befinden, in dessen Gemeindebezirke die Versammlung gehalten werden soll.

§ 4. Jeder Versammlung muß wenigstens ein, von derselben als solcher anerkannter Ordner oder Leiter vorstehen. Die Versammlung darf daher, wenn ein Ordner oder Leiter oder eine Mehrzahl derselben nicht im voraus bezeichnet worden ist, die Erörterung derjenigen Angelegenheiten, zu deren Beratung sie zusammentritt, nicht eher be-

*) Vgl. ReichsStGB. § 33 u. MinVerf. v. 29. Dez. 1870 (GBBl. S. 427).

ginnen, als bis die Wahl wenigstens eines Ordners oder Leiters erfolgt ist.

Die Wahlhandlung haben diejenigen zu leiten, welche die Versammlung veranstalteten.

§ 5. Versammlungen, deren Zweck es ist, Gesetzesübertretungen oder unsittliche Handlungen zu begehen, dazu aufzufordern oder doch dazu geneigt zu machen, sind verboten.

§ 6. Die Polizeibehörde ist befugt, in jede Versammlung einen oder mehrere verpflichtete Beauftragte zu senden, welche entweder durch ihre Dienstkleidung erkennbar sein müssen, oder sich den Ordnern oder Leitern der Versammlung und, dafern Ordner oder Leiter noch nicht gewählt oder nicht anwesend sind, den Veranstaltern der Versammlung als Beauftragte der Polizeibehörde zu legitimieren haben.

Den von ihnen über den Verlauf der Versammlung aufgenommenen Protokollen kommt die Kraft amtlicher Anzeigen zu.

§ 7. Den Abgeordneten der Polizeibehörde (§ 6) ist in der Versammlung der von ihnen, als für sie geeignet, bezeichnete Platz einzuräumen.

§ 8. Die Ordner oder Leiter einer Versammlung und, solange diese noch nicht gewählt sind, die Veranstalter derselben, dürfen nicht gestatten, daß Anträge oder Vorschläge erörtert oder Äußerungen getan werden, welche den Strafgesetzen widersprechen oder eine Aufforderung oder Anreizung zu Gesetzesübertretungen oder unsittlichen Handlungen enthalten. Kommen dergleichen vor, so haben sie dem Urheber sofort und ohne einen Antrag von seiten der polizeilichen Beauftragten abzuwarten, das Wort zu entziehen, auch, wenn ihnen nicht Folge geleistet wird, die Versammlung aufzuheben. Unterlassen sie, dies zu tun, so sind sie für alles Vorgefallene ebenso verantwortlich, als wenn der Antrag, der Vorschlag oder die Äußerung von ihnen selbst ausgegangen wäre.

§ 9. Wird in den § 8 vorausgesetzten Fällen der Ordnungsruf seitens der Veranstalter, Ordner oder Leiter der Versammlung unterlassen, oder demselben nicht Folge geleistet, so sind die Abgeordneten der Polizeibehörde befugt, denen, von welchen Anträge gestellt, oder Vorschläge oder Äußerungen getan werden, welche den Strafgesetzen widersprechen oder eine Aufforderung oder Anreizung zu Gesetzesübertretungen oder unsittlichen Handlungen enthalten, das Wort zu entziehen und, wenn dem nicht unverzüglich Gehorsam geleistet wird, die Versammlung aufzulösen und für geschlossen zu erklären. Eben dies zu tun sind sie auch dann berechtigt, wenn die Versammlung sonst einen die öffentliche Ruhe und die gesetzliche Ordnung gefährdenden Charakter annimmt. Die Auflösung ist mit lauter Stimme auszusprechen und es haben die Abgeordneten der Polizeibehörde unmittelbar nach der Auflösung den Ort der Versammlung zu verlassen.

§ 10. Sobald eine Versammlung für aufgelöst erklärt ist, sind alle Anwesenden verpflichtet, sich sofort zu entfernen.

Im Falle des Ungehorsams ist die Räumung durch die bewaffnete Macht zu bewerkstelligen.

§ 11. Niemand darf mit Waffen irgendwelcher Art in einer Versammlung erscheinen, ausgenommen die zu derselben abgeordneten Polizeibeamten, insoweit deren Amtstracht die Bewaffnung mit sich bringt.

§ 12. Bei dringender Gefahr für die öffentliche Ruhe, Ordnung und Sicherheit können Versammlungen, sowie öffentliche Auf- und Umzüge und Festlichkeiten verboten werden.

§ 13. Versammlungen, sowie öffentliche Auf- und Umzüge und Festlichkeiten, zu welchen öffentliche Plätze und Straßen in Städten und Ortschaften benutzt werden sollen, bedürfen der vorgängigen Genehmigung derjenigen Behörde, welcher die Straßenpolizei über jene Räumlichkeiten zusteht. Daß diese Genehmigung gehörig nachgesucht werde, dafür haben die Unternehmer, Vorsteher, Ordner und Leiter der Versammlung, des Auf- und Umzugs oder der Festlichkeit gemeinschaftlich zu haften.

§ 14. Versammlungen ist nicht gestattet, Adressen oder Petitionen in Masse, oder durch Abordnung von mehr als zehn Personen zu überbringen. Ebenso ist ihnen untersagt, Beschlüsse in der Form von Gesetzen, Verordnungen, Entscheidungen oder Kundmachungen öffentlicher Behörden zu fassen und bekannt zu machen.

§ 15. Während des Landtags dürfen innerhalb zweier Meilen von dem Sitze desselben Versammlungen der in § 2 gedachten Art unter freiem Himmel nicht stattfinden.

§ 16. Die zum Gottesdienste bestimmten Gebäude dürfen niemals zur Abhaltung politischer Versammlungen eingeräumt werden.

§ 17. Die Bestimmungen der §§ 2, 3, 4, 6, 7, 8, 9, 10, 15 leiden keine Anwendung auf Versammlungen, welche lediglich

a) zum Zwecke geselliger Unterhaltung oder
b) zu Zwecken der Beförderung der Künste und Wissenschaften oder
c) zu frommen oder wohltätigen Zwecken oder
d) zur regelmäßigen kirchlichen Erbauung nach der Verfassung der einzelnen Konfessionen stattfinden, oder
e) durch das Gesetz oder durch die gesetzlichen Autoritäten angeordnet werden.

Rücksichtlich der öffentlichen Schaustellungen, Konzerte, Tanzbelustigungen und überhaupt der öffentlichen Vergnügungen bewendet es bei den seitherigen Vorschriften.

Abschnitt II.

Von den Vereinen.

§ 18. Zur Bildung von Vereinen bedarf es keiner Genehmigung. Die Rechte der Körperschaft erlangen sie aber erst durch ausdrückliche Erteilung seitens des Staats.*)

§ 19. Jeder Verein, dessen Zweck sich auf öffentliche Angelegenheiten bezieht, soll Statuten entwerfen.

Der Vorstand eines solchen Vereins hat die erfolgte Bildung desselben, den Namen, welchen er sich beilegt, die Vorsteher und sonstigen Beamten, welche er gewählt hat, den Zweck, zu welchem er zusammengetreten ist, die entworfenen Statuten, desgleichen alle etwa später in allen dem eintretenden Veränderungen längstens innerhalb drei Tagen, von dem Zusammentritte des Vereins und beziehentlich von der vorgekommenen Veränderung an gerechnet, der Ortspolizeibehörde schriftlich anzuzeigen, nicht minder derselben alle sonst auf den Verein bezügliche Auskunft auf Verlangen zu erteilen.

Diese Vorschriften erstrecken sich auch auf die bereits bestehenden, die Erörterung öffentlicher Angelegenheiten bezweckenden Vereine dergestalt, daß die vorbemerkte Anzeige spätestens innerhalb drei Wochen, von Publikation des gegenwärtigen Ge-

---

*) Maßgebend ist jetzt das BGB. (§§ 21 ff. s. oben S. 34 ff.).

setzes an gerechnet, bei der Ortspolizeibehörde bewirkt werden muß.

§ 20. Vereine, in deren Zwecke es liegt, Gesetzübertretungen oder unsittliche Handlungen zu begehen, dazu aufzufordern oder dazu geneigt zu machen, sind verboten.

§ 21. Sind die Zusammenkünfte der Vereine (§ 19) nicht im voraus nach Zeit und Ort durch Statuten bestimmt, oder der Behörde nicht im allgemeinen zum voraus angezeigt worden, so ist durch den Vorsteher der Polizeibehörde von jeder Zusammenkunft des Vereins wenigstens 24 Stunden vor Beginn derselben Anzeige zu machen.

Dasselbe gilt von Zusammenkünften, welche zu anderen Zeiten oder an anderen Orten, als im voraus bestimmt und angezeigt worden war, stattfinden sollen.

§ 22. Zur Stiftung von Vereinen (§ 19) sind nur solche Personen berechtigt, welche dispositionsfähig sind und im Besitze der politischen Ehrenrechte*) sich befinden. Auch zur Teilnahme an denselben dürfen nur dispositionsfähige Personen zugelassen werden; dafür, daß dies befolgt wird, sind die Veranstalter, Ordner und Leiter (§§ 4 und 23) und, nach erfolgter Gründung des Vereins, die Vorsteher (§ 19) verantwortlich.

§ 23. Die Bestimmungen der §§ 1a, 4, 6, 7,

---

*) Vgl. die Anm. bei § 3.

8, 9, 10, 11, 12, 13, 14, 15 und 16 gelten auch für Zusammenkünfte von Vereinen (vgl. § 19).

§ 24.*) Die Verbindung von Vereinen untereinander ist zulässig. Politische Vereine dürfen mit außerdeutschen Vereinen nur mit Genehmigung des Ministeriums des Innern in Verbindung treten.

§ 25. Vereine, welche dem Verbote des vorstehenden Paragraphen zuwiderhandeln, sind von der Polizeibehörde aufzulösen. Auch sind für diese Zuwiderhandlungen nicht bloß die Vorsteher und Schriftführer, sondern überhaupt alle Vereinsmitglieder, welche an ihnen teilgenommen haben, verantwortlich.

§ 26. Vereine, welche durch das Gesetz oder durch die gesetzliche Autorität begründet worden, oder von der Staatsregierung ausdrücklich anerkannt oder bestätigt sind, sind zwar von den Vorschriften in Abschnitt II im allgemeinen ausgenommen, doch bleibt der Regierung vorbehalten, auch solche Vereine jenen Vorschriften zu unterstellen, dafern ein Bedürfnis dazu vorhanden ist.

---

*) Fassung nach Art. III des G. vom 21. Juni 1898. — Vgl. Reichs-G. v. 11. Dez. 1899, oben S. 99.

Abschnitt III.

Besondere, die Ausübung des Vereins- und Versammlungsrechts seitens der Mitglieder bewaffneter Korps betreffende Bestimmungen.

§ 27 (betraf die Kommunalgarden; antiquiert durch deren Aufhebung, G. v. 3. März 1870, GBBl. S. 55).

§ 28.*) Den Mitgliedern der aktiven Armee (Gesetz vom 9. November 1848 § 5) ist untersagt, in Vereine zusammenzutreten, um über öffentliche Angelegenheiten oder militärische Befehle und Anordnungen zu beraten, oder sich zu diesen Zwecken zu versammeln. Ebensowenig dürfen sie an Beratungen anderer in Vereinen (§ 19) und Versammlungen (§ 2) teilnehmen (vgl. jedoch § 17).

§ 29. Das in § 11 enthaltene Verbot ist auf das Tragen der Waffen seitens der Mitglieder der aktiven Armee bei Versammlungen, an denen sie teilnehmen dürfen (vgl. § 17), nicht zu beziehen, vielmehr ist in dieser Hinsicht den Dienstvorschriften nachzugehen.

Abschnitt IV.

Vorschriften über Schließung von Versammlungen und Vereinen, sowie Strafbestimmungen.

§ 30. Die Polizeibehörden sind befugt, außer

*) Vgl. jetzt ReichsMilG. § 49 Abs. 2 (oben S. 26).

den im § 9 erwähnten Fällen, Versammlungen auch dann zu schließen, wenn dieselben

1. den Vorschriften in dem § 2 nicht genügt haben,
2. den Anordnungen in dem § 4 nicht Folge leisten,
3. den Abgeordneten der Polizeibehörde, den §§ 6 und 7 entgegen, entweder den Zutritt verweigern, oder nicht den von denselben gewählten Platz einräumen,
4. den Bestimmungen in §§ 12 und 13 zuwider handeln,
5. Adressen oder Petitionen in Masse oder durch Abordnung von mehr als zehn Personen zu überbringen beschließen,
6. den §§ 27 und 28 entgegen abgehalten werden und wenn
7. die in § 17 bezeichneten Versammlungen sich mit anderen als den daselbst gedachten Angelegenheiten beschäftigen, ohne der Vorschrift des § 2 genügt zu haben.

§ 31. Die in bezug auf Versammlungen in § 30 getroffenen Bestimmungen gelten auch von Zusammenkünften von Vereinen, und zwar die Vorschrift unter 1 in dem Falle, wenn von dem betreffenden Vereine der Vorschrift in § 19 nicht genügt worden ist.

§ 32. Zuwiderhandlungen gegen die Verbote in § 28 werden nach den Bestimmungen des

Kap. III im ersten Teile des MilStGB. v. 5. April 1838*) geahndet.

§ 33.**) Handlungen oder Unterlassungen, welche den Bestimmungen der §§ 2, 4, 8, 10, 12 13, 14, 15, 16, 19, 21, 22, 25, (27) des gegenwärtigen Gesetzes zuwiderlaufen, sind mit einer Geldstrafe von 1 bis 50 Talern — — oder mit dreitägigem bis dreimonatlichem Gefängnisse zu ahnden, insoweit nicht im nachstehenden eine höhere Strafe festgesetzt worden ist. Es sollen nämlich mit einer Geldstrafe von 1 bis 100 Talern — — oder dreitägigem bis sechsmonatlichem Gefängnisse diejenigen belegt werden, welche

a) in einer nach §§ 5, 12, 15 (oder 27) verbotenen Versammlung als Vorsteher, Leiter, Ordner oder Redner auftreten,
b) nach erfolgter Auflösung der Versammlung sich nicht sofort entfernen,
c) an einem in Gemäßheit §§ 20, 25 und 31 aufgelösten Vereine noch ferner teilnehmen,
d) in einer Versammlung ohne Befugnis dazu (§ 11 und 29) mit Waffen erscheinen oder in derselben zur Bewaffnung auffordern, oder Waffen austeilen oder zur Austeilung bereithalten, oder

---

*) Vgl. jetzt MilStGB. für das Deutsche Reich §§ 92, 93, 101 (oben S. 26).

**) Vgl. § 2 des G., das ältere Landesstrafrecht betr., v. 4. Juli 1904 (GBBl. S. 305).

e) die Abgeordneten der Polizeibehörden in der Ausübung ihres Amtes stören, oder sie daran verhindern,

f) in den in § 17 erwähnten Versammlungen durch ihre Reden oder Anträge die dort bezeichneten Grenzen überschritten, oder als Ordner, Leiter oder Vorsteher dergleichen Überschreitungen nicht mit allen ihnen zu Gebote stehenden Mitteln zu verhindern gesucht haben.

§ 33 a. Zuwiderhandlungen gegen die Vorschriften in § 1 a werden mit Geldstrafe bis zu 150 Mk. oder Haft bis zu sechs Wochen geahndet.*)

§ 34. Die in den §§ 32, 33 und 33 a geordneten Strafen haben einzutreten, abgesehen von den etwa infolge kriminalrechtlich zu ahndender Handlungen von der Kriminalbehörde zu erkennenden Strafen und noch neben denselben.

§ 35. (Aufhebung der diesem Gesetz entgegenstehenden Bestimmungen.)

16. Königreich Württemberg.

a) Gesetz, die Volksversammlungen betreffend.

Vom 2. April 1848. (RegBl. S. 113.)

Allen Staatsbürgern ist das Recht eingeräumt, zur Besprechung allgemeiner Angelegenheiten ohne polizeiliche Erlaubnis, jedoch unter Beobachtung

---

*) Eingefügt durch Art. IV des G. vom 21. Juni 1898.

der zur Aufrechterhaltung der Gesetze und der bürgerlichen Ordnung bestehenden Vorschriften, öffentliche Versammlungen abzuhalten.

Dergleichen Versammlungen sind entweder vorher öffentlich bekannt zu machen, oder ist hiervon der betreffenden Ortspolizeibehörde Anzeige zu tun.

b) Gesetz über den Besitz und Gebrauch von Waffen usw.

Vom 1. Juni 1853. (RegBl. S. 151.)

Art. 6. Das Mitführen von Waffen*) in öffentliche Versammlungen ist mit Ausnahme obrigkeitlich gestatteter Aufzüge untersagt.

Art. 11. (Es werden abgerügt . . .)

b) Verfehlungen gegen die Art. 5 bis 9 mit Geldbuße bis zu fünfzehn Gulden**) oder Gefängnisstrafe bis zu vier Tagen; bei Rückfällen ist zugleich auf Konfiskation der gebrauchten Waffen zu erkennen.

c) Gesetz, betreffend Änderungen des Polizeistrafrechts bei Einführung des Strafgesetzbuchs für das Deutsche Reich.

Vom 27. Dez. 1871. (RegBl. S. 391.)

Art. 9. Wer einen politischen Verein mit besonderen Statuten gründet, hat unter Vorlegung

*) D. h. Schuß-, Hieb- oder Stichwaffen, vgl. Art. 2 daselbst.

**) 1 Gulden = 2 Mark, G. v. 18. Juni 1875 (RegBl. S. 325) Art. 1.

der Statuten der Obrigkeit hiervon Anzeige zu machen und ist im Unterlassungsfall mit einer Geldstrafe bis zu zwölf Talern zu bestrafen.

Von anderen Vereinen mit besonderen Statuten, welche der Regierung zu begründeten Besorgnissen Anlaß geben, kann die Vorlegung der Statuten bei gleicher Strafe verlangt werden.

Gleicher Bestrafung unterliegt, wer den Vorschriften wegen Abhaltung von Volksversammlungen (G., betr. die Volksversammlungen, v. 2. April 1848, RegBl. S. 113) zuwiderhandelt.

17. Großherzogtum Baden.

Gesetz, das Vereins- und Versammlungsrecht betreffend.

Vom 21. Nov. 1867. (RegBl. S. 540.)

§ 1. Die Ausübung des Vereins- und Versammlungsrechts wird durch nachfolgende Bestimmungen geregelt.

§ 2. Bewaffnete Vereine mit militärischer Einrichtung oder zu militärischen Übungen bedürfen der Staatsgenehmigung.

§ 3. Die Staatspolizeibehörde ist berechtigt, aus Gründen der öffentlichen Wohlfahrt von den Vorstehern und Mitgliedern eines Vereines über die Verhältnisse desselben, insbesondere über seinen Zweck, seine Einrichtungen und Verbindungen, seine Vorsteher und Mitglieder Auskunft zu verlangen.

§ 4. Vereine, welche den Staatsgesetzen oder der Sittlichkeit zuwiderlaufen, welche den Staat oder die öffentliche Sicherheit gefährden, können durch das Ministerium des Innern verboten werden. Ein solches Verbot erstreckt sich zugleich auch auf einen vorgeblich neuen Verein, welcher aber mit Rücksicht auf die Entstehungszeit, die Mitglieder, die verfolgten Zwecke u. s. f. sachlich als der alte sich darstellt.

§ 5. Wenn Gefahr auf dem Verzug ist, darf die Bezirkspolizeibehörde aus den in § 4 angegebenen Gründen die einstweilige vorsorgliche Schließung eines Vereins auf die Dauer von 14 Tagen anordnen.

§ 6. Das Ministerium des Innern kann aus denselben Gründen auch die Teilnahme an einem auswärtigen Vereine oder die Verbindung inländischer Vereine mit auswärtigen verbieten.

§ 7. Die Verbote nach den §§ 4 und 6 sind öffentlich bekannt zu machen.

§ 8. Kein Teilnehmer irgend einer Volksversammlung darf Waffen tragen. Die Verteilung von Waffen in Volksversammlungen ist verboten.

§ 9. Zu allen Volksversammlungen sind der Staatspolizeibeamte oder die von ihm schriftlich Beauftragten auf Verlangen zuzulassen, und es ist ihnen in der Versammlung der von ihnen verlangte Platz einräumen. Wird die Zulassung verweigert, so kann der Vertreter der Polizei, vorbehaltlich der etwa verwirkten Strafen, die Versammlung alsbald auflösen.

§ 10. Volksversammlungen unter freiem Himmel dürfen nur nach vorausgegangener Anzeige bei der Bezirkspolizeibehörde stattfinden. Die Anzeige, über welche sofort eine Bescheinigung zu erteilen ist, muß wenigstens 48 Stunden vor Beginn der Versammlung gemacht werden.

§ 11. Jede Volksversammlung kann aus den in § 4 angegebenen Gründen, oder wenn bei derselben die Vorschriften dieses Gesetzes nicht eingehalten werden, von der Staatspolizeibehörde zum voraus verboten oder nach dem Zusammentreten vom Vertreter der Polizei (§ 9) aufgelöst werden.

§ 12. Zugleich mit dem Ausspruch der Auflösung einer Volksversammlung hat der Vertreter der Polizei die Anwesenden aufzufordern, sich ungesäumt zu entfernen. Gegen diejenigen, welche dieser Aufforderung nicht Folge leisten, ist Anwendung von Gewalt zulässig.

§ 13.*) Die Übertretungen dieses Gesetzes werden an den einfachen Teilnehmern des Vereins oder der Volksversammlung an Geld bis zu 150 Mark oder mit Haft bis zu vier Wochen, an den Gründern und Vorstehern des Vereins, beziehungs-

---

*) Abgeänderte Fassung gemäß Art. 4, II des BadEinfG. z ReichsStGB. v. 23. Dez. 1871 (GVBl. S. 431) und Art. 1 des G. v. 21. Juni 1874 (GVBl. S. 439).

weise an den Veranstaltern, Leitern und Rednern der Volksversammlung, sowie an denjenigen, welche in derselben Waffen tragen, an Geld bis zu 600 Mk. oder mit Gefängnis bis zu sechs Monaten bestraft.

Wird ein Verein oder eine Volksersammluug ungeachtet eines obrigkeitlichen Verbots gegründet, bzw. veranstaltet oder fortgesetzt, so ist gegen die einfachen Teilnehmer eine Strafe bis zu 150 Mk. oder vier Wochen Haft, gegen die anderen in Abs. 1 bezeichneten Personen eine Gefängnisstrafe von mindestens sechs Wochen zu erkennen.

Wer eine bewaffnete Volksversammlung, oder, ohne daß es der erlaubte Vereinszweck erfordert, eine bewaffnete Vereinsversammlung veranstaltet, wer bewaffnet daran teilnimmt, oder in einer solchen Versammlung Waffen verteilt, wird ebenfalls mit Gefängnis von mindestens sechs Wochen bestraft.

§ 14. (Aufhebung älterer Gesetze.)

18. Großherzogtum Hessen.

a) Gesetz, das Petitions- und Versammlungsrecht betreffend.

Vom 16. März 1848. (RegBl. S. 72.)

Art. 2. Das Recht der Versammlungen zur Beratung über allgemeine politische oder Privatinteressen, kann frei ausgeübt werden.*)

*) Vgl. aber Art. 78 des PolStGB. (unten S. 171), und für Vereinsversammlungen § 5 des Bundesbeschlusses v. 13. Juli 1854 (unten S. 169)

b) Verkündigung eines Bundesbeschlusses, Maßregeln zur Aufrechterhaltung der gesetzlichen Ordnung und Ruhe im Deutschen Bunde, insbesondere das Vereinswesen betreffend.

Vom 7. Sept. 1854. (RegBl. S. 302.)

Die Deutsche Bundesversammlung hat in ihrer 21. Sitzung am 13. Juli d. J. folgenden Beschluß*) gefaßt:

„Da es im Interesse der gemeinsamen Sicherheit und Ordnung geboten erscheint, allgemeine Grundsätze für das Vereinswesen in den sämtlichen deutschen Bundesstaaten aufzustellen, so haben sich die höchsten und hohen Bundesregierungen über nachstehende Bestimmungen vereinigt:

§ 1. In allen deutschen Bundesstaaten dürfen nur solche Vereine geduldet werden, die sich darüber genügend auszuweisen vermögen, daß ihre Zwecke mit der Bundes- und Landesgesetzgebung im Einklange stehen und die öffentliche Ordnung und Sicherheit nicht gefährden.

§ 2. Die einzelnen Bundesregierungen werden demnach die nötigen Anordnungen treffen, um von der Einrichtung und den

*) Der Beschluß besteht zwar formell noch zu Recht, ist aber tatsächlich in Hessen seit 1870 nicht mehr angewendet worden und wird als obsolet betrachtet.

Zwecken eines jeden Vereins, sowohl im Beginn als im Laufe seiner Existenz und Wirksamkeit, Kenntnis nehmen zu können.

§ 3. In Beziehung auf politische Vereine insbesondere muß, sofern derartige Vereine nicht nach Maßgabe der Landesgesetzgebung überhaupt untersagt sind, oder doch einer für jeden Fall besonders zu erteilenden obrigkeitlichen Genehmigung bedürfen, die betreffende Staatsregierung sich in der Lage befinden, nach Maßgabe der Umstände besondere vorübergehende Beschränkungen und Verbote erlassen zu können.

§ 4. Allgemein sind für politische Vereine noch folgende Beschränkungen zur Geltung zu bringen:

1) Minderjährige, Lehrlinge und Schüler dürfen sich an solchen Vereinen nicht beteiligen;
2) Jede Verbindung mit anderen Vereinen ist unstatthaft.*)

§ 5. In allen Bundesstaaten muß der Landesregierung nicht nur das Recht zustehen, die Versammlungen solcher Vereine, welche, ohne im Besitze einer besonderen staatlichen Anerkennung beziehungsweise Genehmigung zu sein, sich mit öffentlichen Angelegenheiten beschäftigen, obrigkeitlich über-

*) Vgl. jetzt ReichsG. v. 11. Dez. 1899 (oben S. 99).

wachen zu lassen, sondern es muß den betreffenden obrigkeitlichen Abgeordneten auch überall die Befugnis eingeräumt werden, jede Versammlung eines solchen Vereins aufzulösen, sofern entweder die ihren Zusammentritt bedingenden Förmlichkeiten nicht beobachtet worden sind, oder aber der Inhalt der Verhandlungen eine in der Notwendigkeit der Aufrechterhaltung der Gesetze sowie der öffentlichen Sicherheit und Ordnung begründete Veranlassung darbietet.

§ 6.*) Die bewaffnete Macht darf sich nicht anders als auf Befehl versammeln und weder in noch außer dem Dienste beratschlagen; Versammlungen und Vereine jedes Teils der stehenden Heere und der Landwehr zur Beratung oder Beschlußfassung über militärische Befehle und Anordnungen sind auch dann, wenn dieselben nicht zusammenberufen sind, untersagt.

§ 7. Zuwiderhandlungen gegen die aus Anlaß vorstehender Bestimmungen in den einzelnen Bundesstaaten getroffenen Anordnungen sind mit entsprechenden Strafen zu belegen.

§ 8. Im Interesse der gemeinsamen Sicherheit verpflichten sich sämtliche Bundes-

*) Vgl. jetzt MilStGB. § 101 (oben S. 27).

regierungen ferner, die in ihren Gebieten etwa noch bestehenden Arbeitervereine und Verbrüderungen, welche politische, sozialistische oder kommunistische Zwecke verfolgen, binnen zwei Monaten aufzuheben, und die Neubildung solcher Verbindungen bei Strafe zu verbieten."

Infolge Allerhöchster Entschließung Seiner Königlichen Hoheit des Großherzogs wird dieser Bundesbeschluß andurch zur Wissenschaft und Nachachtung im Großherzogtum Hessen öffentlich verkündet.

c) Polizeistrafgesetz vom 30. Oktober 1855.

(RegBl. S. 449.)

Art. 78 Abs. 2.*) Hat die Polizeiverwaltungsbehörde eine bevorstehende Volksversammlung untersagt, so verfallen diejenigen, welchen dieses Verbot bekannt gemacht ist und welche gleichwohl an der Volksversammlung teilnehmen, oder andere zur Teilnahme auffordern, in eine Geldstrafe von 1 bis 20 fl.**)

---

*) In obiger Fassung aufrecht erhalten durch das hessische ÜbergangsG. zum ReichsStGB., Art. 3 Nr. 3, vom 10. Okt. 1871 (RBl. S. 393) nebst Anlage.

**) Umrechnung: 7 fl. = 12 Mark, Vo. vom 31. Aug. 1874 (RBl. S. 497) § 2.

19. Großherzogtum Mecklenburg-Schwerin.

a) Verordnung, betreffend Versammlungen und Vereine zu politischen Zwecken.

Vom 27. Januar 1851. (RegBl. S. 29.)*)

§ 1. Die Abhaltung von öffentlichen Versammlungen zu politischen Zwecken, oder die Bildung von Vereinen zu politischen Zwecken darf nur mit Genehmigung Unseres Ministeriums des Innern geschehen.

§ 2. Dasselbe ist ermächtigt, diejenigen jetzt vorhandenen politischen Vereine, von deren Wirksamkeit ein nachteiliger Einfluß auf die Ruhe und den inneren Frieden des Landes zu besorgen ist, sofort zu verbieten und alle zu deren Auflösung erforderlichen Maßregeln zu treffen.

§ 3. Wer an Versammlungen oder Vereinen, welche die unter 1. gedachte Genehmigung nicht erhalten haben, oder welche auf Grund der Bestimmung unter 2. ausdrücklich verboten worden sind, teilnimmt, oder solche Versammlungen oder Vereine zu bilden versucht, verfällt, neben jeder sonst etwa begründeten Ahndung, in eine nach-

*) Über öffentliche Versammlungen und Aufzüge an Sonn- und Festtagen s. Verordnung v. 14. Februar 1906 (RegBl. S. 81) §§ 11, 16, 17, 20.

drückliche, der Beschaffenheit des Falles entsprechende Geld- oder Gefängnisstrafe.*)

b) Verordnung zur Ergänzung der Verordnung vom 27. Januar 1851, betr. Versammlungen und Vereine zu politischen Zwecken.

Vom 2. Mai 1877. (RegBl. S. 67.)

§ 1. Die Vorsteher von Vereinen zu politischen Zwecken, welche nach § 17 des Wahlgesetzes für den Reichstag vom 31. Mai 1869**) einer Genehmigung nicht bedürfen, oder welche nach erwirkter Genehmigung des Ministeriums des Innern auf Grund der Verordnung vom 27. Januar 1851 gebildet worden sind, haben die Verpflichtung, Statuten des Vereins sowie das Namensverzeichnis der Mitglieder und seines Vorstandes binnen drei Tagen nach dessen Stiftung, bezw. nach erlangter Genehmigung, und jede Änderung der Statuten oder des Vorstandes, nachdem sie eingetreten, bezw. nachdem die Änderung der Statuten vom Ministerium des Innern genehmigt worden ist, der Ortspolizeibehörde einzureichen, derselben auch auf Erfordern jederzeit über die im Bestande der Mitglieder eingetretenen Änderungen Auskunft zu erteilen.

---

*) Jetzt Geldstrafe bis 150 Mark oder Haft, Vd. v. 2. Mai 1877 § 7 Abs. 2 (unten S. 78).

**) Vgl. oben S. 28.

Für bereits bestehende Vereine beginnt diese Verpflichtung vier Wochen nach Publikation dieser Verordnung.

§ 2. Von allen gesetzlich oder durch das Ministerium des Innern gestatteten öffentlichen Versammlungen zu politischen Zwecken haben die Unternehmer, Vorsteher, Ordner oder Leiter spätestens 24 Stunden vor dem Beginne der Versammlung unter genauer Angabe des Ortes, der Zeit und des Zweckes, bezw. unter Vorlegung der vom Ministerium des Innern erteilten Erlaubnis, Anzeige bei der Ortspolizeibehörde zu machen. Diese Behörde hat darüber sofort eine Bescheinigung zu erteilen.

Beginnt die Versammlung nicht spätestens eine Stunde nach der in der Anzeige angegebenen Zeit, so ist die später beginnende Versammlung als vorschriftsmäßig angezeigt nicht anzusehen. Dasselbe gilt, wenn eine Versammlung die länger als eine Stunde ausgesetzten Verhandlungen wieder aufnimmt oder wenn eine Versammlung an einem anderen als dem in der Anzeige angegebenen Orte abgehalten wird.

§ 3. Öffentliche Versammlungen zu politischen Zwecken dürfen nicht unter freiem Himmel stattfinden.

In denselben darf niemand bewaffnet erscheinen, mit Ausnahme der im Dienste befindlichen Polizeibeamten und Gendarmen. Ebensowenig darf weiblichen Personen, Schülern und Lehrlingen der Zutritt gestattet werden.

Von den öffentlichen Versammlungen der Wahlberechtigten nach § 17 des Reichswahlgesetzes sind diejenigen ausgeschlossen, welche an den Wahlen für den Deutschen Reichstag teilzunehmen gesetzlich nicht berechtigt sind.

§ 4. Die Ortspolizeibehörden sind befugt, der Versammlung durch Abgeordnete beizuwohnen.

Die Abgeordneten dürfen nur in ihrer Dienstkleidung oder unter ausdrücklicher Kundgebung ihres Auftragsverhältnisses erscheinen.

Die Ordner oder Leiter der Versammlung haben den Abgeordneten der Polizeibehörden einen von diesen Abgeordneten als angemessen bezeichneten Platz einzuräumen, auf Erfordern auch die Bescheinigung über die gemachte Anzeige — § 2 — vorzuzeigen und Auskunft über die Person der Redner zu geben.

§ 5. Die Abgeordneten der Polizeibehörden sind — vorbehaltlich des gegen die Beteiligten gesetzlich einzuleitenden Strafverfahrens — befugt, die Versammlung aufzulösen,

1) wenn die Bescheinigung über die gemachte Anzeige — § 2 — nicht vorgelegt werden kann;
2) wenn die Versammlung später als eine Stunde nach dem angezeigten Zeitpunkte begonnen, oder nach einer über eine Stunde

dauernden Unterbrechung wieder aufgenommen, oder wenn dieselbe an einem andern als dem angezeigten Orte abgehalten wird;

3) wenn in der Versammlung Anträge oder Vorschläge erörtert oder Äußerungen gemacht werden, die eine Aufforderung oder Anreizung zu strafbaren Handlungen oder eine Verletzung der Strafgesetze enthalten;

4) wenn die Versammlung eine die öffentliche Ruhe und die gesetzliche Ordnung gefährdende Haltung annimmt;

5) wenn in der Versammlung unberechtigte Personen — § 3 — oder Bewaffnete erscheinen, welche ungeachtet der Aufforderung des Abgeordneten der Polizeibehörde nicht entfernt werden;

6) wenn den im § 4 Abs. 3 gegebenen Vorschriften nicht entsprochen wird.

§ 6. Sobald die Versammlung durch einen Abgeordneten der Polizeibehörde für aufgelöst erklärt ist, sind alle Anwesenden verpflichtet, sich sofort zu entfernen. Die Entfernung der Zurückbleibenden kann, wenn nötig, zwangsweise in Ausführung gebracht werden.

§ 7. Soweit nicht sonstige Strafbestimmungen in Anwendung kommen, werden mit Geldstrafe bis zu 150 Mark oder mit Haft bestraft:

1) die Vorsteher von Vereinen zu politischen

Zwecken, welche die Vorschriften im § 1 nicht erfüllen;

2) die Unternehmer, Vorsteher, Ordner und Leiter von öffentlichen Versammlungen zu politischen Zwecken, welche die im § 2 vorgeschriebene Anzeige unterlassen oder den im § 4 Absatz 3 bezeichneten Verpflichtungen nicht entsprechen;

3) wer einer öffentlichen Versammlung zu politischen Zwecken das Lokal eingeräumt hat, oder wer in einer solchen als Vorsteher, Ordner oder Leiter auftritt, ohne daß für dieselbe die im § 2 vorgeschriebene Anzeige gemacht worden ist, minder nicht, wer in einer solchen Versammlung als Redner auftritt, wissend, daß die Anzeige nicht geschehen ist;

4) wer sich aus einer Versammlung, die für aufgelöst erklärt worden ist — §§ 5 und 6 —, nicht sofort entfernt;

5) wer den Bestimmungen des § 3 zuwider in einer Versammlung bewaffnet erscheint, sowie derjenige, welcher nach § 3 von der Teilnahme gesetzlich ausgeschlossen, auf Verlangen des Vorsitzenden sich nicht sofort entfernt;

6) wer dem § 3 zuwider an einer Versammlung unter freiem Himmel teilnimmt oder zu einer solchen Versammlung auffordert oder auffordern läßt.

Gleiche Strafe trifft denjenigen, welcher den Vorschriften der Verordnung vom 27. Januar 1851 zuwider handelt.

§ 8. Die Bestrafung der Übertretungen dieser Verordnung sowie auch der Verordnung vom 27. Januar 1851 gebührt den Gerichten und geschieht im Wege des ordentlichen Strafverfahrens.

20. Großherzogtum Sachsen-Weimar-Eisenach.

a) Staats-Ministerialverordnung.

Vom 15. Juli 1874. (RegBl. S. 332.)

§ 1. 1. Öffentliche Versammlungen zu politischen (einschließlich sozialpolitischen oder kirchlich-politischen) Zwecken,

2. Versammlungen von Vereinen, welche politische (einschließlich sozialpolitische oder kirchlichpolitische) Zwecke haben,

sind vor deren Abhaltung der Ortspolizeibehörde rechtzeitig, d. h. mindestens zwölf Stunden vor dem Zusammentritt der Versammlung, unter Angabe von Zeit und Ort derselben anzumelden. Sind eine Anzahl von Bewohnern des Großherzogtums Mitglieder eines Vereins mit politischen (einschließlich sozialpolitischen oder kirchlichpolitischen) Zwecken, der außerhalb des Großherzogtums seinen Sitz hat, so sind Versammlungen dieser Mitglieder den unter Ziffer 2 der oben gedachten Versammlungen eines Vereins gleich zu achten.

Ebenso steht einer solchen Vereinsversammlung gleich die Versammlung von Delegierten von Vereinen der bezeichneten Art, welche im Großherzogtum oder außerhalb desselben ihren Sitz haben.

§ 2. Die Polizeibehörde ist befugt, in die im § 1 dieser Verordnung gedachten Versammlungen, sofern der Vorstand dieser Behörde der Versammlung nicht selbst beiwohnen will, einen oder mehrere Polizeibeamte zu senden. Die letzteren müssen sich auf Erfordern des Unternehmers oder des Vorsitzenden der Versammlung als amtlich Beauftragte durch schriftlichen Vorweis legitimieren.

Dem Vorstande der Polizeibehörde, sowie dessen Beamten, muß ein nach deren Dafürhalten angemessener Platz in der Versammlung eingeräumt, sowie über die Person der Redner Auskunft erteilt werden.

Die in Gemäßheit dieser Bestimmung in den betreffenden Versammlungen erschienenen Polizeibeamten haben in Vertretung der Polizeibehörde die Befugnis, eine Versammlung aufzulösen und die Anwesenden aufzufordern, sich aus dieser Versammlung sofort zu entfernen.

§ 3. Störungen der in Gemäßheit des § 1 dieser Verordnung angemeldeten Versammlungen, sofern zu ihrer Beseitigung der Einfluß des Vorsitzenden der Versammlung nicht ausreicht, sind von den anwesenden (§ 2) Polizeipersonen zu rügen und zu verhindern.

Diese Polizeipersonen sind berechtigt, die Störer aus der Versammlung zu weisen und durch geeignete polizeiliche Maßregeln die Freiheit des Versammlungsrechts zu schützen.

§ 4. An Geld bis zu 50 Talern (150 Mark) oder mit Haft bis zu sechs Wochen werden bestraft:

1. die Unternehmer, Vorsteher, Leiter oder die beauftragten Vertrauensmänner der Versammlungen und Vereine, welche die in § 1 dieser Verordnung bestimmte Verpflichtung nicht erfüllt haben,
2. alle diejenigen, welche einem von der Polizeibehörde innerhalb deren Zuständigkeit erlassenen, in ortsüblicher Weise publizierten oder sonst zu ihrer Kenntnis gelangten Verbote der im § 1 erwähnten Versammlungen zuwider dennoch an der verbotenen Versammlung teilnehmen,
3. diejenigen, welche nach Auflösung einer Versammlung durch den Vorstand der Polizeibehörde oder durch die nach § 2 dieser Verordnung beauftragten und kraft dieses Auftrags hierzu legitimierten Polizeibeamten sich aus dieser Versammlung nicht sofort entfernen,

4. diejenigen, welche den in Gemäßheit des § 3 dieser Verordnung von Polizeipersonen an sie gerichteten Aufforderungen und gegebenen Anordnungen sich ungehorsam erweisen.

b) Staatsministerialverordnung.

Vom 21. April 1875. (RegBl. S. 271).

1. Schulkindern, ingleichen solchen Personen, welche noch in dem für den Besuch der Fortbildungsschule vorgeschriebenen Alter stehen, ohne Unterschied, ob sie zum Besuch einer sochen jeweilig herangezogen sind oder nicht, ist die Teilnahme an Versammlungen und Vereinen zu politischen (einschließlich sozialpolitischen und kirchlichpolitischen) Zwecken verboten.
2. Die Übertretung dieses Verbots wird mit Geld bis zu 60 Mark oder mit Haft bis zu 14 Tagen bestraft.
3. Die Polizeibehörden haben die Befolgung des Verbots streng zu überwachen; insbesondere sind die Polizeibeamten, welche nach § 2 der Verordnung vom 15. Juli 1874 politischen Versammlungen beiwohnen, verpflichtet, vorkommenden Falles die Entfernung der in Ziffer 1 bezeichneten Personen aus der Versammlung zu veranlassen. Dieselben sind befugt, eine Versammlung auf-

zulösen, wenn ihrem Entfernungsgebot keine Folge geleistet wird.

21. Großherzogtum Mecklenburg-Strelitz.

Verordnung vom 19. Februar 1891.

(Offiz. Anzeiger S. 28.)

§ 1. Die Abhaltung von öffentlichen Versammlungen zu politischen Zwecken und die Bildung von Vereinen zu politischen Zwecken darf, soweit nicht gesetzliche Ausnahmen bestehen (cfr. Wahlgesetz für den Reichstag vom 31. Mai 1869, § 17)*) nur mit Genehmigung unserer Landesregierung geschehen.

Für die bereits bestehenden politischen Vereine ist, soweit dieselben nicht gesetzlich ohne Genehmigung statthaft sind, die Genehmigung unserer Landesregierung innerhalb eines Monats nach Publikation dieser Verordnung durch die Vorsteher einzuholen.

§ 2. Die Vorsteher von Vereinen zu politischen Zwecken, welche gesetzlich einer Genehmigung nicht bedürfen oder regiminell genehmigt worden sind, haben die Verpflichtung, die Statuten des Vereins, sowie das Namensverzeichnis der Mitglieder und

---

*) Vgl. oben S. 28. Über die Veranstaltung öffentlicher Wählerversammlungen an Sonn- und Festtagen vgl. Bek. vom 29. Januar 1892 (Offiz. Anzeiger S. 29).

des Vorstandes binnen drei Tagen nach der Stiftung, bezw. nach der erlangten Genehmigung, und jede Änderung der Statuten oder des Vorstandes, nachdem sie eingetreten, bezw. nachdem die Änderung der Statuten regiminell genehmigt worden ist, der Ortspolizeibehörde einzureichen, derselben auch auf Erfordern jederzeit über die im Bestande der Mitglieder eingetretenen Änderungen Auskunft zu erteilen.

Für bereits bestehende Vereine beginnt diese Verpflichtung vier Wochen nach Publikation dieser Verordnung.

§ 3. Von allen gesetzlich oder durch unsere Landesregierung gestatteten öffentlichen Versammlungen zu politischen Zwecken haben die Unternehmer, Vorsteher, Ordner oder Leiter spätestens 24 Stunden vor dem Beginn der Versammlung unter genauer Angabe des Ortes, der Zeit und des Zweckes, bezw. unter Vorlegung der von Unserer Landesregierung erteilten Erlaubnis, Anzeige bei der Ortspolizeibehörde zu machen. Diese Behörde hat darüber sofort eine Bescheinigung zu erteilen.

Beginnt die Versammlung nicht spätestens eine Stunde nach der in der Anzeige angegebenen Zeit, so ist die später beginnende Versammlung als vorschriftsmäßig angezeigt nicht anzusehen. Dasselbe gilt, wenn eine Versammlung die länger als eine Stunde ausgesetzten Verhandlungen wieder aufnimmt, oder wenn eine Versammlung an einem anderen als dem in der Anzeige angegebenen Orte abgehalten wird.

§ 4. Öffentliche Versammlungen zu politischen Zwecken dürfen nicht unter freiem Himmel stattfinden.

In denselben darf niemand bewaffnet erscheinen, mit Ausnahme der im Dienste befindlichen Polizeibeamten und Gendarmen. Ebensowenig darf weiblichen Personen, Schülern und Lehrlingen der Zutritt gestattet werden.

Von den öffentlichen Versammlungen der Wahlberechtigten nach § 17 des Reichswahlgesetzes sind diejenigen ausgeschlossen, welche an den Wahlen für den deutschen Reichstag teilzunehmen gesetzlich nicht berechtigt sind.

§ 5. Die Ortspolizeibehörden sind befugt, der Versammlung durch Abgeordnete beizuwohnen.

Die Abgeordneten dürfen nur in ihrer Dienstkleidung oder unter ausdrücklicher Kundgebung ihres Auftragsverhältnisses erscheinen.

Die Ordner oder Leiter der Versammlung haben den Abgeordneten der Polizeibehörden einen von diesen Abgeordneten als angemessen bezeichneten Platz einzuräumen, auf Erfordern auch die Bescheinigung über die gemachte Anzeige (§ 3) vorzuzeigen und Auskunft über die Person der Redner zu geben.

§ 6. Die Abgeordneten der Polizeibehörden sind — vorbehaltlich des gegen die Beteiligten gesetzlich einzuleitenden Strafverfahrens — befugt, die Versammlung aufzulösen,

1. wenn die Bescheinigung über die gemachte Anzeige — § 3 — nicht vorgelegt werden kann;
2. wenn die Versammlung später als eine Stunde nach dem angezeigten Zeitpunkte begonnen, oder nach einer über eine Stunde dauernden Unterbrechung wieder aufgenommen, oder wenn dieselbe an einem anderen als dem angezeigten Orte abgehalten wird;
3. wenn in der Versammlung Anträge oder Vorschläge erörtert oder Äußerungen gemacht werden, die eine Aufforderung oder Anreizung zu strafbaren Handlungen oder eine Verletzung der Strafgesetze enthalten;
4. wenn die Versammlung eine die öffentliche Ruhe und die gesetzliche Ordnung gefährdende Haltung annimmt;
5. wenn in der Versammlung unberechtigte Personen — § 4 — oder Bewaffnete erscheinen, welche ungeachtet der Aufforderung des Abgeordneten der Polizeibehörde nicht entfernt werden;
6. wenn den im § 5, Absatz 3 gegebenen Vorschriften nicht entsprochen wird.

§ 7. Sobald die Versammlung durch einen Abgeordneten der Polizeibehörde für aufgelöst erklärt ist, sind alle Anwesenden verpflichtet, sich sofort zu entfernen. Die Entfernung der Zurückbleibenden kann, wenn nötig, zwangsweise in Ausführung gebracht werden.

§ 8. Soweit nicht sonstige Strafbestimmungen in Anwendung kommen, werden mit Geldstrafe bis 150 Mk. oder mit Haft bestraft:

1. Personen, welche an Versammlungen und Vereinen, welche die in § 1 vorgeschriebene Genehmigung nicht erhalten haben, teilnehmen, wissend, daß denselben die Genehmigung nicht erteilt ist, sowie Personen, welche zur Teilnahme an derartigen Versammlungen auffordern;
2. die Vorsteher von Vereinen zu politischen Zwecken, welche die Vorschriften in § 2 nicht erfüllen;
3. die Unternehmer, Vorsteher, Ordner und Leiter von öffentlichen Versammlungen zu politischen Zwecken, welche die im § 3 vorgeschriebene Anzeige unterlassen oder den im § 5 Absatz 3 bezeichneten Verpflichtungen nicht entsprechen;
4. wer einer öffentlichen Versammlung zu politischen Zwecken das Lokal eingeräumt hat, oder wer in einer solchen als Vorsteher, Ordner oder Leiter auftritt, ohne daß für dieselbe die im § 3 vorgeschriebene Anzeige gemacht worden ist, minder nicht, wer in

einer solchen Versammlung als Redner auftritt, wissend, daß die Anzeige nicht geschehen ist;

5. wer sich aus einer Versammlung, die für aufgelöst erklärt worden ist — §§ 6 und 7 —, nicht sofort entfernt;
6. wer den Bestimmungen des § 4 zuwider in einer Versammlung bewaffnet erscheint, sowie derjenige, welcher, nach § 4 von der Teilnahme gesetzlich ausgeschlossen, auf Verlangen des Vorsitzenden sich nicht sofort entfernt;
7. wer dem § 4 zuwider an einer Versammlung unter freiem Himmel teilnimmt oder zu einer solchen Versammlung auffordert oder auffordern läßt.

§ 9. Die Bestrafung der Übertretungen dieser Verordnung gebührt den Gerichten und geschieht im Wege des ordentlichen Strafverfahrens.

22. Großherzogtum Oldenburg.

Verordnung, betreffend den Beschluß der Deutschen Bundesversammlung vom 13. Juli 1854 über das Vereinswesen.

Vom 19. Juli 1855. (GBl. für das Herzogtum Oldenburg Bd. 14 S. 1067, für das Fürstentum Birkenfeld Bd. 1 S. 221, für das oldenb. Fürstentum Lübeck Bd. 6 S. 47).

Diese Verordnung gibt dem Bundesbeschluß vom

13. Juli 1854 (oben S. 168) Gesetzeskraft für das Großherzogtum Oldenburg und knüpft daran folgende

Ausführungsbestimmungen:

Art. 1. Die Vorstände sämtlicher im Großherzogtum bestehenden Vereine sind verpflichtet, über die Zwecke und Einrichtungen derselben den Ortspolizeibehörden (Ämter, Magistrate der Städte Oldenburg, Jever und Eutin) binnen 8 Tagen nach dieserhalb geschehener Aufforderung die verlangte Auskunft zu geben, insbesondere auch auf Verlangen die Vereinsstatuten sowie Verzeichnisse der Mitglieder einzuliefern (§ 1 und § 2 des Bundesbeschlusses).

Art. 2. § 1. In Versammlungen der im § 5 des Bundesbeschlusses bezeichneten Vereine können die Ortspolizeibehörden zur Ausübung ihrer dort erwähnten Befugnisse Abgeordnete entsenden, denen ein angemessener Platz einzuräumen ist.

§ 2. Die Abgeordneten sind nicht verpflichtet, sich als solche durch besondere Vollmacht auszuweisen, wenn sie in dem betreffenden Bezirke als Polizeibeamte angestellt sind und in der Dienstkleidung erscheinen.

Art. 3. Arbeitervereine und Verbrüderungen, welche politische, sozialistische oder kommunistische Zwecke verfolgen, sind verboten (§ 8 des Bundesbeschlusses).

Art. 4. Vorsteher oder Teilnehmer von Vereinen, welche den Bestimmungen des Bundesbeschlusses oder der gegenwärtigen Verordnung zuwiderhandeln, oder welche nach vorgenommener Auflösung einer Versammlung (§ 5 des Bundesbeschlusses) sich nicht sofort entfernen, sollen, soweit nicht anderweite Strafbestimmungen in Anwendung kommen, mit einer Ordnungsstrafe von 1 bis 10 Talern oder entsprechendem *Gefängnis**) belegt werden.

23. Herzogtum Braunschweig.

a) Gesetz über das Vereinigungsrecht.**)

Vom 20. Juni 1848.

(Gesetz- u. Verordn.-Samml. S. 113.)

§ 1. Alle Landeseinwohner sind berechtigt, sich friedlich und ohne Waffen in geschlossenen Räumen zu versammeln.

§ 2. Von großen öffentlichen Versammlungen unter freiem Himmel ist der Polizeibehörde zuvor Anzeige zu machen. Die Polizeibehörde ist befugt, die Versammlung zu untersagen, wenn Gefahren für die öffentliche Ruhe und Sicherheit dringend zu besorgen sind.

§ 3. Die Vereinigung zu Gesellschaften ist erlaubt. Nur Gesellschaften, welche gesetzwidrige Zwecke verfolgen, bleiben verboten.

*) Jetzt Haft, vgl. § 28 ReichsStGB.

**) Nähere Bestimmungen und Einschränkungen enthalten die im Text abgedruckten Gesetze vom 4. Juli 1853 und vom 16. November 1854.

§ 4. Alle das freie Vereinigungsrecht beschränkenden, noch bestehenden gesetzlichen Bestimmungen werden hiermit aufgehoben.

b) Gesetz, polizeiliche Maßregeln gegen den Mißbrauch des Vereins- und Versammlungsrechts und die Bestrafung gesetz- und ordnungswidriger Vereine und Versammlungen betreffend.

Vom 4. Juli 1853.

(Gesetz- und Verordn.-Samml. S. 181.)

I. Umfang des Gesetzes.*)

§ 1. Die Bestimmungen dieses Gesetzes beziehen sich nicht auf Vereine und deren Versammlungen, welche Korporationsrechte haben oder von der Landesregierung genehmigt sind, sowie auf Versammlungen zur Besprechung von Kommunal-, Amtsrats und Landtagswahlen.

II. Polizeiliche Maßregeln gegen den Mißbrauch des Vereinsrechts.

§ 2. Unternehmer und Vorsteher von Vereinen, welche sich mit öffentlichen Angelegenheiten beschäf-

*) Religiöse Vereine, sowie Versammlungen welche sich mit religiösen Angelegenheiten beschäftigen, sind nach dem Gesetz, die Verhältnisse der Dissidenten betr., v. 25. März 1873 (Ges.- u. Verordn.-Samml. S. 289), §§ 18 fg., den §§ 1 bis 3, 5 bis 13, 15 bis 27, 29 bis 34 des Gesetzes vom 4. Juli 1853 unterworfen. Die Orts- und Landespolizeibehörde ist befugt, an den Versammlungen einen oder zwei Beamte oder Abgeordnete teilnehmen zu lassen. Korporative Rechte erlangten religiöse Vereine und Genossenschaften früher nur durch besondere Verleihung seitens der Herzogl. Landesregierung. Jetzt sind maßgebend §§ 21 ff. BGB. (oben S. 34).

tigen, haben, falls der Verein zur Zeit der Publikation dieses Gesetzes bereits besteht, binnen 14 Tagen nach dessen Publikation, falls der Verein später gestiftet wird, binnen 8 Tagen nach Stiftung desselben, über Zusammensetzung, Zweck und Wirksamkeit des Vereins mit Einreichung der Statuten und des Verzeichnisses der Mitglieder, der Herzoglichen Kreisdirektion, in Braunschweig der Herzoglichen Polizeidirektion, Anzeige zu machen, auch diesen Behörden auf Erfordern jede darauf bezügliche Auskunft zu geben.

Diese Behörden haben über solche Anzeige sofort eine Bescheinigung zu erteilen.

§ 3. Politische Vereine haben binnen 8 Tagen jede Änderung der Statuten und Mitglieder den § 2 erwähnten Behörden anzuzeigen. Andere, sich mit öffentlichen Angelegenheiten beschäftigende Vereine haben eine solche Anzeige am Schlusse jedes Kalenderjahres zu machen.

Die Herzogl. Kreisdirektionen entscheiden darüber, welche Vereine als politische anzusehen seien, mit Vorbehalt des Rekurses an Unser Herzogliches Staatsministerium.

§ 4. Politische Vereine dürfen

1. Frauenspersonen, Schüler, Lehrlinge, Personen, welche die politischen Rechte verloren haben, oder als Mitglieder von Vereinen, welche gesetzwidrige Zwecke verfolgen, innerhalb der letzten drei Jahre infolge rechtlichen Erkenntnisses mit

Strafe belegt sind, nicht als Mitglieder aufnehmen,

2. sie dürfen mit anderen Vereinen nicht in der Art in Verbindung treten, daß entweder der eine Verein den Beschlüssen und Organen des anderen unterworfen oder mehrere solcher Vereine unter einem gemeinsamen Organe vereinigt werden.

§ 5. Die Landesregierung kann einen Verein, dessen Einrichtung oder Tätigkeit der kirchlichen, gesellschaftlichen oder staatlichen Ordnung gefährlich wird, auflösen.

Sie wird die Auflösung in einer Verordnung verfügen.

§ 6. Die Mitglieder des aufgelösten Vereins dürfen innerhalb dreier Monate nach dessen Auflösung weder einen neuen, sich mit öffentlichen Angelegenheiten beschäftigenden Verein bilden, noch Mitglieder eines solchen Vereins werden.

Die Herzogl. Kreisdirektionen, in Braunschweig die Herzogl. Polizeidirektion, hat einen rechtskundigen Geschäftsführer zu bestellen, welchem von dem Vereinsvorstande das Vermögen des Vereins zu übergeben, damit er, insofern für einen solchen Fall die Statuten nichts bestimmen, dasselbe den bestehenden Rechtsgrundsätzen und rechtlichen Verhältnissen gemäß, unter die Vereinsmitglieder verteile.

§ 7. Die Herzogl. Kreisdirektionen sind befugt, einen Verein, gegen welchen der Verdacht vorliegt, daß er gesetzwidrige Zwecke verfolge, vorläufig zu schließen, dieselben sind aber gehalten, binnen 8 Tagen davon, daß solches geschehen, dem zuständigen Herzogl. Staatsanwalte behufs kriminalrechtlicher Verfolgung der Vorsteher oder Mitglieder des Vereins Mitteilung zu machen.

Der Herzogl. Staatsanwalt hat spätestens binnen einer gleichen Frist einen Antrag auf Einleitung der Untersuchung bei dem zuständigen Gerichte zu machen. Lehnt der Herzogl. Staatsanwalt nach Lage der Sache den Antrag ab, oder wird nach dem Beschlusse des Gerichts das strafrechtliche Verfahren eingestellt, oder erfolgt ein freisprechendes Erkenntnis, so tritt die vorläufige Schließung des Vereins außer Kraft.

III. Polizeiliche Maßregeln gegen den Mißbrauch des Versammlungsrechts.

1. Versammlungen in geschlossenen Räumen.

A. Von Vereinen.

§ 8. Steht für die Versammlung in geschlossenen Räumen für einen Verein, welcher eine Einwirkung auf öffentliche Angelegenheiten bezweckt, Zeit und Ort statutenmäßig oder durch einen besonderen Beschluß im voraus fest und ist dies wenigstens 24 Stunden vor der ersten Versammlung zur Kenntnis der Ortspolizeibehörde gebracht, so bedarf es einer besonderen Anzeige für die einzelne Versammlung nicht.

Ist dies nicht der Fall, so haben die Unternehmer und Vorsteher von öffentlichen Vereinsversammlungen eine solche Anzeige unter Angabe des Zwecks, der Tageszeit und Stunde und des Ortes mindestens 24 Stunden vorher bei der Ortspolizeibehörde zu machen und dieselbe hat darüber sofort eine Bescheinigung zu erteilen.

Als öffentliche Vereinsversammlungen sind anzusehen alle solche, welche nach vorhergehender öffentlicher oder allgemeiner Einladung (in öffentlichen Lokalen, Wirtshäusern, Schänken usw. oder in besonders zu diesem Zwecke gemieteten oder eingeräumten Lokalen) abgehalten werden.

§ 9. Die Orts- und Landespolizeibehörde ist befugt, in alle öffentlichen Versammlungen politischer Vereine einen oder zwei, wenn tunlich, höhere Polizeibeamte oder eine oder zwei Personen als Abgeordnete zu senden.

Die Beamten oder Abgeordneten der Polizei müssen unter ausdrücklicher Kundgebung ihrer dienstlichen Eigenschaft erscheinen und durch ihre Dienstkleidung oder besondere Abzeichen erkennbar sein. Es ist ihnen ein angemessener Platz einzuräumen und ihnen auf Erfordern durch den Vorsitzenden Auskunft über die Person der Redner zu geben.

B. Andere Versammlungen.

§ 10. Auf nicht von Vereinen ausgehende öffentliche Versammlungen (§ 8), in welchen öffentliche

Angelegenheiten beraten und erörtert werden sollen, finden die in den §§ 8 und 9 gegebenen Vorschriften ebenfalls Anwendung. Die nach § 8 zu machende Anzeige muß indes von wenigstens drei wahlberechtigten Einwohnern der Gemeinde unterschrieben sein, innerhalb deren Bezirke die Versammlung abgehalten werden soll.

2. Versammlungen unter freiem Himmel.

§ 11. Die in dem § 2 des Gesetzes vom 10.*) Juni 1848 über das Vereinigungsrecht vorgeschriebene Anzeige ist von den Unternehmern, Vorstehern, Ordnern oder Leitern großer öffentlicher Versammlungen unter freiem Himmel mindestens 48 Stunden vor der Zusammenkunft bei der Ortspolizeibehörde, gleichzeitig aber auch bei der Herzogl. Kreisdirektion zu machen, insofern die Abhaltung der Versammlung durch Inserate in den öffentlichen Blättern, durch Anschläge oder in mehreren Orten bekannt gemacht wird. Sie muß von wenigstens drei wahlberechtigten Einwohnern der Gemeinde, in deren Bezirke die Versammlung gehalten werden soll, unterschrieben sein, und Ort, Tageszeit und Stunde und Zweck der Versammlung angeben. Die Behörden haben über solche Anzeigen sofort Bescheinigung zu erteilen.

---

*) Druckfehler in dem amtlichen Gesetzestext, anstatt 20. Juni 1848. Vgl. oben S. 189.

§ 12. Der besonderen Genehmigung derjenigen Polizeibehörde, bei welcher die Anzeige erfolgen muß, bedarf es, wenn solche Versammlungen in Ortschaften, auf Land- und Heerstraßen oder in der Nähe der Herzogl. Residenzschlösser stattfinden sollen.

§ 13. Die Orts- und Landespolizeibehörden sind ebenso berechtigt als verpflichtet, hinsichtlich solcher Versammlungen die erforderlichen Maßregeln zur Aufrechterhaltung der öffentlichen Ordnung und Sicherheit zu treffen und namentlich einen oder mehrere Polizeibeamte in die Versammlung abzuordnen, hinsichtlich deren die oben § 9 gegebenen Vorschriften gleichfalls gelten.

3. Gemeinschaftliche Bestimmungen für alle Versammlungen.

§ 14. Frauenspersonen, Schüler, Lehrlinge sind in öffentlichen Versammlungen, in welchen öffentliche Angelegenheiten verhandelt werden sollen, wenn sie in geschlossenen Räumen abgehalten werden, nicht zuzulassen.

§ 15. Niemand darf in einer öffentlichen Versammlung, in welcher öffentliche Angelegenheiten beraten werden sollen, bewaffnet erscheinen, mit Ausnahme der im Dienste befindlichen Polizeioffizianten.

§ 16. Bei allen öffentlichen Versammlungen sind die Vorschriften der Polizeigesetze und Verordnungen, namentlich auch die über die Sonntagsfeier, die

Schließung der Wirtshäuser und über Nichtstörung der nächtlichen Ruhe, zu beobachten.

§ 17. Die Polizeibehörden sind befugt, jede Versammlung aufzulösen, bezüglich deren die vorschriftsmäßige Anzeige (§§ 8, 10 und 11) gar nicht erfolgt ist.

§ 18. Die in die Versammlung abgesandten Polizeibeamten oder Abgeordneten der Polizei sind befugt, die Versammlung aufzulösen,

1. wenn Unbefugte (§ 14) oder Bewaffnete in derselben zugelassen und auf Erinnerung nicht entfernt werden,
2. wenn Anträge oder Vorschläge erörtert werden, die eine Anreizung zu strafbaren Handlungen enthalten,
3. wenn Widersetzlichkeiten gegen die Anordnungen dieser Abgeordneten oder
4. Schlägereien unter den Versammelten vorkommen.

§ 19. Sobald die Polizei die Versammlung für aufgelöst erklärt hat, sind alle Anwesenden verpflichtet, sich sofort zu entfernen.

Diese Erklärung kann nötigenfalls durch die bewaffnete Macht zur Ausführung gebracht werden.

VI. Strafbestimmungen.

§ 20. Die Unternehmer und Vorsteher von Vereinen, sowie die Unternehmer, Vorsteher, Ordner und Leiter öffentlicher Versammlungen sind zunächst dafür verantwortlich, daß die Bestimmungen dieses Gesetzes befolgt und gesetzwidrige Zwecke nicht verfolgt werden, so daß sie als Mitschuldige in betreff aller in dem Vereine oder der Versammlung durch Worte oder Handlungen begangenen Vergehen der polizeilichen oder kriminalrechtlichen Bestrafung unterworfen sind, sofern sie nicht die erforderlichen Schritte getan haben, die Vergehen zu verhindern, namentlich in den Versammlungen durch Entziehung des Wortes, durch Abmahnungen und eventuell durch Schließung der Versammlung.

§ 21. Kontraventionen gegen die §§ 2 und 3 dieses Gesetzes sind an den Unternehmern oder Vorstehern der Vereine mit einer Geldstrafe von 5 bis 10 Talern zu bestrafen.

Machen sie wissentlich den Behörden falsche Angaben durch Ableugnung der Existenz des Vereins oder in anderer Weise, so verfallen sie in eine Geldstrafe von 10 bis 50 Talern und bei beabsichtigter Verdeckung gesetzwidriger Zwecke in Gefängnisstrafe von 14 Tagen bis 3 Monaten.

§ 22. An denselben sind wissentliche Kontraventionen gegen § 4 Nr. 1 mit einer Geldstrafe von 5 bis 10 Talern und Kontraventionen gegen § 4 Nr. 2 mit *Gefängnisstrafe**) von 8 bis 14 Tagen zu bestrafen.

---

*) Jetzt Haft vgl. § 2 G. v. 22. Dez. 1870 (G.- u. Verordn.-Samml. S. 659.)

§ 23. Vorsteher und Mitglieder eines Vereins sind

1. wenn sie ihre Vereinstätigkeit fortsetzen, nachdem derselbe von der Landesregierung aufgelöst ist, mit einer Gefängnisstrafe von drei Monaten bis zu einem Jahre;
2. wenn sie das Vermögen des Vereins verheimlichen, vernichten, nicht vollständig herausgeben oder vor dem Ablaufe dreier Monate einen neuen Verein bilden oder in einen andern Verein eintreten, mit einer Gefängnisstrafe von 14 Tagen bis zu drei Monaten

zu belegen.

§ 24. Vorsteher und Mitglieder eines Vereins sind, wenn sie ihre Vereinstätigkeit fortsetzen, während der Verein von der Herzogl. Kreisdirektion vorläufig geschlossen ist, mit Gefängnisstrafe von 14 Tagen bis 3 Monaten zu belegen.

§ 25. Unternehmer und Vorsteher von Vereinen, welche die in § 8 vorgeschriebene Anzeige öffentlicher Versammlungen nicht nachweisen können oder in denselben unrichtige Angaben gemacht haben, namentlich hinsichtlich der Zeit der Versammlung, verfallen in eine Geldstrafe von 5 bis 10 Talern.

§ 26. Unternehmer und Vorsteher von politischen Vereinen sowie von öffentlichen Versammlungen in geschlossenen Räumen, welche die vorgeschriebene Anzeige (§§ 8 und 10) nicht nachweisen können oder in derselben unrichtige Angaben gemacht haben, namentlich hinsichtlich der Zeit der Versammlung, verfallen in eine Geldstrafe von 10 bis 50 Talern.

Sind die Unternehmer nicht wenigstens drei der Gemeinde, wo die Versammlung abgehalten wird, angehörige Wahlberechtigte, ist die Aufforderung zu der Versammlung anonym erlassen oder liegt in der nicht erfolgten Anzeige eine geflissentliche Nichtachtung der gesetzlichen Vorschrift, so ist auf Gefängnisstrafe von 14 Tagen bis zu 3 Monaten zu erkennen.

§ 27. Unternehmer, Vorsteher, Leiter und Ordner großer Versammlungen unter freiem Himmel, welche den Vorschriften der §§ 11 und 12 zuwider handeln, sind mit einer Geldstrafe von 20 bis 50 Talern zu belegen. Bei dem Vorhandensein der in § 26 erwähnten erschwerenden Umstände ist auf Gefängnis von 4 Wochen bis zu 3 Monaten zu erkennen.

§ 28. Vorsteher von Vereinen und Unternehmer von Versammlungen, die zu der Versammlung Unbefugte zulassen (§ 14), verfallen in eine Geldstrafe von 5 bis 10 Talern.

§ 29. Wer bewaffnet in einer Versammlung (§ 15) erscheint, ist mit *Gefängnis*)* von 8 bis 14 Tagen zu belegen.

§ 30. Gleiche Strafe*) trifft die Vorsteher von Vereinen und die Unternehmer von Versammlungen, wenn sie nicht Sorge tragen, daß in der Versamm-

*) Jetzt Haft, vgl. Anm. bei § 22.

lung die Abgeordneten der Polizei zugelassen oder die § 9 im zweiten Absatze gegebenen Vorschriften gegen dieselben erfüllt werden.

§ 31. Vorsteher und Mitglieder von Vereinen, Unternehmer und Teilnehmer von Versammlungen, welche den Geboten der Polizei, welche die Versammlung auflöst (§§ 17, 18, 19), nicht nachkommen, sind mit Gefängnis von 14 Tagen bis zu 6 Monaten zu belegen (*CrGB.* § 108), vorbehaltlich der etwa durch Widersetzlichkeit oder Tätlichkeiten gegen die Obrigkeit verwirkten härteren Strafen (*CrGB.* § 107).*)

§ 32. *Die Vorschriften des Criminal-Gesetz-Buchs über unerlaubte Verbindungen und gesetzwidrige Vereine (§ 88 Nr. 1)**) bleiben unverändert und die nach denselben verwirkten Strafen treten neben den in diesem Gesetze angedrohten ein.*

§ 33. Mitglieder von Verbindungen, welche gesetzwidrige Zwecke verfolgen, hinsichtlich deren das CrGB. nicht speziell eine Strafe androht, sind mit Gefängnis von 14 Tagen bis 6 Monaten zu belegen.

§ 34 (betraf die Zuständigkeit der Gerichte).

---

*) Vgl. jetzt ReichsStGB. §§ 113 ff. Das CrGB. (vom 10. Juli 1840) ist durch das braunschw. Einf.G. zum ReichsStGB. v. 22. Dez. 1870 (G.- u. Verordn.-Samml. S. 631) gänzlich aufgehoben worden.

**) Vgl. jetzt ReichsStGB. §§ 128, 129 (oben S. 23 ff. u. die vorige Note.

c) Verordnung, die Publikation des Bundesbeschlusses vom 13. Juli d. J. über das Vereinswesen betreffend.

Vom 21. September 1854.

(Gesetz- u. Verordn.-Samml. S. 213.)

Diese Verordnung bringt den Bundesbeschluß vom 13. Juli 1854 (oben S. 168) zur allgemeinen Kenntnis mit dem Zusatze: „... und behalten uns vor, wegen der im § 8 des Bundesbeschlusses enthaltenen Vorschriften die erforderlichen gesetzlichen Bestimmungen zu erlassen, wie denn wegen der in §§ 1—7 des Bundesbeschlusses sanktionierten allgemeinen Grundsätze in dem Gesetze vom 4. Juli 1853 bereits die erforderlichen Bestimmungen enthalten sind, bei welchen es sein Bewenden behält."

d) Gesetz, die Ausführung des § 8 des Bundesbeschlusses vom 13. Juli d. J. wegen der Arbeitervereine betreffend.

Vom 16. November 1854.

(Gesetz- u. Verordn.-Samml. S. 247.)

§ 1. Arbeitervereine und Arbeiterverbrüderungen, welche politische, sozialistische oder kommunistische Zwecke verfolgen, sind verboten.

§ 2. Zuwiderhandlungen gegen dieses Verbot durch Neubildung solcher Vereine oder Verbrüderungen oder durch Teilnahme an denselben sind mit Gefängnisstrafe von drei Monaten bis zu einem Jahre zu belegen.

§ 3. Bestehende Vereine oder Verbrüderungen dieser Art wird die Landesregierung durch Verordnungen auflösen.

§ 4 (handelte von der Zuständigkeit der Gerichte).

24. Herzogtum Sachsen-Meiningen.

a) Grundgesetz.

Vom 23. August 1829.

(Samml. der landesherrl. Verordnungen Bd. 1 S. 139.)

Art. 28. Es ist zwar den Untertanen nicht verwehrt, zu Zwecken, welche an sich nicht gesetzwidrig sind, Gesellschaften zu stiften; *allein das Recht der Persönlichkeit, die Fähigkeit, auf den Namen der Gesellschaft Grundeigentum zu erwerben, Beamte zu bestellen, ein Siegel zu führen und Statuten zu errichten, erlangen sie nur durch Bewilligung des Staats.**)

b) Generalreskript des Herzoglichen Staatsministerii, Abt. des Innern.

Vom 29. Mai 1868.**) (Auszug.)

Die Befugnis der Staatsregierung, die Vereine . . . zu überwachen und erforderlichenfalls vorbeugend einzuschreiten, ist . . . mit dem Aufhören

*) Der zweite Teil des Art. 28 ist ersetzt durch §§ 21 ff. BGB.

**) Die Reskripte zu b und d sind nicht in der „Samml. der Ausschreiben" publiziert, sondern nur an die Herzogl. Verwaltungsbehörden ergangen.

der Wirksamkeit des Bundesbeschlusses vom 13. Juli 1854*) nicht aufgehoben . . .

(Es) kann davon Umgang genommen werden, die Vereine von vornherein zur Anzeige von ihrem Bestehen, ihren Zwecken und Einrichtungen anzuhalten. Man darf sich vielmehr auch den politischen Vereinen gegenüber darauf beschränken, . . . in den einzelnen Fällen, wo etwa die Besorgnis einer Gefährdung der öffentlichen Ordnung und Sicherheit hervortritt, oder wo sonst eine genauere Kenntnisnahme von besonderem Interesse ist, nähere Erkundigungen einzuziehen und je nach Befinden Angaben über die Zwecke, Einrichtungen, Vorsteher, Mitglieder eines Vereins und über den etwaigen Verkehr mit andern zu erfordern . . .

Die ausdrückliche Genehmigung der Statuten der Vereine oder der Abänderungen derselben ist — wo es sich nicht um Vereine handelt, welche korporative Rechte (Grundgesetz vom 23. August 1829 Art. 28) haben oder zu erlangen wünschen oder wo nicht ausdrücklich ein anderes gesetzlich vorgeschrieben ist — nirgends erforderlich . . .

c) Ministerialausschreiben, betr. öffentliche Versammlungen.

Vom 25. Oktober 1878.

(Samml. der Ausschreiben S. 125.)

§ 1. Jede öffentliche Versammlung zu politischen oder sozialpolitischen Zwecken ist unter Angabe des

---

*) Vgl. oben S. 168; für Sachsen-Meiningen außer Wirkung gesetzt.

Orts, der Zeit und des Zwecks derselben sowie der etwa zum voraus zur Leitung und zum Sprechen darin ausersehenen Personen spätestens am Tage vor dem Zusammentritt schriftlich dem Landrat und dem Ortsvorstande anzumelden, in dessen Bezirk sie stattfindet.

Über die erfolgte Anmeldung ist auf Verlangen eine Bescheinigung kostenfrei auszustellen.

§ 2. Den in § 1 bezeichneten, sowie den dieselben begleitenden oder von ihnen abgeordneten Beamten ist der Zutritt zur Versammlung und ein geeigneter Platz in derselben einzuräumen, auch auf Verlangen über die Person des Vorsitzenden oder des Leiters der Versammlung und der Redner Auskunft zu erteilen.

Diese Beamten sind befugt, Anordnungen zur Aufrechterhaltung der Ordnung und Ruhe zu treffen, zu fordern, daß bewaffnete oder nicht volljährige Personen und aus Wahlversammlungen nicht im wahlfähigen Alter stehende Personen sich entfernen, sowie nach Befinden die Versammlung aufzulösen.

§ 3. Mit Geldstrafe bis zu 85 ℳ oder mit Haft bis zu 14 Tagen wird, vorbehaltlich der etwa sonst verwirkten Strafe, belegt,

1. wer eine Versammlung einberuft oder deren Vorsitz oder Leitung übernimmt, ohne daß die vorgeschriebene Anmeldung rechtzeitig erfolgte,
2. der Vorsitzende oder Leiter der Versammlung

oder der Redner, welcher der Vorschrift im § 2 Abs. 1 zuwider handelt,

3. wer den nach § 2 Abs. 2 getroffenen Anordnungen oder gestellten Aufforderungen nicht Folge leistet.

d) Generalreskript des Herzoglichen Staatsministerii, Abt. des Innern.

Vom 11. April 1900.*)

Zur Auflösung einer öffentlichen Versammlung darf nicht wegen unterlassener Anmeldung, sondern nnr dann geschritten werden, wenn den Anforderungen zur Aufrechterhaltung der Ruhe und Ordnung nicht Folge geleistet wird.

25. Herzogtum Sachsen-Altenburg.

a) Verordnung, den Beschluß der Deutschen Bundesversammlung vom 13. Juli vorigen Jahres über Maßregeln zur Aufrechterhaltung der gesetzlichen Ordnung und Ruhe im Deutschen Bunde, insbesondere das Vereinswesen betreffend.

Vom 1. März 1855 (GS. S. 64).

Diese Verordnung verkündet den Bundesbeschluß vom 13. Juli 1854 (oben S. 168) als Landesgesetz und knüpft daran folgende Ausführungsbestimmungen:

*) Vgl. oben die Anm. zu b.

Art. 1. Der Vorstand eines jeden Vereins ist verpflichtet, der Ortspolizeibehörde auf Erfordern die etwa entworfenen Statuten des Vereins und die Namen der Mitglieder mitzuteilen, sowie auf jede sonstige Weise über Einrichtung und Zweck des Vereines Auskunft zu erteilen.

Änderungen eingeforderter Statuten müssen vom Vereinsvorstande ohne weitere Aufforderung sofort nach beschlossener Änderung der Polizeibehörde mitgeteilt werden.

Art. 2. Unsere Landesregierung ist ermächtigt, die in § 1 und 3 des Bundesbeschlusses vorgesehenen Beschränkungen und Verbote nach Befinden der Umstände eintreten zu lassen.

Art. 6.*) Vorsteher oder Teilnehmer an Vereinen, welche den Bestimmungen des Bundesbeschlusses oder der gegenwärtigen Verordnung zuwiderhandeln . . ., sind, soweit nicht anderweite Strafbestimmungen eintreten, mit einer polizeilichen Ordnungsstrafe von 1 bis 50 Tlr. oder entsprechendem *Gefängnis***) zu belegen . . .

---

*) Die Vorschriften der Art. 3 bis 5 und die darauf bezüglichen Strafbestimmungen des Art. 6 sind durch die im Text abgedruckte Vd. vom 28. Jan. 1888 ersetzt.

**) Jetzt Haft bis zu 6 Wochen, vgl. Übergangsges. z. RStrGB. v. 23. Dezember 1870 (GS. S. 178) § 4.

b) Verordnung, die Verhütung des Mißbrauchs des Versammlungsrechts betreffend.*)

Vom 28. Januar 1888. (GS. S. 7.)

§ 1. Versammlungen, in welchen öffentliche Angelegenheiten erörtert oder beraten werden sollen, einschließlich der Versammlungen von Vereinen, welche eine Einwirkung auf öffentliche Angelegenheiten bezwecken, sind von den Unternehmern oder von dem Vorstande mindestens 24 Stunden vor dem Beginn der Versammlung unter Angabe des Ortes, der Zeit und des Zweckes derselben bei der Ortspolizeibehörde (Landratsamt, Stadtrat) anzumelden. Über die erfolgte Anzeige ist sofort eine Bescheinigung zu erteilen.

§ 2. Beginnt eine angemeldete Versammlung nicht spätestens eine Stunde nach der angegebenen Zeit, so ist die später beginnende Versammlung als vorschriftsmäßig angezeigt nicht anzusehen. Dasselbe gilt, wenn eine Versammlung die länger als eine Stunde ausgesetzten Verhandlungen wieder aufnimmt.

§ 3. Bei vorhandener Gefahr für die öffentliche Ruhe, Ordnung und Sicherheit sind Versammlungen der in § 1 gedachten Art . . . von

*) Über die Abhaltung relig. u. kirchl. Versammlungen vgl. §§ 13—16, 23—26 der Höchsten Vd., die Bildung neuer Religionsgemeinschaften betr. v. 24. Januar 1851. — Über die Abhaltung öffentl. Versammlungen an Sonn- und Festtagen vgl. § 11 der Höchsten Vd. v. 25. November 1897.

der Polizeibehörde in Gemäßheit der Vorschriften in den §§ 1 bis 3 des Gesetzes über Abwendung usw. von Störungen der öffentlichen Ruhe vom 25. März 1837 zu verbieten, sofern nicht anderweite gesetzliche Bestimmungen einem solchen Verbote entgegenstehen.

§ 4. Die Polizeibehörde ist befugt, in die im § 1 dieser Verordnung gedachten Versammlungen, sofern der Vorstand dieser Behörde, sei es allein oder in Begleitung, der Versammlung nicht selbst beiwohnen will, einen oder mehrere Polizeibeamte zu senden. Die letzteren müssen sich, außer wenn sie in Dienstkleidung erscheinen, auf Erfordern des Unternehmers oder des Vorsitzenden der Versammlung als amtlich Beauftragte durch schriftlichen Vorweis legitimieren.

Dem Vorstande der Polizeibehörde, sowie dessen Beamten muß ein nach deren Dafürhalten angemessener Platz in der Versammlung eingeräumt, sowie über die Person der Redner Auskunft erteilt werden.

Die in Gemäßheit dieser Bestimmung in den betreffenden Versammlungen erschienenen Polizeibeamten haben in Vertretung der Polizeibehörde die Befugnis, eine Versammlung aufzulösen und die Anwesenden aufzufordern, sich aus dieser Versammlung sofort zu entfernen.

§ 5. 1. Von der Berechtigung zur Teilnahme an Versammlungen der in § 1 gedachten

Art sind Minderjährige und solche, welche unter Kuratel stehen, ausgeschlossen.

2. Niemand darf in derartigen Versammlungen bewaffnet erscheinen, mit Ausnahme der im Dienst befindlichen Polizeibeamten.

§ 6. Störungen der in Gemäßheit des § 1 dieser Verordnung angemeldeten Versammlungen, sofern zu ihrer Beseitigung der Einfluß des Vorsitzenden der Versammlung nicht ausreicht, sind von den anwesenden (§ 4) Polizeipersonen zu rügen und zu verhindern.

Diese Polizeipersonen sind berechtigt, die Störer aus der Versammlung zu weisen und durch geeignete polizeiliche Maßregeln die Freiheit des Versammlungsrechts zu schützen.

§ 7. An Geld bis zu 150 Mark oder mit Haft bis zu 6 Wochen werden bestraft:

1. die Unternehmer, Vorsteher, Leiter oder die beauftragten Vertrauensmänner der Versammlungen und Vereine, welche die in § 1 dieser Verordnung bestimmte Verpflichtung nicht erfüllt haben,
2. alle diejenigen, welche einem von der Polizeibehörde erlassenen Verbote der in § 1 erwähnten Versammlung zuwider dennoch an der verbotenen Versammlung teilnehmen,
3. diejenigen Personen der im § 5 Nr. 1 ge-

dachten Art, welche auf hierzu an sie von dem Vorstande der Polizeibehörde oder dessen Vertreter (§ 4) erlassene Aufforderung sich nicht sofort aus der Versammlung entfernen, ingleichen diejenigen, welche in einer Versammlung mit Waffen erscheinen, ohne hierzu vermöge ihres Amtes berechtigt zu sein (§ 5 Nr. 2),

4. diejenigen, welche nach Auflösung einer Versammlung durch den Vorstand der Polizeibehörde oder durch die nach § 4 dieser Verordnung beauftragten und kraft dieses Auftrages hierzu legitimierten Polizeibeamten sich aus dieser Versammlung nicht sofort entfernen,
5. diejenigen, welche den in Gemäßheit des § 6 dieser Verordnung von Polizeipersonen an sie gerichteten Aufforderungen und gegebenen Anordnungen sich ungehorsam erweisen.

26. Herzogtum Sachsen-Coburg-Gotha.

Staatsgrundgesetz.

Vom 3. März 1852. (GS. für Coburg Nr. 150, für Gotha Nr. 410.)

§ 44. Alle Staatsangehörige sind berechtigt, sich ohne vorgängige obrigkeitliche Erlaubnis friedlich und ohne Waffen zu versammeln.

Von Versammlungen unter freiem Himmel ist 24 Stunden vorher von dem Unternehmer oder Leiter der Versammlung der Bezirkspolizeibehörde Anzeige zu machen, welche die Versammlung zu verbieten hat, wenn ausreichender Grund zu der Annahme vorhanden ist, daß sie der öffentlichen Sicherheit oder Ordnung werde gefährlich werden.

§ 46. Alle Staatsangehörige haben das Recht, zu solchen Zwecken, welche den Strafgesetzen oder der Sittlichkeit nicht zuwiderlaufen, Vereine zu bilden. Das Nähere bleibt der gesetzlichen Feststellung vorbehalten.*)

Die Erteilung von Korporationsrechten steht der Staatsregierung zu.**)

§ 47. Die Teilnahme aktiver Militärpersonen, mit Einschluß der Beurlaubten, an Versammlungen und Vereinen darf nur insoweit stattfinden, als die militärischen Disziplinarvorschriften nicht entgegenstehen.***)

---

*) Ausführungsgesetze fehlen. Das G. betr. den Mißbrauch des Vereinigungs- und Versammlungsrechts v. 24. Juni 1884 (GS. für Gotha Nr. 11) ist gemäß § 5 zugleich mit dem Sozialistengesetz (oben S. 17) außer Kraft getreten.

**) Vgl. jetzt BGB. §§ 21 ff. oben S. 34.

***) Vgl. jetzt Reichsmilitärgesetz § 49, MilStGB. §§ 92, 93, 101, 113 (oben S. 19).

27. Herzogtum Anhalt.

(„Provisorisches") Gesetz über die Verhütung eines die gesetzliche Freiheit und Ordnung störenden Mißbrauchs des Versammlungs- und Vereinigungsrechtes.

Vom 26. Dez. 1850. (GS. für Anhalt-Dessau-Köthen Nr. 322; auch in Bernburg eingeführt durch G. v. 1. Juli 1864, GS. für Anhalt Nr. 30.)*)

Dazu Abänderungsgesetz vom 14. März 1898 (Anhalt. GS. S. 519).

A. Von Versammlungen und Vereinen, welche eine Einwirkung auf öffentliche Angelegenheiten bezwecken.

§ 1. Von allen Versammlungen, in welchen öffentliche Angelegenheiten erörtert oder beraten werden sollen, hat der Unternehmer mindestens vierundzwanzig Stunden vor dem Beginne der Versammlung, unter genauer Angabe des Ortes, der

---

*) Das G. v. 26. Dez. 1850 ist durch § 2 des Anhalt. G. v. 30. Dez. 1870 (GS. S. 1675), betr. Übergangsbestimmungen bei Einführung des StGB. für den Nordd. Bund) auf Grund von § 2 EinfG. z. ReichsStGB. (oben S. 40) ausdrücklich aufrecht erhalten.

Über Versammlungen an Sonn- und Festtagen vgl. G. v. 2. April 1900 (Anh. GS. S. 673) § 14.

Die Veranstaltung und Ausführung von Sammlungen in öffentlichen Versammlungen bedarf ortspolizeilicher Genehmigung, vgl. PB. der Anh. Regierung v. 3. März 1891 (Anh. GS. S. 473).

Zeit und des Zweckes, Anzeige bei der Polizeibehörde zu machen. Diese Behörde hat darüber sofort eine Bescheinigung zu erteilen. Beginnt die Versammlung nicht spätestens eine Stunde nach der in der Anzeige angegebenen Zeit, so ist die später beginnende Versammlung als vorschriftsmäßig angezeigt nicht anzusehen. Dasselbe gilt, wenn eine Versammlung die länger als eine Stunde ausgesetzten Verhandlungen wieder aufnimmt.

§ 2. Die Vorsteher von Vereinen, welche eine Einwirkung auf öffentliche Angelegenheiten bezwecken, sind verpflichtet, Statuten des Vereins und das Namensverzeichnis der Mitglieder des Vorstandes und des Vereins binnen drei Tagen nach dessen Stiftung, und jede Änderung der Statuten, des Vorstandes oder der Vereinsmitglieder binnen drei Tagen, nachdem sie eingetreten ist, der Polizeibehörde zur Kenntnisnahme einzureichen, derselben auch auf Erfordern jede darauf bezügliche Auskunft zu erteilen.

Bei schon bestehenden Vereinen sind diese Verpflichtungen innerhalb acht Tagen nach Publikation dieser Verordnung zu erfüllen.

*)Über die erfolgte Einreichung der Statuten, der Namensverzeichnisse der Mitglieder des Vorstandes und des Vereins, sowie der in denselben eingetretenen Veränderungen hat die Polizeibehörde sofort eine Bescheinigung zu erteilen.

---

*) Abs. 3 und 5, die das Inverbindungtreten von Vereinen bestrafen, sind aufgehoben, Abs. 4 (jetzt Abs. 3) ist neugefaßt durch Art. I des G. v. 14. März 1898.

§ 3. Wenn für die Versammlung eines Vereins, welcher eine Einwirkung auf öffentliche Angelegenheiten beabsichtigt, Zweck, Zeit und Ort, vermöge des Statutes oder eines besonderen Beschlusses im Voraus genau festgestellt, und mit dem einen oder andern wenigstens vierundzwanzig Stunden vor der ersten Versammlung zur Kenntnis der Polizeibehörde gebracht worden sind, so bedarf es einer besonderen Anzeige, wie sie der § 1 erfordert, für die einzelnen Versammlungen nicht.

§ 4. Die Polizeibehörden sind befugt, in jede Versammlung, in welcher öffentliche Angelegenheiten erörtert oder beraten werden sollen, einen oder zwei Polizeibeamte oder eine oder zwei andere Personen als Abgeordnete zu senden.

Die Abgeordneten dürfen, wenn sie Polizeibeamte sind, nur unter ausdrücklicher Kundgebung ihrer dienstlichen Eigenschaft erscheinen. Sind sie nicht Polizeibeamte, so müssen sie durch besondere Abzeichen erkennbar sein.

Den Abgeordneten muß ein angemessener Platz eingeräumt, ihnen auch auf Erfordern durch den Vorsitzenden Auskunft über die Person der Redner gegeben werden.

§ 5. Niemand darf in einer Versammlung (§ 1) bewaffnet erscheinen, mit Ausnahme der im Dienste befindlichen Polizeibeamten.

§ 6. Versammlungen, die unter Zuwiderhandlung gegen die in den vorstehenden Paragraphen enthaltenen Bestimmungen stattfinden, oder in denen Anträge und Vorschläge erörtert oder Äußerungen getan werden, die an und für sich eine Verletzung der Strafgesetze oder eine Aufforderung oder Anreizung zu strafbaren Handlungen enthalten, können von den Abgeordneten der Obrigkeit sofort aufgelöst werden.

Diese Auflösung muß in allen Fällen stattfinden, wenn in der Versammlung Bewaffnete erscheinen, die der Aufforderung des Abgeordneten der Obrigkeit entgegen nicht sofort entfernt werden, oder wenn die Versammlung sonst eine die öffentliche Ruhe und die gesetzliche Ordnung gefährdende Haltung annimmt.

§ 7. Sobald ein Abgeordneter der Polizeibehörde die Versammlung für aufgelöst erklärt hat, sind alle Anwesenden verpflichtet, sich sofort zu entfernen. Diese Erklärung kann nötigenfalls durch die bewaffnete Macht zur Ausführung gebracht werden.

§ 8. Sind die Tatsachen, welche zur Auflösung der Versammlung Veranlassung gegeben oder bei oder infolge der Auflösung stattgefunden haben, nach dem Ermessen der Polizeibehörde zur Einleitung eines Strafverfahrens geeignet, so kann sie, wenn es sich von den Versammlungen eines Vereins handelt, dessen fernere Versammlungen vorläufig untersagen. Die Sache muß jedoch in diesem Falle binnen achtundvierzig Stunden der zuständigen Behörde zur weiteren Verfolgung übergeben werden.

Wird infolgedessen ein Strafverfahren wirklich eingeleitet, so bleiben die Versammlungen bis zur ergangenen rechtskräftigen Entscheidung ausgesetzt. Das Gericht kann in seinem Erkenntnisse die gänzliche Schließung des Vereins anordnen.

§ 9. Vereine, die andere als die in ihrem Statut angegebenen Zwecke verfolgen, oder sich zur Erreichung derselben anderer als der dort angegebenen Mittel bedienen, können, vorbehaltlich der dadurch gesetzlich etwa verwirkten Strafen, durch eine motivierte Verfügung der Polizeibehörde aus Gründen der öffentlichen Sicherheit und Ordnung*) geschlossen werden.

**)Gegen die Verfügung der Polizeibehörde ist die Klage beim Landesverwaltungsgericht zulässig, welches erstinstanzlich über dieselbe entscheidet.

B. Von politischen Vereinen insbesondere.

§ 10.***) Für politische Vereine gelten außer den vorhergehenden Paragraphen noch folgende Beschränkungen:

a) Von der Berechtigung zur Teilnahme an poli-

---

*) Das Wort „vorläufig" ist gestrichen durch Art. II, G. v. 14. März 1898.

**) Neuregelung des G. v. 14. März 1898, Art. II.

***) Art. III des G. vom 14. März 1898 hat die Bestimmung unter b neu gefaßt, den früheren Abs. 2 von d gestrichen und den letzten Abs. des § 10 neu geschaffen.

Zum letzten Abs. vgl. jetzt ReichsG. v. 11. Dez. 1899 (oben S. 99).

tischen Vereinen oder Versammlungen sind gänzlich ausgeschlossen:

1. Frauen,
2. alle minderjährigen Personen,
3. alle diejenigen, welche den Vollbesitz der bürgerlichen oder staatsbürgerlichen Rechte verloren und noch nicht wieder erlangt haben.

b) Mitglieder eines politischen Vereins können nur deutsche Staatsangehörige sein.

c) Wer wegen eines Vergehens gegen das gegenwärtige Gesetz verurteilt ist, kann an keiner Versammlung eines politischen Vereins teilnehmen, so lange er nicht die Strafe verbüßt, beziehungsweise deren Betrag erlegt hat.

d) Zum Vorstande eines politischen Vereins darf, sei es als Leiter, Ordner, Sprecher oder unter welchem sonstigen Namen, niemand gehören, der nicht auch gleichzeitig Mitglied des Vereins ist.

Besteht der Vorstand aus drei oder weniger Personen, so muß jedenfalls eine, besteht derselbe aus vier oder mehr Personen, so müssen wenigstens zwei von ihnen gleichzeitig Gemeindewähler des Ortes sein, wo der Verein seinen Sitz hat.

Das Vorhandensein dieser Bedingungen ist auf Erfordern den Polizeibehörden in den im § 2 angegebenen Formen und Fristen nachzuweisen.

e) Wird ein politischer Verein definitiv geschlossen, so dürfen seine Mitglieder in den nächsten sechs Monaten an keinem andern Vereine als Mitglieder teilnehmen.

f) Alle Versammlungen politischer Vereine, die unter Zuwiderhandlung gegen Bestimmungen des gegenwärtigen Gesetzes stattfinden, oder in denen Bestimmungen des gegenwärtigen Gesetzes zuwidergehandelt wird, können von den Abgeordneten der Polizei, vorbehaltlich der gesetzlichen Bestrafung der Beteiligten, sofort aufgelöst werden.

Wird die Auflösung im Laufe eines Jahres zum drittenmal erforderlich, so kann die Landespolizeibehörde den Verein gänzlich schließen.

Politische Vereine dürfen mit außerdeutschen Vereinen nur mit Genehmigung des Staatsministeriums in Verbindung treten. Vereine, welche dieser Bestimmung zuwiderhandeln, sind von der Polizeibehörde aufzulösen. Außerdem finden die Strafbestimmungen der §§ 15 und 18 entsprechende Anwendung.

C. Von öffentlichen Versammlungen unter freiem Himmel und Aufzügen.

§ 11. Von öffentlichen Versammlungen unter freiem Himmel muß von dem Unternehmer, Vorsteher, Ordner oder Leiter derselben, der Polizeibehörde mindestens achtundvierzig Stunden vor der Zusammenkunft Anzeige gemacht werden.

Die Genehmigung darf nur versagt werden, wenn aus Abhaltung der Versammlung Gefahr für die öffentliche Sicherheit oder Ordnung zu befürchten ist.

Soll die Versammlung auf öffentlichen Plätzen, in Städten und Ortschaften oder auf öffentlichen Straßen stattfinden, so hat die Polizeibehörde bei Erteilung der Erlaubnis auch alle dem Verkehr schuldige Rücksichten zu beobachten. Im übrigen finden auf solche Versammlungen die Bestimmungen der §§ 1, 4, 5, 6 und 7 Anwendung.

§ 12. Den in dem vorhergehenden Paragraphen erwähnten Versammlungen werden öffentliche Aufzüge in Städten und Ortschaften oder auf öffentlichen Straßen gleichgestellt. Bei Einholung der Genehmigung ist der beabsichtigte Weg anzugeben. Gewöhnliche Leichenbegängnisse, sowie Züge der Hochzeitsversammlungen, wo diese hergebracht sind, kirchliche Prozessionen, wenn sie in der hergebrachten Art stattfinden, bedürfen weder einer vorgängigen Genehmigung noch einer Anzeige.

§ 13. Innerhalb einer Meile von dem Orte der jedesmaligen Residenz des Herzogs oder von dem Orte des Sitzes des Landtags dürfen Volksversammlungen unter freiem Himmel nicht stattfinden.

Das letztere Verbot besteht nur für die Dauer der Sitzungsperiode des Landtags.

D. Strafbestimmungen.*)

§ 14. Wenn eine Versammlung ohne die in § 1 vorgeschriebene Anzeige stattgefunden hat, so trifft

*) Die Strafbestimmungen sind modifiziert durch das Anhaltische G. v. 30. Dez. 1870 (GS. S. 1675) § 5 Abs. 1: „Überall, wo im

den Unternehmer eine Geldbuße von fünf bis fünfzig Talern oder *Gefängnisstrafe* *) von acht Tagen bis zu sechs Wochen. Derjenige der den Platz dazu eingeräumt hat, und jeder, welcher in der Versammlung als Vorsteher, Ordner, Leiter oder Redner aufgetreten ist, hat eine Geldbuße von fünf bis fünfzig Talern verwirkt.

§ 15. **) Wenn, der Vorschrift des § 2 entgegen, die Statuten eines Vereins oder das Verzeichnis sämtlicher Vorsteher und Mitglieder, oder die eingetretenen Änderungen in der bestimmten Frist zur Kenntnis der Polizeibehörde nicht gebracht worden sind, oder wenn eine von den Polizeibehörden erforderte Auskunft nicht erteilt, oder eine Verbindung mit einem andern Vereine ohne die vorgeschriebene Anzeige eingegangen, oder der nach § 10d erforderliche Nachweis nicht beigebracht ist: so wird jeder Vorsteher des Vereins mit Geldbuße von fünf bis

---

Landesrecht entweder allein oder neben einer Geldstrafe Gefängnisstrafe angedroht worden ist, geht die Strafandrohung künftig bei Gefängnisstrafe bis zu sechs Wochen auf Haft in einer der bisher gedroheten Strafe gleicher Dauer, bei sechs Wochen übersteigender Gefängnisstrafe auf eine Gefängnisstrafe des neuern Rechts von $^{2}/_{3}$ der Dauer der bisher gedroheten Gefängnisstrafe."

*) Jetzt Haft, vgl. Anm. *)

**) Art. IV. des G. v. 14. März 1898: „Die Strafbestimmungen der §§ 15 und 18 treten insoweit außer Kraft, als dieselben Zuwiderhandlungen gegen die durch Artikel I und III des gegenwärtigen Gesetzes aufgehobenen Bestimmungen des § 2 Abs. 3 und des § 10d Abs. 2 betreffen."

fünfzig Talern bestraft, insofern er nicht nachweisen kann, daß die Erfüllung dieser Vorschriften ganz ohne sein Verschulden unterblieben ist. Dieser Strafe tritt, unabhängig von den Bestimmungen der allgemeinen Strafgesetze, eine *Gefängnisstrafe**) von acht Tagen bis sechs Wochen hinzu, wenn die Vorsteher wissentlich unrichtige Statuten, Verzeichnisse oder Nachweise eingereicht, oder wissentlich unrichtige Auskunft erteilt haben, oder eine Verbindung mit einem andern Vereine ohne vorherige obrigkeitliche Erlaubnis angeknüpft worden ist.

§ 16. Wenn in einer Versammlung, der Vorschrift des § 4 entgegen, den Abgeordneten der Polizeibehörden der Zutritt oder die Einräumung eines angemessenen Platzes verweigert worden ist, so trifft den Unternehmer und jeden, welcher in der Versammlung als Vorsteher, Ordner oder Leiter aufgetreten ist, Geldbuße von zehn bis einhundert Talern oder Gefängnis von vierzehn Tagen bis zu *sechs**) Monaten. Dieselbe Strafe hat der Vorsitzende verwirkt, wenn er sich weigert, den Abgeordneten der Polizeibehörde Auskunft über die Person der Redner zu geben, oder wenn er wissentlich unrichtige Auskunft erteilt.

§ 17. Wer sich nicht sofort entfernt nachdem die Abgeordneten der Polizeibehörden die Versammlung

---

*) Jetzt Haft, vgl. Anm. *) S. 220.

**) Jetzt vier, vgl. Anm. *) S. 220.

für aufgelöst erklärt haben (§§ 7, 10), wird mit Geldbuße von fünf bis zu fünfzig Talern oder mit Gefängnis von acht Tagen bis zu *drei**) Monaten bestraft.

§ 18.**) Wer bei einem politischen Vereine sich am Vorstande beteiligt, ohne daß dieser Vorstand den in § 10d vorgeschriebenen Bedingungen entspricht, wer als Vorsteher, Ordner und Leiter eines solchen Vereins, Personen, die von den Bestimmungen des § 10a, b, c, d, e betroffen werden, als Mitglieder aufgenommen oder zur Teilnahme an den Versammlungen oder zum Reden in denselben zugelassen, hat, ungeachtet ihm die jene Personen davon ausschließende Eigenschaft bekannt war, Geldbuße von fünf bis fünfzig Talern oder Gefängnis von acht Tagen bis *drei****) Monaten verwirkt.

Wer sich bei einem, sei es auch nur vorläufig geschlossenen Vereine (§§ 8, 9, 10f) als Mitglied ferner beteiligt, wird mit Geldbuße von fünf bis fünfzig Talern oder Gefängnisstrafe von acht Tagen bis *drei*†) Monaten belegt.

Wer, den Vorschriften des § 10 entgegen, sich als Mitglied eines Vereins aufnehmen läßt, oder an Versammlungen von Vereinen teilnimmt, oder darin als Redner auftritt, hat Geldbuße von fünf bis fünfzig Talern verwirkt.

*) Jetzt zwei, vgl. Anm. *) S. 220.

**) Vgl. Art. IV des G. v. 14. März 1898 (abgedr. bei § 15).

***) Jetzt zwei, vgl. Anm. *) S. 220.

†) Jetzt zwei, vgl. Anm. *) S. 220.

§ 19. Wer an einem Aufzuge oder an einer Versammlung unter freiem Himmel teilnimmt, zu welcher die nach dem gegenwärtigen Gesetze erforderliche Genehmigung nicht erteilt ist, wird mit einer Geldbuße von einem bis fünf Talern bestraft.

Wer zu einer solchen Versammlung oder zu einem solchen Aufzuge vor Eingang der obrigkeitlichen Erlaubnis auffordert oder auffordern läßt, oder darin als Ordner, Leiter oder Redner tätig ist, wird mit Geldbuße von fünf bis fünfzig Talern oder Gefängnis von acht Tagen bis zu *drei**) Monaten bestraft.

Diese Strafen sind jederzeit verwirkt, wenn die Versammlung oder der Aufzug in den Städten und Ortschaften oder auf öffentlichen Straßen, oder wenn eine Volksversammlung in den Fällen des § 13 stattgefunden hat. In allen anderen Fällen sind die Teilnehmer und selbst diejenigen, welche als Redner aufgetreten sind, nur dann strafbar, wenn die Versagung der Genehmigung oder das nachträgliche Verbot vorher öffentlich oder den Teilnehmern besonders bekannt gemacht war. Wird die Nichtgenehmigung oder das Verbot während der Versammlung oder während des Aufzuges selbst bekannt gemacht, so kann sich wegen seiner späteren Beteiligung niemand mit Unkenntnis der Nichtgenehmigung oder des Verbotes entschuldigen.

---

*) Jetzt zwei, vgl. Anm. *) 220.

§ 20. Wer gegen das Verbot des § 5 in einer Versammlung bewaffnet erscheint, wird mit Gefängnis bis zu *sechs**) Monaten . . . .**) belegt.

§ 21. Wer auffordert, in einer Versammlung mit Waffen zu erscheinen, oder die Aufforderung hierzu verbreiten läßt, oder in einer Versammlung Waffen austeilt, hat Gefängnis***) bis zu zwei Jahren verwirkt.

E. Gerichtszuständigkeit.

§ 22. Abs. 1 (obsolet).

Abs. 2 (betraf die Umwandlung von Geldstrafen; antiquiert durch G. v. 30. Dez. 1870 [GS. S. 1675] § 3, wonach jetzt §§ 28, 29 ReichsStGB. anzuwenden sind.)

F. Ausnahmen.

§ 23. Auf die durch das Gesetz oder die gesetzlichen Autoritäten angeordneten Versammlungen, sowie auf die Versammlungen der Mitglieder des Landtags während der Dauer der ordentlichen Sitzungsperiode finden die vorstehenden Bestimmungen keine Anwendung.

---

*) Jetzt vier, vgl. Anm. *) S. 220.

**) Die Androhung verhältnismäßiger Festungsstrafe ist fortgefallen, G. v. 30. Dez. 1870 (GS. S. 1675) § 6.

***) Fassung gemäß § 6 a. a. O. (anstatt „Festungsstrafe oder Arbeitshaus").

28. Fürstentum Schwarzburg-Rudolstadt.

a) Bekanntmachung, den Bundesbeschluß wegen Aufrechthaltung der gesetzlichen Ordnung und Ruhe im Deutschen Bunde, insbesondere das Vereinswesen betreffend.

Vom 28. Juli 1854 (GS. S. 194).

Hierdurch wurde der Bundesbeschluß vom 13. Juli 1854 (oben S. 168) zur Nachachtung bekannt gemacht.*)

b) Verordnung, betr. die Ausführung des Bundesbeschlusses hinsichtlich der das Vereinswesen regelnden Grundsätze.

Vom 23. Mai 1856 (GS. S. 147).

§ 1. Jeder bereits bestehende Verein ohne Unterschied des von ihm verfolgten Zweckes ist verpflichtet, spätestens bis zum 1. August d. J. der Polizeibehörde des Ortes, in welchem er seinen Sitz hat, die Vereinszwecke schriftlich anzuzeigen und die Vorstandspersonen namhaft zu machen. Ausgenommen von dieser Verpflichtung sind diejenigen Körperschaften und Gesellschaften, welche entweder auf dem Grunde gesetzlicher Vorschriften oder mit

*) Über öffentl. Versammlungen und Aufzüge an Sonn- und Festtagen vgl. Verordnung v. 2. Juli 1892 (GS. S. 167) § 6.

ausdrücklicher Genehmigung des Fürstlichen Ministeriums oder des betreffenden Landratsamtes bestehen.

§ 2. Jeder Verein, welcher sich neu bilden will, hat vierzehn Tage vor dem Beginne seiner Wirksamkeit den Zweck der Vereinigung und seine Statuten der Polizeibehörde des Orts, in dem der Verein seinen Sitz haben soll, vorzulegen, auch auf Verlangen der gedachten Behörde diejenigen Personen namhaft zu machen, welche zur Bildung des Vereins zusammenzutreten beabsichtigen.

§ 3. Die Ortspolizeibehörden, an welche die in den §§ 1, 2 und 5 vorgeschriebenen Anzeigen erfolgen, haben dieselben unverzüglich dem zuständigen Landratsamte vorzulegen.

§ 4 (ermächtigte die Landratsämter . . ., gewisse Vereine zu verbieten; aufgehoben durch G. v. 28. Dez. 1898 — unten d — und ersetzt durch dessen Art. II).

§ 5. Sowohl die höheren Polizeibehörden als die zuständigen Ortspolizeibehörden sind berechtigt, von allen Vereinen ohne Ausnahme, wenn und so oft sie es für nötig erachten, über die Einrichtungen, Zwecke und Wirksamkeit des betreffenden Vereins genau Auskunft zu verlangen, die Vorsteher, Beamten und Mitglieder sich anzeigen, auch die Statuten und Akten sich zur Einsicht vorlegen zu lassen.

Jede Änderung vorgelegter Statuten ist vom Vereinsvorstande ohne weitere Aufforderung sofort und längstens binnen drei Tagen nach beschlossener Änderung der Ortspolizeibehörde anzuzeigen.

§ 6 und 7 (betrafen Versammlungen solcher Vereine, die ohne besondere staatliche Anerkennung oder Genehmigung bestehen und sich mit öffentlichen Angelegenheiten beschäftigen; aufgehoben durch § 11 des G. v. 5. Januar 1894, unten c).

§ 8 (verbot Arbeitervereine und Verbrüderungen, die politische usw. Zwecke verfolgen; aufgehoben durch G. v. 23. Dezember 1898, unten d).

§ 9 (bestrafte die Beteiligung an verbotenen Vereinen; aufgehoben durch G. v. 23. Dezember 1898, unten d und ersetzt durch dessen Art. III).

§ 10. Die Nichtbeachtung der in den §§ 1, 2 [6 und 7]*) enthaltenen Vorschriften oder der nach den §§ [4 und] 5 getroffenen Anordnungen der Polizeibehörden, ingleichen der Bestimmung in den §§ 4, 5 und 6 des Bundesbeschlusses vom 13. Juli 1854 wird, soweit nicht anderweite Strafbestimmungen in Anwendung kommen, gegen die Vereinsvorstände und gegen die ungehorsamen Vereinsmitglieder mit Individualgeldstrafen bis zu fünfzig Talern oder mit Gefängnis bis zu drei Monaten geahndet.

---

*) S. unten c § 11.

c) Gesetz, die Ausübung des Versammlungsrechts betreffend.

Vom 5. Januar 1894 (GS. S. 2).*)

Wir usw. verordnen im Anschluß an die Verordnung vom 23. Mai 1856 — GS. S. 147:

§ 1. Alle Versammlungen, in welchen öffentliche Angelegenheiten erörtert oder beraten werden sollen, sind von den Unternehmern mindestens 24 Stunden vor dem Beginn der Versammlung unter Angabe des Orts, der Zeit und des Zwecks derselben bei der Ortspolizeibehörde anzumelden.

Einer besonderen Anmeldung der einzelnen Versammlung von Vereinen, welche eine Einwirkung von öffentlichen Angelegenheiten bezwecken, bedarf es jedoch nicht, wenn für diese Versammlungen Zeit und Ort statutenmäßig oder durch besonderen Beschluß im voraus feststeht und diese Bestimmung so zeitig zur Kenntnis der Ortspolizeibehörde gebracht worden ist, daß die in Abs. 1 geregelte Anmeldefrist gewahrt ist.

§ 2. Über die erfolgte Anmeldung ist sofort eine Bescheinigung auszustellen, in welcher Ort und Zeit der Versammlung genau anzugeben sind.

Beginnt die Versammlung später als eine Stunde nach dem angezeigten Zeitpunkte oder wird sie nach einer über eine Stunde dauernden Unterbrechung

*) Hierzu Ministerialbekanntmachung vom 6. Januar 1894 (GS. S. 2), betr. die Ausführung dieses Gesetzes.

wieder aufgenommen oder an einem anderen als dem angezeigten Orte abgehalten, so ist sie als vorschriftsmäßig angezeigt nicht anzusehen.

§ 3. Bei vorhandener Gefahr für die öffentliche Ruhe, Ordnung und Sicherheit ist die Abhaltung von Versammlungen der in § 1 gedachten Art von der Polizeibehörde zu verbieten, sofern nicht anderweite gesetzliche Bestimmungen einem solchen Verbote entgegenstehen.

§ 4. Alle Versammlungen unter freiem Himmel bedürfen der Genehmigung der Polizeibehörde. Die Genehmigung ist mindestens 48 Stunden vor Beginn der Zusammenkunft in der in § 1 Abs. 1 angegebenen Weise nachzusuchen.

Alle auswärtigen Vereine, welche an einem Orte des Fürstentums Versammlungen abhalten wollen, haben die Genehmigung der Polizeibehörde in gleicher Frist dazu einzuholen.

§ 5. Niemand darf in einer Versammlung bewaffnet erscheinen mit Ausnahme der in Dienstkleidung befindlichen Polizeibeamten.

Auch sind Minderjährige und Personen, welche nicht im Vollgenuß der bürgerlichen Ehrenrechte stehen, von der Berechtigung zur Teilnahme an Versammlungen ausgeschlossen.

§ 6. Die Polizeibehörde ist befugt, der Versammlung beizuwohnen und auch in dieselbe einen oder mehrere obrigkeitliche Abgeordnete zu senden. Diesen Beamten muß ein nach ihrem Dafürhalten angemessener Platz eingeräumt und auf Erfordern von dem Vorsitzenden der Versammlung Auskunft über die Person des Redners gegeben werden.

Die in Dienstkleidung erschienenen obrigkeitlichen Abgeordneten bedürfen zu ihrer Legitimation keines schriftlichen Vorweises.

§ 7. Störungen der Versammlung, zu deren Beseitigung der Einfluß des Vorsitzenden nicht ausreicht, sind durch die Polizeibehörden, bezüglich die obrigkeitlichen Abgeordneten zu rügen und zu verhindern.

Diese Polizeipersonen sind berechtigt, die Störer und die etwa beunruhigenderweise teilnehmenden Personen — § 5 — aus der Versammlung zu weisen und durch geeignete polizeiliche Maßregeln die Freiheit des Versammlungsrechts zu schützen.

§ 8. Die Polizeibehörde und bezüglich die obrigkeitlichen Abgeordneten sind befugt, die Versammlung sofort aufzulösen, wenn die ihre Abhaltung bedingenden Förmlichkeiten nicht beobachtet werden oder wenn in der Versammlung Anträge oder Vorschläge erörtert werden, welche eine Aufforderung oder Anreizung zu strafbaren Handlungen enthalten oder überhaupt, wenn die Aufrechterhaltung der öffentlichen Ruhe, Sicherheit und Ordnung begründeten Anlaß hierzu bietet.

§ 9. Ist die Versammlung für aufgelöst erklärt, so sind alle Anwesenden verpflichtet, sich sofort zu entfernen und auseinanderzugehen.

Dieser Erklärung kann nötigenfalls durch die bewaffnete Macht Folgeleistung verschafft werden.

§ 10. Mit Geld bis zu 150 Mark oder mit Haft bis 6 Wochen werden bestraft:

1. die Unternehmer und Vorsteher der Versammlung, welche die vorgeschriebene Anzeige bezüglich die Einholung der Genehmigung nach § 4 unterlassen oder die Bestimmung in § 2 nicht beachtet haben,
2. diejenigen, welche an einer von der Polizeibehörde verbotenen oder nicht genehmigten Versammlung teilnehmen,
3. wer der Vorschrift des § 5 zuwider in der Versammlung erscheint oder von den Polizeibeamten zur Verhinderung von Störungen der Versammlung getroffenen Anordnungen keine Folge leistet,
4. der Unternehmer, Vorsteher und Leiter der Versammlung, wenn dem abgesendeten Polizeibeamten die Einräumung eines angemessenen Platzes oder der Vorweis der schriftlichen Anmeldebescheinigung oder die Auskunft über die Person der Redner verweigert oder wissentlich falsch erteilt wird,
5. alle diejenigen, welche sich nicht sofort entfernen, nachdem die Versammlung für aufgelöst erklärt worden ist.

§ 11. Die §§ 6 und 7 sowie ferner der § 10 der Verordnung vom 23. Mai 1856, betreffend die Ausführung des Bundesbeschlusses hinsichtlich der das Vereinswesen regelnden Grundsätze, insoweit letzterwähnter § 10 die Übertretung der §§ 6 und 7 gedachten Verordnung unter Strafe stellt, werden durch dieses Gesetz aufgehoben.

d) Gesetz, betreffend die anderweite Regelung vereinsgesetzlicher Bestimmungen.

Vom 23. Dezember 1898 (GS. 1899 S. 7).

Die §§ 4, 8 und 9 der Verordnung vom 23. Mai 1856, betreffend usw. (oben b) sowie Art. 85 des Thüringischen Strafgesetzbuchs vom 26. April 1850*) — GS. S. 78ff. — werden hiermit aufgehoben.

An die Stelle dieser Vorschriften treten folgende Bestimmungen:

Art. I. Die Verbindung mehrerer politischer deutscher Vereine untereinander ist gestattet.**)

Art. II. Vereine, deren Zweck oder Beschlüsse den Strafgesetzen zuwiderlaufen, oder welche die religiösen, sittlichen oder gesellschaftlichen Grundlagen des Staats zu untergraben drohen, können durch Verfügung des Landratsamts verboten werden.

Gegen die verbietenden Verfügungen des Landratsamts ist das Rechtsmittel der Beschwerde an das Ministerium, Abteilung des Innern, zulässig.

---

*) Art. 85 bestrafte die Teilnahme an verbotenen Verbindungen; im übrigen war er bereits durch § 129 ReichsStGB. ersetzt.

**) s. jetzt ReichsG. v. 11. Dez. 1899 (oben S. 99).

Die Beschwerde, welche keine aufschiebende Wirkung hat, ist binnen einer ausschließlichen Frist von 14 Tagen, von der Behändigung oder Verkündigung der angefochtenen Verfügung an gerechnet, bei dem Landratsamte schriftlich oder zu Protokoll anzubringen.

Art. III. Wer sich bei einem auf Grund des Art. II verbotenen Verein als Mitglied ferner beteiligt, wird mit Geldstrafe von fünfzehn bis zu einhundertundfünfzig Mark oder mit Gefängnis von fünf Tagen bis zu drei Wochen bestraft.

Wer als Vorstandsmitglied oder Beamter eines verbotenen Vereins tätig ist, oder Versammlungen eines solchen Vereins veranstaltet, dazu öffentlich einladet oder daran als Vorsteher, Ordner, Leiter oder Redner sich beteiligt, oder wer in sonstiger Weise der ferneren Tätigkeit eines verbotenen Vereins Vorschub leistet, wird mit einer Geldstrafe von dreißig bis zu dreihundert Mark oder mit Gefängnis von zehn Tagen bis zu sechs Wochen bestraft.

29. Fürstentum Schwarzburg-Sondershausen.

a) Ministerialbekanntmachung, betreffend den Bundesbeschluß vom 13. Juli 1854 über das Vereinswesen.

Vom 9. Juni 1856 (GS. S. 131).

Diese enthält die Publikation des Bundesbeschlusses vom 13. Juli 1854 (oben S. 168).

b) Gesetz, die Ausführung des Bundesbeschlusses vom 13. Juli 1854 über das Vereinswesen betreffend.

Vom 9. Juni 1856 (GS. S. 133).

§ 1. Jeder bereits bestehende Verein, ohne Unterschied des von ihm verfolgten Zwecks, ist verpflichtet, spätestens bis zum 15. Juli d. J. der Polizeibehörde des Ortes, in welchem er seinen Sitz hat, die Vereinszwecke schriftlich anzuzeigen und die Vorstandspersonen namhaft zu machen. Ausgenommen von dieser Verpflichtung sind diejenigen Körperschaften und Gesellschaften, welche entweder auf dem Grunde gesetzlicher Vorschriften oder mit ausdrücklicher Genehmigung der Landes- oder Bezirks-Polizeibehörden bestehen.

§§ 2 und 3 = § 2 und 3 der Verordnung von Schwarzburg-Rudolstadt (oben S. 227).

§ 4 (= Schwarzburg-Rudolstadt § 4, aufgehoben durch § 1 des G. v. 27. Juli 1901 unten e).

§ 5 = Schwarzburg-Rudolstadt § 5.

§ 6. Versammlungen solcher Vereine, welche ohne besondere staatliche Anerkennung oder Genehmigung bestehen und sich mit öffentlichen Angelegenheiten beschäftigen, dürfen außerhalb der zu ihrer ausschließlichen Verfügung stehenden Lokalitäten nur nach vorgängiger Erlaubnis von seiten der Ortspolizeibehörde gehalten werden.

Auswärtige Vereine, welche in einem Orte des

Fürstentums Versammlungen halten wollen, haben unter allen Umständen die Erlaubnis des zuständigen Landratsamts vorher dazu einzuholen.

§ 7. Die Polizeibehörden sind berechtigt, allen Versammlungen eines solchen Vereins (§ 6), wenn sie es für notwendig erachten, obrigkeitliche Abgeordnete beizugeben, welchen die Ermächtigung zusteht, die Versammlung für geschlossen zu erklären, sobald hierzu eine der im § 5 des Bundesbeschlusses angegebenen Veranlassungen nach ihrem Ermessen vorliegt. Der Anordnung auf Schluß der Versammlung ist alsbald Folge zu geben.

§§ 8 und 9 (= Schwarzburg-Rudolstadt §§ 8 und 9, aufgehoben durch § 1 des G. v. 27. Juli 1901, unten e).

§ 10.*) Die Nichtbeachtung der in den §§ 1, 2, 5 Abs. 2, 6 und 7 enthaltenen Vorschriften oder der nach den § [§ 4 und] 5 Abs. 1 getroffenen Anordnungen der Polizeibehörden, ingleichen der Bestimmungen in den §§ 4,**) 5 und 6 des Bundesbeschlusses vom 13. Juli 1854 wird, soweit nicht anderweite Strafbestimmungen in Anwendung kommen, gegen die Vereinsvorstände und gegen die ungehorsamen Vereinsglieder mit Individualgeldstrafen bis zu 50 Talern oder mit Gefängnis bis zu drei Monaten geahndet.

---

*) Fassung des G. vom 1. Juli 1884 (GS. S. 27).

**) Hinsichtlich § 4 Z. 2 des Bundesbeschlusses (oben S. 168) aufgehoben durch § 1 des G. vom 14. August 1896 (unten d).

c) Gesetz, den Mißbrauch des Versammlungsrechts betreffend.

Vom 16. Februar 1874 (GS. S. 44).

§ 1. Von allen Versammlungen, in welchen öffentliche Angelegenheiten erörtert werden sollen, mit Ausnahme der im § 8 gedachten, müssen die Unternehmer spätestens 24 Stunden vor Beginn der Versammlung unter Angabe des Orts und der Zeit derselben Anzeige bei der Ortspolizeibehörde machen.

*) Alle Versammlungen unter freiem Himmel bedürfen der schriftlichen Genehmigung der Ortspolizeibehörde. Die Genehmigung ist mindestens 48 Stunden vor Beginn der Versammlung unter Angabe des Orts und der Zeit derselben nachzusuchen; sie ist zu versagen, wenn aus Abhaltung der Versammlung Gefahr für die öffentliche Ruhe, Sicherheit oder Ordnung oder den öffentlichen Verkehr zu befürchten ist.

Versammlungen, in denen öffentliche Angelegenheiten unter Teilnahme von Personen beiderlei Geschlechts erörtert werden sollen, sind von der Ortspolizeibehörde zu verbieten, wenn dies im Interesse der öffentlichen Ordnung oder der Sittlichkeit erforderlich erscheint.

---

*) Abs. 2 und 3 hinzugefügt durch § 2 des G. vom 14. Aug. 1896 (unten d). Strafbestimmungen s. daselbst § 3.

§ 2. Die Ortspolizeibehörde hat über die ihr gemachte Anzeige sofort eine Bescheinigung auszustellen, in welcher Ort und Zeit der Versammlung genau anzugeben sind.

Beginnt die Versammlung später, als eine Stunde nach dem angezeigten Zeitpunkte, oder wird sie nach einer über eine Stunde dauernden Unterbrechung wieder aufgenommen, oder an einem andern als dem angezeigten Orte abgehalten, so ist sie als vorschriftsmäßig angezeigt nicht anzusehen.

§ 3. Die Polizeibehörden sind befugt, der Versammlung beizuwohnen oder in dieselbe einen obrigkeitlichen Abgeordneten oder deren mehrere zu entsenden.

Den Polizeibehörden und deren Abgeordneten muß ein angemessener Platz eingeräumt und auf Verlangen die behördliche Bescheinigung über die erstattete Anzeige (§§ 1 und 2) vorgelegt werden.

Der Vorsitzende ist verpflichtet, den Polizeibehörden oder obrigkeitlichen Abgeordneten auf deren Erfordern Auskunft über die Person der Redner zu geben.

§ 4. Die Polizeibehörden oder die obrigkeitlichen Abgeordneten sind befugt, die Versammlung sofort aufzulösen, sofern entweder die ihre Abhaltung bedingenden Förmlichkeiten nicht beobachtet worden sind, oder im Interesse der Aufrechterhaltung der Gesetze, der öffentlichen Sittlichkeit, Sicherheit und Ordnung eine gegündete Veranlassung vorliegt.

§ 5. Sobald die Polizeibehörde oder einer der obrigkeitlichen Abgeordneten die Versammlung für aufgelöst erklärt hat, sind alle Anwesenden verpflichtet, sich sofort zu entfernen und auseinander zu gehen. Dieser Erklärung kann nötigenfalls durch die bewaffnete Macht Folgeleistung verschafft werden.

§ 6. Niemand darf in einer Versammlung bewaffnet erscheinen, mit Ausnahme der im Dienste befindlichen Polizeibeamten und Militärs.

§ 7. Soweit nicht anderweite Strafbestimmungen in Anwendung kommen, werden mit Geldstrafe bis zu 50 Talern oder mit Haft bestraft:

1. die Unternehmer einer ohne die im § 1 vorgeschriebene Anzeige abgehaltenen Versammlung, wie jeder, der zu einer solchen Versammlung das Lokal eingeräumt hat oder in derselben als Vorsteher, Ordner, Leiter oder Redner aufgetreten ist;
2. wer sich nicht sofort entfernt, nachdem die Versammlung für aufgelöst erklärt worden ist (§§ 4 und 5);
3. wer dem § 6 zuwider handelt;
4. die Unternehmer und alle, die in der Versammlung als Vorsteher, Ordner, Leiter auftreten, sofern den Polizeibehörden oder obrigkeitlichen Abgeordneten gegen § 3 Abs. 2 der Zutritt oder die Einräumung eines angemessenen Platzes oder der Vorweis der Bescheinigung über die erstattete Anzeige verweigert wird;

5. der Vorsitzende, wenn er der Polizeibehörde oder einem obrigkeitlichen Abgeordneten gegen § 3 Abs. 3 die verlangte Auskunft verweigert, oder wissentlich falsche Auskunft erteilt;

§ 8. Dieses Gesetz erleidet keine Anwendung auf die Versammlungen der mit staatlicher Anerkennung oder Genehmigung oder in Gemäßheit des G. vom 9. Juni 1856*) bestehenden Vereine.

d) Gesetz, betr. das Vereins- und Versammlungswesen. Vom 14. August 1896 (GS. S. 85).

§ 1. Die Verbindung mehrerer politischer Vereine untereinander ist gestattet.

Die entgegenstehenden Vorschriften des Bundesbeschlusses vom 13. Juli 1854 über das Vereinswesen — vgl. die Ministerialbekanntmachung usw. (oben a) — und des Ausführungsgesetzes dazu usw. (oben b) werden aufgehoben.

§ 2. Hinter den § 1 des Gesetzes, den Mißbrauch usw. (oben c) treten folgende Bestimmungen:

1. Als Absatz II: } s. oben S. 237.
2. Als Absatz III: }

§ 3. Unternehmer, Ordner, Leiter und Redner einer ohne die in § 2 dieses Gesetzes vorgeschriebene Genehmigung oder gegen das Verbot der Ortspolizeibehörde abgehaltenen Versammlung werden mit Geldstrafe bis zu 150 Mk. oder mit Haft bestraft.

*) Vgl. Seite 235.

e) Gesetz, betreffend anderweite Bestimmungen über das Vereins- und Versammlungswesen.

Vom 27. Juli 1901 (GS. S. 185).

§ 1. Die §§ 4, 8 und 9 des Gesetzes, die Ausführung usw. (oben b) sowie Art. 85 des Thüringischen Strafgesetzbuchs*) vom 25. März 1850 (GS. S. 100) werden aufgehoben.

§ 2. Jedermann hat das Recht, in Gemeinschaft mit anderen einen Verein zu bilden, sofern die gesetzlichen Vorschriften beobachtet werden.

Die Bildung oder das Fortbestehen von Vereinen deren Zweck oder Beschlüsse den Strafgesetzen oder der Sittlichkeit zuwiderlaufen, oder deren Bestrebungen den Staat oder die öffentliche Ordnung zu gefährden geeignet sind, ist jedoch von den Landräten zu verbieten.

Gegen die verbietende Verfügung des Landrats ist das Rechtsmittel der Beschwerde an das Ministerium, Abteilung des Inneren, und gegen dessen Entscheidung Beschwerde an das Gesamtministerium zulässig.

Die Beschwerden haben keine aufschiebende Wirkung. Sie sind binnen einer ausschließlichen Frist von je 14 Tagen, von der Behändigung oder Verkündigung der angefochtenen Verfügung an gerechnet, anzubringen.

---

*) Siehe oben S. 233, Note *)

§ 3. Die Abhaltung von öffentlichen Versammlungen, in denen öffentliche Angelegenheiten erörtert oder beraten werden sollen, darf von der Ortspolizeibehörde nur dann verboten werden, wenn die dringende Besorgnis einer Gefährdung der öffentlichen Ruhe, Sicherheit und Ordnung, oder der Sittlichkeit besteht, soweit nicht anderweite gesetzliche Bestimmungen einem solchen Verbote entgegenstehen.

Gegen die verbietende Verfügung der Ortspolizeibehörde ist das Rechtsmittel der Beschwerde an den Landrat, und gegen dessen Entscheidung Beschwerde an das Ministerium, Abteilung des Inneren, zulässig, welches endgültig entscheidet.

Die Beschwerden haben keine aufschiebende Wirkung.

§ 4. Personen unter 18 Jahren, Lehrlinge und Schüler dürfen an öffentlichen Versammlungen, in denen öffentliche Angelegenheiten erörtert oder beraten werden sollen, nicht teilnehmen und zu solchen nicht zugelassen werden.

§ 5. Wer als Vorstandsmitglied oder Beamter eines verbotenen Vereins tätig ist, oder Versammlungen eines solchen Vereins oder verbotene Versammlungen veranstaltet, dazu öffentlich einladet oder daran als Vorsteher, Ordner, Leiter oder Redner sich beteiligt, oder wer in sonstiger Weise der weiteren Tätigkeit eines verbotenen Vereins Vorschub leistet, ferner wer sich an einem verbotenen Vereine als Mitglied oder bei einer verbotenen Versammlung beteiligt oder den Bestimmungen des

§ 4 zuwiderhandelt, wird mit Geldstrafe bis zu einhundertundfünfzig Mark oder mit Haft bis zu sechs Wochen bestraft.

Wo in Gesetzen oder Verordnungen über das Vereins- oder Versammlungswesen härtere Strafen als Geldstrafe bis zu einhundertundfünfzig Mark oder Haftstrafe bis zu sechs Wochen angedroht sind, treten letztere Strafen an die Stelle der angedrohten.

30. Fürstentum Waldeck.

Bekanntmachung, den Bundesbeschluß vom 13. Juli d. J. wegen des Vereinswesens betreffend.

Vom 25. November 1854 (RegBl. S. 207).

Diese Bekanntmachung veröffentlicht den Bundesbeschluß v. 13. Juli 1854 (oben S. 168) zur allgemeinen Nachachtung.

Ausführungsbestimmungen fehlen.

31. Fürstentum Reuß älterer Linie.

a) Verordnung, die Verkündigung des Bundesbeschlusses vom 13. Juli 1854 über das Vereinswesen, desgleichen die zu Ausführung desselben erteilten Bestimmungen betreffend.

Vom 28. April 1855 (GS. S. 63).*)

Diese Verordnung verkündet den Bundesbeschluß vom 13. Juli 1854 (oben S. 168) als Gesetz und knüpft daran folgende Ausführungsbestimmungen:

*) Über die Novelle v. 29. Okt. 1903 (GS. S. 80) vgl. unten bei § 8.

§ 1. Zu Bildung eines Vereins ist stets die Genehmigung unserer Landesregierung erforderlich.

§ 2. Als Verein im Sinne der obigen Vorschrift ist eine Verbindung mehrerer dann zu betrachten, wenn sie einen bleibenden, nicht bloß vorübergehenden Zweck hat, Zusammenkünfte halten will und aus mehr als fünfzehn Mitgliedern bestehen soll.

§ 3. Diejenigen, welche einen Verein begründen wollen, haben solches vor der Eröffnung desselben, unter genauer Angabe des Zweckes und der Einrichtung, anzuzeigen und die Genehmigung nachzusuchen; sind bereits Statuten für den Verein entworfen, so haben die Antragsteller solche zugleich zu überreichen.

In Unserer Residenzstadt Greiz und dem Bezirke Unseres Justizamts Greiz ist die Anzeige unmittelbar bei Unserer Landesregierung, in den Bezirken Unserer Stadtvoigteigerichte zu Zeulenroda und Unseres Justizamts Burgk ist dieselbe bei diesen Behörden zu bewirken, welche dann das Anbringen mittelst kürzlicher gutachtlicher Äußerung Unserer Landesregierung vorzulegen haben.

§ 4. Von dem Ermessen Unserer Landesregierung hängt es ab, die Genehmigung zu erteilen oder zu versagen; nach Befinden auch die Bedingungen festzustellen, unter denen die Genehmigung erfolgen soll. In allen diesen Fällen sind jedoch keine Kosten in Ansatz zu bringen.

§ 5. Bereits bestehende Vereine, welche nicht schon die ausdrückliche Genehmigung Unserer Landesregierung erhalten haben, sind verpflichtet, das Gesuch darum binnen vier Wochen, von Publikation der gegenwärtigen Verordnung an gerechnet, in der § 1 bestimmten Weise anzubringen, wenn sie sich nicht binnen derselben Frist auflösen.

§ 6.*) Personen, welche dem Militärstande angehören, bedürfen zum Eintritt in irgendeinen Verein, auch wenn derselbe bereits die Genehmigung Unserer Landesregierung erhalten hat, stets die ausdrückliche Erlaubnis ihrer Vorgesetzten.

§ 7. Vereine zum geselligen Vergnügen haben wegen der von ihnen zu veranstaltenden Tanzvergnügen die bestehenden gesetzlichen Vorschriften, insbesondere Unsere Verordnung vom 26. März 1852, genau zu beachten.

Von diesen Vorschriften sind nur bereits bestehende geschlossene Gesellschaften, welche eigentümliche Lokalitäten haben, ausgenommen.

§§ 8—11 sind aufgehoben durch die Landesherrliche Verordnung v. 29. Oktober 1903, das Vereinswesen betr. (GS. S. 80).

„Die auf das Verbot politischer Vereine bezüglichen §§ 8—11, sowie 12e und f der Landesherrlichen Verordnung vom 28. April 1855 werden aufgehoben."

§ 12. Zuwiderhandlungen gegen die obigen Vorschriften sind in folgender Weise zu ahnden:

*) Vgl. oben S. 26.

a) Tritt ein Verein in Wirksamkeit, ohne die vorgängige Genehmigung Unserer Landesregierung auszuwirken (§§ 1 und 3), so sind die Unternehmer und Vorsteher jeder mit fünf bis zehn Taler, die Mitglieder aber jedes mit einem bis zwei Taler Geldstrafe oder verhältnismäßigem Gefängnis zu belegen.

Im Wiederholungsfalle ist die erkannte Strafe jedesmal zu verdoppeln.

b) Dieselbe Strafe tritt ein, wenn ein bereits bestehender Verein seine Tätigkeit fortsetzt, ohne binnen der bestimmten vierwöchentlichen Frist die Genehmigung Unserer Landesregierung nachzusuchen (§ 5).

c) Wird die Genehmigung zur Bildung eines Vereins versagt, und der Verein beginnt gleichwohl seine Wirksamkeit, so tritt das doppelte der unter a festgesetzten Strafen ein.

d) Dasselbe findet statt, wenn Unsere Landesregierung sich veranlaßt sieht, die zur Bildung eines Vereins erteilte Genehmigung nachgehends zu widerrufen, und der Verein gleichwohl seine Wirksamkeit fortsetzt.

e) und f) sind aufgehoben. Vgl. bei §§ 8—11.

b) Gesetz, das Versammlungsrecht betreffend.

Vom 3. Januar 1887 (GS. S. 1).

§ 1. Zu friedlichen Versammlungen in geschlossenen Räumen und deren Veranstaltung bedarf es keiner besonderen polizeilichen Erlaubnis.

Verboten sind Versammlungen, deren Zweck es ist, Gesetzesübertretungen, überhaupt unrechtmäßige oder unsittliche Handlungen zu begehen, dazu aufzufordern oder doch dazu geneigt zu machen, insbesondere solche Versammlungen, von denen durch Tatsachen die Annahme gerechtfertigt ist, daß sie zur Förderung von auf den Umsturz der bestehenden Staats- oder Gesellschaftsordnung gerichteten Bestrebungen bestimmt sind.

Im übrigen wird das Recht, sich zu versammeln, von Beobachtung der in den nachstehenden Paragraphen aufgestellten Bedingungen abhängig gemacht.

§ 2. Die Zusammenberufung von Versammlungen, in welchen öffentliche Angelegenheiten erörtert werden sollen, ist, selbst wenn sie öffentlich erfolgt, mindestens 24 Stunden vor dem Zusammentritt der Versammlung mit Angabe der Zeit, des Ortes und Zweckes derselben und, wenn es sich um Vorträge oder Berichterstattungen handelt, auch des Namens des Vortragenden und des Berichterstatters, dem Fürstlichen Landratsamte, beziehungsweise, soweit die Versammlungen an einem zum Amtsgerichtsbezirk Burgk gehörigen Orte stattfinden sollen, dem Fürstlichen Amtsrichter zu Burgk schriftlich anzuzeigen.

Über die erfolgte Anzeige ist vom Fürstlichen Landratsamt beziehungsweise dem Amtsrichter zu Burgk sofort eine Bescheinigung gebührenfrei auszustellen.

Die Anzeige liegt denjenigen Personen ob, von welchen die Zusammenberufung ausgeht.

Beginnt die Versammlung nicht spätestens eine Stunde nach der in der Anzeige angegebenen Zeit, oder wird die für einen bestimmten Ort angesetzte Versammlung an demselben abgebrochen und an einem anderen Ort fortgesetzt, so ist die später beginnende oder an einem*) Ort fortgesetzte Versammlung als vorschriftsmäßig angezeigt nicht anzusehen. Dasselbe gilt, wenn eine Versammlung die länger als eine Stunde ausgesetzten Verhandlungen wieder aufnimmt.

§ 3. Zur Berufung von Versammlungen sind nur diejenigen berechtigt, welche dispositionsfähig, Angehörige eines deutschen Bundesstaates und im Besitz der bürgerlichen Ehrenrechte sind, auch sich weder vor noch nach dem Erscheinen dieses Gesetzes gegenüber den Anordnungen der Polizei bei Versammlungen widersetzlich oder ungehorsam bewiesen haben, noch auf Grund dieses Gesetzes bereits bestraft worden sind.

§ 4. Jeder Versammlung muß wenigstens ein von derselben als solcher anerkannter Ordner oder Leiter vorstehen. Die Versammlung darf, wenn ein Ordner oder Leiter oder eine Mehrzahl derselben nicht im voraus bezeichnet worden ist, die Erörterung derjenigen Angelegenheiten, zu deren Beratung sie

*) Im amtlichen Text fehlt hier das Wort „anderen".

zusammentrat, nicht eher beginnen, als bis die Wahl wenigstens eines Ordners oder Leiters erfolgt ist.

Die Wahlhandlungen haben diejenigen zu leiten, welche die Versammlung veranstalteten.

Personen, welche zur Berufung von Versammlungen nicht berechtigt sind, können auch zur Ausübung der Funktionen eines Ordners oder Leiters nicht zugelassen werden.

§ 5. Das Fürstliche Landratsamt ist befugt, in jede Versammlung, in welcher öffentliche Angelegenheiten erörtert oder beraten werden sollen, sofern der Vorstand dieser Behörde der Versammlung nicht selbst, sei es allein oder in Begleitung, beiwohnen will, einen oder mehrere Polizeibeamten oder andere Abgeordneten zu senden; eine gleiche Befugnis hat der Amtsrichter in Burgk.

Auch Fürstliche Landesregierung als oberste Landespolizeibehörde ist berechtigt, Beauftragte zur Überwachung und Anwohnung solcher Versammlungen abzuordnen.

Die fraglichen Beamten beziehungsweise Beauftragten haben ihre dienstliche Eigenschaft dem Unternehmer oder Vorsitzenden der Versammlung kund zu geben.

Dem Vorstand des Fürstlichen Landratsamtes beziehungsweise dem Amtsrichter in Burgk, sowie deren Beamten oder sonst mit Überwachung der Versammlung Beauftragten muß ein nach deren

Dafürhalten angemessener Platz in der Versammlung eingeräumt, sowie über die Person der Redner Auskunft gegeben werden. Hierzu sind die Veranstalter, Ordner oder Leiter der Versammlung verpflichtet.

Auf Erfordern hat sich der Vortragende, bezw. der Berichterstatter, der Polizeibehörde gegenüber zu legitimieren.

§ 6. Von der Berechtigung zur Teilnahme an Versammlungen der in § 2 gedachten Art sind gänzlich ausgeschlossen:

1. Personen weiblichen Geschlechts,
2. minderjährige Personen und solche, welche unter Kuratel stehen,
3. diejenigen, welche den Vollbesitz der bürgerlichen Ehrenrechte verloren und noch nicht wiedererlangt haben,
4. diejenigen, welche wegen einer Verfehlung gegen das gegenwärtige Gesetz verurteilt sind, solange sie nicht die Strafe verbüßt, beziehungsweise deren Betrag erlegt haben.

§ 7. Außer den im Dienst befindlichen Polizeibeamten und denjenigen Personen, welche vermöge ihrer öffentlichen Stellung zum Tragen von Waffen verpflichtet sind, darf niemand einer Versammlung bewaffnet beiwohnen.

Inwieweit bei Versammlungen der in § 21 bezeichneten Art bei öffentlichen Auf- und Umzügen, sowie bei Festlichkeiten den Beteiligten oder gewissen Teilnehmern das Waffentragen gestattet ist, bestimmt sich danach, ob und inwieweit dieselben nach bestehenden gesetzlichen Vorschriften, nach den von den zuständigen Behörden genehmigten Vereinsstatuten oder nach besonderer Erlaubnis der Fürstlichen Landesregierung für einzelne Fälle die Befugnis zum Waffentragen besitzen.

§ 8. Die Ordner oder Leiter einer Versammlung und, solange diese noch nicht gewählt sind, die Veranstalter derselben, dürfen nicht gestatten, daß Anträge und Vorschläge erörtert oder Äußerungen getan werden, welche den Strafgesetzen widersprechen oder eine Aufforderung oder Anreizung zu Gesetzesübertretungen, überhaupt unrechtmäßigen oder unsittlichen Handlungen enthalten. Kommen dergleichen vor, so haben sie dem Urheber sofort und ohne eine Anweisung von seiten der Überwachungsbeamten abzuwarten, das Wort zu entziehen, auch, wenn ihnen nicht Folge geleistet wird, die Versammlung aufzuheben. Ebensowenig dürfen dieselben (Ordner oder Leiter) solchen Personen das Wort erteilen, welche bekanntermaßen einer Umsturzpartei angehören.

§ 9. Wird in den in § 8 vorausgesetzten Fällen der Ordnungsruf seitens der Veranstalter, Ordner oder Leiter der Versammlung unterlassen oder demselben nicht Folge geleistet, so ist der Überwachungsbeamte befugt, denen, von welchen Anträge gestellt oder Vorschläge oder Äußerungen getan werden, welche den Strafgesetzen widersprechen oder eine Aufforderung oder Anreizung zu Gesetzesübertretungen, überhaupt unrechtmäßigen oder unsittlichen Handlungen enthalten, das Wort zu entziehen und, wenn dem nicht unverzüglich Folge geleistet wird, die Versammlung aufzulösen.

Ebenso muß die Auflösung in allen Fällen stattfinden, in welchen in der Versammlung Bewaffnete oder Personen der in § 6 erwähnten Art unbefugtermaßen erschienen sind und solche der Aufforderung der Überwachungsbeamten entgegen nicht sofort entfernt werden, oder in welchen die Versammlung sonst eine die öffentliche Ruhe und die gesetzliche Ordnung gefährdende Haltung annimmt oder Bestrebungen zutage treten, welche auf den Umsturz der bestehenden Staats- und Gesellschaftsordnung gerichtet sind.

Außerdem sind die überwachenden Beamten befugt, vorbehaltlich des gegen die Beteiligten gesetzlich einzuleitenden Strafverfahrens, sofort jede Versammlung aufzulösen, bezüglich deren die Bescheinigung der erfolgten Anzeige (§ 2) nicht vorgelegt werden kann.

Die Auflösung ist mit lauter Stimme auszusprechen.

§ 10. Sobald eine Versammlung für aufgelöst erklärt ist, sind alle Anwesenden verpflichtet, sich sofort zu entfernen.

Im Fall des Ungehorsams kann die Auflösung

durch die Polizeiorgane, nach Befinden durch die bewaffnete Macht zur Ausführung gebracht werden.

§ 11. Öffentliche Versammlungen unter freiem Himmel bedürfen der vorgängigen Genehmigung des Fürstlichen Landratsamtes. Diese Genehmigung ist schriftlich nachzusuchen. Dafür, daß dieses geschehe, ist jeder der Unternehmer, Vorsteher und Ordner der Versammlung verantwortlich.

Als Versammlungen im gedachten Sinne haben auch öffentliche Auf- und Umzüge, sowie öffentliche Festlichkeiten zu gelten.

§ 12. Insoweit zu Versammlungen, öffentlichen Auf- und Umzügen oder Festlichkeiten öffentliche Straßen und Plätze in Städten benützt werden sollen, bedarf es neben der Genehmigung des Fürstlichen Landratsamtes in der gedachten Beziehung noch der Erlaubnis des örtlich zuständigen Gemeindevorstandes.

Bei Einholung der Genehmigung für öffentliche Auf- und Umzüge ist der beabsichtigte Weg anzugeben.

Die Erteilung der Erlaubnis des örtlich zuständigen Gemeindevorstandes ist von dem Nachweis der erteilten Genehmigung des Fürstlichen Landratsamtes abhängig zu machen.

§ 13. Züge und Versammlungen bei gewöhnlichen Leichenbegängnissen und Hochzeiten, sowie Aufzüge bei kirchlichen Festlichkeiten, wenn sie in der hergebrachten Weise stattfinden, bedürfen weder einer vorgängigen Genehmigung noch einer Anzeige.

Bei Aufzügen aus Veranlassung ortsgebräuchlicher Festlichkeiten, sowie bei Aufzügen, die von bestehenden Vereinen nur zu Vergnügungszwecken unternommen werden, genügt, wenn die Zahl der dabei beteiligten Personen 200 nicht übersteigt, die spätestens eine Stunde vor dem Beginne des Aufzuges an den Gemeindevorstand erstattete Anzeige des Vorhabens.

Unberührt bleiben hierbei die wegen der Auf-, Durch-, Um- und Auszüge an Sonn-, Fest- und Bußtagen bestehenden besonderen Vorschriften.

§ 14. Bei vorhandener Gefahr für die öffentliche Ruhe, Ordnung und Sicherheit können Versammlungen, sowie öffentliche Auf- und Umzüge und öffentliche Festlichkeiten vom Fürstlichen Landratsamte verboten werden.

§ 15. Insoweit Versammlungen, Auf- und Umzüge, sowie Festlichkeiten auf öffentlichen Plätzen und Straßen eines Stadtgemeindebezirks abgehalten werden sollen, ist auch die städtische Polizei verpflichtet, zu diesen Versammlungen usw. behufs Aufrechterhaltung der öffentlichen Ordnung, Ruhe und Sicherheit, namentlich auch des öffentlichen Verkehrs ihre Organe zu entsenden. Sind Organe der Landespolizei anwesend, so steht ihnen die Leitung dieser polizeilichen Tätigkeit zu.

Den betreffenden Organen der städtischen Polizei liegt die Unterstützung der Beamten der Landespolizei bei etwaigem Einschreiten derselben wider die Versammlung oder einzelne daran Beteiligte ob.

Erlangen Gemeindepolizeibeamte von Versammlungen Kenntnis, bezüglich deren nicht nachgewiesen werden kann, daß die nach diesem Gesetze erforderliche Genehmigung erteilt, beziehungsweise Anzeige erstattet ist, oder sehen sie eine Versammlung aus einem anderen Grunde als unstatthaft an, so sind sie verpflichtet, davon alsbald der Landespolizei Anzeige zu erstatten.

Bei Gefahr im Verzuge, wenn ein Beamter der zuständigen Landespolizei nicht zur Stelle ist, oder nicht rechtzeitig benachrichtigt und herbeigeholt werden kann, sind die Gemeindepolizeibeamten verpflichtet, eine solche Versammlung zu verhindern beziehungsweise aufzulösen.

Unter den gleichen Voraussetzungen liegt für die Gemeindepolizeibeamten eine gleiche Verpflichtung dann vor, wenn eine angezeigte resp. genehmigte Versammlung von einem Landespolizeibeamten nicht überwacht wird und die Auflösung sich nach §§ 9, 19, dieses Gesetzes als notwendig erweist.

§ 16. Versammlungen ist nicht gestattet, Adressen oder Petitionen in Masse oder durch Abordnung von mehr als 5 Personen zu überbringen.

Ebenso ist ihnen untersagt, Beschlüsse in der Form von Gesetzen, Verordnungen, Entscheidungen oder Kundmachungen öffentlicher Behörden zu fassen oder bekannt zu machen.

§ 17. Innerhalb einer Meile von dem Orte der jedesmaligen Residenz des Landesherrn oder von dem Ort des Sitzes des versammelten Landtags dürfen Versammlungen der in § 2 gedachten Art unter freiem Himmel nicht stattfinden.

§ 18. Die zum Gottesdienst bestimmten Gebäude dürfen niemals zur Abhaltung politischer Versammlungen eingeräumt oder benutzt werden.

§ 19. Die Polizeibehörden sind befugt, außer den in § 9 erwähnten Fällen Versammlungen auch dann aufzulösen, wenn

1. den Vorschriften in §§ 2, 11 und 12 nicht genügt worden ist,
2. den Anordnungen in § 4 nicht Folge geleistet oder den vom Fürstlichen Landratsamte bei Erteilung der Genehmigung etwa gestellten Bedingungen nicht nachgekommen wird,
3. dem in Gemäßheit des § 14 ergangenen Verbot zuwider gehandelt wird,
4. dem Vorstand des Fürstlichen Landratsamtes resp. dem Amtsrichter in Burgk, sowie deren Beamten oder sonst mit der Überwachung der Versammlung Beauftragten entweder der Zutritt verweigert oder nicht der von denselben gewählte Platz eingeräumt wird,
5. Adressen oder Petitionen in Masse oder durch Abordnung von mehr als 5 Personen zu überbringen beschlossen wird.

§ 20. Auf die durch das Gesetz oder die kirchlichen oder weltlichen Autoritäten angeordneten Versammlungen und die Versammlungen der Mitglieder des Landtags während der Dauer der Sitzungsperiode finden die vorstehenden Bestimmungen keine Anwendung.

§ 21. Die Bestimmungen der §§ 3, 4, 6, 8, 9, 10, 14 finden keine Anwendung auf solche Versammlungen, welche, ohne den Gebrauch öffentlicher Plätze und Straßen in Städten oder Ortschaften in Anspruch zu nehmen, veranstaltet werden

a) zu frommen und erlaubten Wohltätigkeitszwecken,

b) zur Übung der Gottesdienste nach den Verfassungen oder den Ordnungen bezw. Statuten der anerkannten Konfessionen oder anderer als Vereine seitens der zuständigen Behörde genehmigten oder sonst tolerierten religiösen Gemeinschaften, ev. unter Einhaltung der im allgemeinen oder speziellen gegebenen Vorschriften,

c) zum Zweck geselliger Unterhaltung,

d) von Innungen, Genossenschaften, Kassen oder Vereinen, die auf Grund von Gesetzen oder bestätigten Statuten bestehen oder doch nicht verboten sind, nach Maßgabe der bestehenden Satzungen zu statutenmäßigen Zwecken und zu welchen eine öffentliche oder allgemeine Einladung an Nichtmitglieder der Innung, Genossenschaft, Kasse oder des Vereins nicht ergangen ist.

Wenn die vorstehend sub a bis d bezeichneten Versammlungen sich mit anderen als den vorgedachten Angelegenheiten beschäftigen, ohne der Vorschrift des § 2 genügt zu haben, sind die Polizeibehörden befugt, solche aufzulösen.

§ 22. Mit Geldstrafe bis 150 Mk. oder mit Haft bis zu 6 Wochen wird bestraft:

a) wer eine Versammlung der in § 2 gedachten Art zusammenberuft oder leitet, ohne daß die in § 2 vorgeschriebene Anzeige erfolgt und eine Bescheinigung hierüber erteilt ist,

b) wer den Vorschriften in § 3 entgegenhandelt,

c) wer den Vorschriften in § 6 zuwider an einer Versammlung teilnimmt und wer als Leiter der Versammlung die Teilnahme der nach § 8 ausgeschlossenen Personen an einer Versammlung zuläßt,

d) wer als Veranstalter, Ordner oder Leiter einer Versammlung den ihm gemäß § 8 obliegenden Verpflichtungen nicht nachkömmt,

e) wer als Veranstalter, Ordner oder Leiter einer Versammlung oder eines Aufzuges das Anbringen des Antrags auf die nach § 12 erforderliche Genehmigung resp. die Erstattung der in § 13 vorgeschriebenen Anzeige unterläßt.

§ 23. Mit Geldstrafe bis 600 Mk. oder Gefängnis bis zu 6 Monaten wird bestraft, sofern nicht die allgemeinen Strafgesetze Platz greifen, wer:

a) eine nach § 1 al. 2 verbotene Versammlung zusammenberuft oder in einer solchen als Vorsteher, Leiter, Ordner oder Redner auftritt,

b) nach erfolgter Auflösung einer Versammlung sich nicht sofort entfernt,

c) in einer Versammlung mit Waffen erscheint, ohne die Befugnis hierzu zu haben, oder in derselben zur Bewaffnung auffordert oder Waffen austeilt oder zur Austeilung bereithält,

d) die Abgeordneten der Polizeibehörde und die Überwachungsbeamten überhaupt in Ausübung ihres Amtes stört oder die ihm nach § 5 al. 4 denselben gegenüber obliegenden Verpflichtungen nicht erfüllt,

e) den Vorschriften in §§ 11, 14 und 18 entgegen eine Versammlung zusammenberuft oder leitet,

f) eine der in § 16 verbotenen Handlungen begeht,

g) in Versammlungen der in § 21 sub a, c und d gedachten Art durch Reden und Anträge die dort bezeichneten Grenzen überschreitet oder als Ordner, Leiter oder Vorsteher dergleichen Überschreitungen nicht mit allen ihm zu Gebote stehenden Mitteln zu verhindern sucht.

§ 24. Derjenige, welcher den Raum zu einer überhaupt verbotenen Versammlung oder zu einer solchen, hinsichtlich deren die nach den Vorschriften dieses Gesetzes erforderliche Anzeige nicht erstattet bezw. die vorgesehene Genehmigung nicht eingeholt ist, eingeräumt hat, wird mit einer Geldstrafe von 15 bis 150 Mk. oder mit Haft von 5 Tagen bis 6 Wochen bestraft.

§ 25. Rücksichtlich der öffentlichen Schaustellungen, Schauspiele, Konzerte, Tanzbelustigungen und überhaupt der öffentlichen Vergnügungen bewendet es im übrigen bei den bestehenden Vorschriften.

§ 26. In betreff der religiösen Zusammenkünfte außerhalb der Kirche bewendet es bei den bestehenden besonderen Vorschriften.

Unberührt bleiben ferner selbstverständlich . . . der § 17 des Wahlgesetzes für den Reichstag vom 31. Mai 1869.

32. Fürstentum Reuß jüngere Linie.

Gesetz, das Vereins- und Versammlungsrecht betreffend.
Vom 5. Juli 1852 (GS. S. 64).*)

Tit. I. Von Versammlungen und Vereinen im allgemeinen.

§ 1. Alle Staatsangehörigen haben das Recht,

*) Die meisten Bestimmungen dieses Gesetzes sind mit denen des Anhaltischen Gesetzes vom 26. Dez. 1850 (oben S. 213 ff.) gleichlautend. Im Text ist daher auf die betr. Paragraphen des letzteren

sich friedlich und ohne Waffen in geschlossenen Räumen zu versammeln.*)

§ 2 = Anhalt § 1.

§ 3. Die Vorsteher von Vereinen, welche eine Einwirkung auf öffentliche Angelegenheiten bezwecken, sind verpflichtet, Statuten des Vereins und das Namensverzeichnis der Mitglieder des Vorstands und des Vereins binnen drei Tagen nach dessen Stiftung, und jede Änderung der Statuten oder des Vorstands ebenfalls binnen drei Tagen, nachdem sie eingetreten ist, der Polizeibehörde zur Kenntnisnahme einzureichen, derselben auch auf Erfordern jede darauf bezügliche Auskunft zu erteilen. Die im Bestande der Mitglieder — außer dem Vorstande — eintretenden Personalveränderungen sind allmonatlich bei der Polizeibehörde anzuzeigen.

Bei schon bestehenden Vereinen sind diese Verpflichtungen innerhalb acht Tagen nach Publikation dieses Gesetzes zu erfüllen.

Über die Erfüllung dieser Vorschriften hat die Polizeibehörde sofort eine Bescheinigung zu erteilen.

Gesetzes verwiesen; die in diesen enthaltenen Zitate von §§ = Nummern sind durch die entsprechenden Nummern des obigen Gesetzes zu ersetzen.

Zu beachten ist, daß die für Anhalt durch Gesetz v. 30. Dez. 1870 § 5 eingeführte Strafermäßigung (oben S. 220, Anm.*) für Reuß j. L. nicht erfolgt ist. Vgl. jedoch die Anm. zu §§ 18 ff.

*) Über die Veranstaltung von Sammlungen und die Erhebung von Eintrittsgeldern in öffentlichen Versammlungen vgl. Verordnung v. 30. Jan. 1904 (GS. S. 95) § 1.

§ 4 = Anhalt § 3.

§ 5 = Anhalt § 4.

§ 6 = Anhalt § 5.

§ 7 Abs. 1. Versammlungen, die unter Zuwiderhandlung gegen die in den vorstehenden Paragraphen enthaltenen Bestimmungen stattfinden, oder in denen Anträge und Vorschläge erörtert oder Äußerungen getan werden, die an und für sich eine Verletzung der Strafgesetze oder eine Aufforderung oder Anreizung zu strafbaren Handlungen enthalten, und nicht sogleich von dem Vorsitzenden mit Erfolg zurückgewiesen werden, können unter Vorbehalt der gerichtlichen Anzeige und Untersuchung von den Abgeordneten der Obrigkeit sofort aufgelöst werden.

Abs. 2 = Anhalt § 6 Abs. 2.

§ 8 = Anhalt § 7.

§ 9 = Anhalt § 8.

§ 10 Abs. 1 = Anhalt § 9 Abs. 1.

Abs. 2. Die Polizeibehörde hat die weitere Untersuchung der zuständigen Justizbehörde, welcher gleichzeitig Mitteilung von dem gefaßten Beschlusse zu machen ist, zu überlassen, und von dieser sind binnen 14 Tagen die Akten dem Landesjustizkollegium*) zur endgültigen Entscheidung der Frage

*) § 10 Abs. 2 ist zwar nicht ausdrücklich aufgehoben, erscheint aber *antiquiert* durch das G. v. 12. Sept. 1879 (GS. S. 119). § 1: Die Untersuchung der in dem Gesetze vom 5. Juli 1852 mit Strafe bedrohten Handlungen erfolgt nach den Bestimmungen des deutschen Gerichtsverfassungsgesetzes vom 27. Jan. 1877, des Ausführungsgesetzes zu diesem Gesetze vom 22. Febr. 1879 und der deutschen Strafprozeßordnung vom 1. Febr. 1877.

vorzulegen, ob eine Abweichung von den im Statute angegebenen Zwecken und Mitteln wirklich stattgefunden hat oder nicht. Wird diese Frage bejahend entschieden, so muß das Gericht gleichzeitig die definitive Schließung des Vereins aussprechen.

Tit. II. Von politischen Vereinen insbesondere.*)

§ 11. Für politische Vereine gelten außer den vorhergehenden Paragraphen noch folgende Beschränkungen:

a) (enthielt das Verbindungsverbot; aufgehoben durch Gesetz v. 9. April 1897 [GS. S. 63]).
b) = Anhalt § 10a.
c) Weder Vorstand noch Mitglied eines politischen Vereins kann sein, wer nicht Staatsangehöriger ist.
d) = Anhalt § 10c.
e) Abs. 1 = Anhalt § 10d Abs. 1.
Abs. 2: Ebenso dürfen nur Mitglieder des Vereins in dessen Versammlungen als Redner auftreten.
Abs. 3 und 4 = Anhalt § 10d Abs. 2 und 3 der neuen Fassung (also von „besteht" bis „nachzuweisen").
f) = Anhalt § 10e.

*) Die Benutzung von im Eigentum politischer Gemeinden stehenden Räumlichkeiten zur Abhaltung von Versammlungen politischer Vereine sowie von anderen als den in der revidierten Gemeindeordnung vorgesehenen öffentlichen Versammlungen ist bei Strafe verboten durch die MinBek. v. 27. Nov. 1894 (A.- u. VdBl. S. 441).

g) Kirchen und andere, religiösen Zwecken dienende Räumlichkeiten dürfen in keinem Falle als Lokal zu politischen Versammlungen eingeräumt oder benutzt werden.

h) = Anhalt § 10 f Abs. 1 und 2 (also bis „gänzlich schließen").

Tit. III. Von öffentlichen Versammlungen unter freiem Himmel und von Aufzügen.

§ 12 = Anhalt § 11.

§ 13 = Anhalt § 12.

§ 14 = Anhalt § 13 (mit unwesentl. Änderungen der Fassung).

§ 15 (betraf Militärpersonen; antiquiert).*)

Tit. IV. Strafbestimmungen.

§ 16 = Anhalt § 14.

§ 17 = Anhalt § 15.

§ 18 = Anhalt § 16.**)

§ 19 = Anhalt § 17.**)

§ 20 = Anhalt § 18.**)

§ 21 = Anhalt § 19.**)

§ 22 = Anhalt § 20.**)

§ 23 = Anhalt § 21.

---

*) Vgl. oben S. 26.

**) Vgl. den Schlußsatz der Anm. *), S. 260. Die in §§ 20, 21 des Anhaltischen Gesetzes in seiner ursprünglichen Form noch ferner angedrohten Strafen (Festungsstrafe und Arbeitshaus), sind zwar hier nicht, wie in Anhalt ausdrücklich durch Landesgesetz aufgehoben; jedoch folgt die Aufhebung schon aus § 5 EG. zum ReichsStGB.

Tit. V. Gerichtszuständigkeit.

§ 24 Abs. 1 (aufgehoben durch G. v. 12. Sept. 1879 [GS. S. 119] § 2).

Abs. 2 (betraf die Umwandlung von Geldstrafen; antiquiert durch Verordnung v. 18. Nov. 1870 [GS. S. 271] § 11, wonach jetzt §§ 28, 29 ReichsStGB. anzuwenden sind).

Tit. VI. Schlußbestimmung.

§ 25. Auf die durch das Gesetz oder die gesetzlichen Autoritäten angeordneten Versammlungen und Vereine finden die vorstehenden Bestimmungen keine Anwendung.

33. Fürstentum Schaumburg-Lippe.

Gesetz, betreffend die Publikation und Ausführung des Bundesbeschlusses vom 13. Juli 1854 hinsichtlich des Vereinswesens.

Vom 30. Juni 1855 (Landesverordnungen S. 736).

Dieses Gesetz veröffentlicht den Bundesbeschluß vom 13. Juli 1854 (oben S. 168) zur Nachachtung und knüpft daran folgende Ausführungsbestimmungen:

Art. 1. Die Verordnung vom 16. März 1848, das allgemeine Petitions- und Versammlungsrecht betr., wird, insoweit sie mit den Bestimmungen des Bundesbeschlusses vom 13. Juli v. J. in Widerspruch tritt, aufgehoben.

Art. 2. Der Vorstand eines jeden Vereins*) ist verpflichtet, Unserer Regierung binnen drei Tagen nach erhaltener Aufforderung die etwa entworfenen Statuten des Vereins mitzuteilen, sowie auf jede sonstige Weise über die Einrichtung und Zwecke des Vereins Auskunft zu erteilen.

Änderungen eingeforderter Statuten müssen vom Vereinsvorstande ohne weitere Aufforderung binnen drei Tagen nach beschlossener Änderung Unserer Regierung mitgeteilt werden.

Art. 3. Versammlungen der im § 5 des Bundesbeschlusses bezeichneten Vereine sind Unserer Regierung von den Vorstehern des Vereins mindestens drei Tage vorher unter Angabe des Orts, der Zeit und des Zweckes der Versammlung zur Anzeige zu bringen.

Art. 4. Beginnt die Versammlung nicht spätestens eine Stunde nach der angegebenen Zeit, so ist die später beginnende Versammlung als vorschriftsmäßig angezeigt nicht anzusehen.

Art. 5. Unsere Regierung ist befugt, in die vorgedachten Versammlungen Abgeordnete zu entsenden, welchen die im § 5 des Bundesbeschlusses bezeichneten Befugnisse zustehen.

Art. 6. Den Abgeordneten muß in der Versammlung ein angemessener Platz eingeräumt, ihnen

*) Über Kriegervereine vgl. die Vd. v. 10. Sept. 1892 (LandesVd. S. 363).

auf Erfordern durch den Vorsitzenden genügende Auskunft über die Person der Redner gegeben werden.

Art. 7. Vorsteher oder Teilnehmer von Vereinen, welche den Bestimmungen des Bundesbeschlusses oder des gegenwärtigen Gesetzes zuwider handeln oder welche nach vorgenommener Auflösung einer Versammlung (§ 5 des Bundesbeschlusses) sich nicht sofort entfernen, sollen, soweit nicht anderweite Strafbestimmungen in Anwendung kommen, mit einer Geldstrafe von 2 bis 10 Tlr., oder im Unvermögensfalle mit entsprechender *Arreststrafe**), Schüler aber (cf. § 4 Ziff. 1 des Bundesbeschlusses) lediglich mit angemessener Schulstrafe belegt werden. Außerdem kann nach Befinden der Umstände die gänzliche Auflösung des Vereins verfügt werden.

Art. 8. Die Teilnahme an Arbeitervereinen und Verbrüderungen, welche politische, sozialistische oder kommunistische Zwecke verfolgen (§ 8 des Bundesbeschlusses) ist bei 5 bis 10 Tlr. Strafe, oder im Unvermögensfalle bei entsprechender *Arreststrafe**) und bei Ausländern**) außerdem bei Strafe polizeilicher Ausweisung verboten.

Art. 9 (betraf die Zuständigkeit der Polizeikommission; aufgehoben).

---

*) Jetzt Haft, G. v. 29 Dez. 1870 (Landesvb. S. 39) § 1.
**) Vgl. ReichsVerf. Art. 3 (oben S. 16).

34. Fürstentum Lippe.

Gesetz, das Versammlungs- und Vereinsrecht betreffend.

Vom 23. Februar 1891 (GS. S. 417).

§ 1. Von allen öffentlichen Versammlungen, in welchen öffentliche Angelegenheiten erörtert oder beraten werden sollen, sowie von allen Versammlungen politischer Vereine hat der Unternehmer mindestens 24 Stunden vor Beginn der Versammlung unter Angabe des Orts und der Zeit derselben Anzeige bei der Ortspolizeibehörde zu machen. Diese Behörde hat darüber sofort eine Bescheinigung zu erteilen.

Der Unternehmer muß großjährig sein und sich im Besitze der bürgerlichen Ehrenrechte befinden.

Beginnt die Versammlung nicht spätestens eine Stunde nach der in der Anzeige angegebenen Zeit, so ist die später beginnende Versammlung als vorschriftsmäßig angezeigt nicht anzusehen. Dasselbe gilt, wenn eine Versammlung die länger als eine Stunde ausgesetzten Verhandlungen wieder aufnimmt.

§ 2. Die Vorsteher von Vereinen*), welche eine Einwirkung auf öffentliche Angelegenheiten bezwecken, sind verpflichtet, Statuten des Vereins und das

*) Über Kriegervereine vgl. die Vd. v. 4. Juni 1892 (GS. S. 69).

Verzeichnis der Mitglieder binnen einer Woche nach Stiftung des Vereins, die Vorsteher bereits bestehender Vereine dieser Art binnen 3 Monaten nach Erlaß dieses Gesetzes der Ortspolizeibehörde zur Kenntnisnahme einzureichen, derselben auch auf Erfordern jede darauf bezügliche Auskunft zu erteilen.

Politische Vereine haben jede Änderung der Statuten und der Mitglieder binnen einer Woche der Ortspolizeibehörde anzuzeigen. Andere sich mit öffentlichen Angelegenheiten beschäftigende Vereine haben eine Änderung der Statuten binnen einem Monat, nachdem sie eingetreten ist, eine Veränderung des Verzeichnisses der Vereinsmitglieder innerhalb eines Monats nach Schluß des Geschäftsjahres anzuzeigen.

Die Ortspolizeibehörde hat über die erfolgte Einreichung der Statuten und der Verzeichnisse oder deren Abänderung sofort eine Bescheinigung zu erteilen.

Diese Bestimmungen finden keine Anwendung auf nichtpolitische Vereine, wenn sie Korporationsrechte im hiesigen Lande haben, sowie auf deren Zweigvereine.

§ 3. Die Ortspolizeibehörde ist befugt, in jede Versammlung, in welcher öffentliche Angelegenheiten erörtert oder beraten werden sollen, einen oder 2 Polizeibeamte oder eine oder 2 andere Personen als Abgeordnete zu senden.

Die Abgeordneten dürfen, wenn sie Polizeibeamte sind, nur in ihrer Dienstkleidung oder unter ausdrücklicher Kundgebung ihrer dienstlichen Eigenschaft erscheinen. Sind sie nicht Polizeibeamte, so müssen sie durch besondere Abzeichen erkennbar sein.

Den Abgeordneten muß ein angemessener Platz eingeräumt, ihnen auch auf Erfordern durch den Vorsitzenden Auskunft über die Person der Redner gegeben werden.

§ 4. Die Abgeordneten der Polizeibehörde sind, vorbehaltlich des gegen die Beteiligten gesetzlich einzuleitenden Strafverfahrens, befugt, sofort jede Versammlung aufzulösen, bezüglich deren die Bescheinigung der erfolgten Anzeige (§ 1) nicht vorgelegt werden kann.

Ein Gleiches gilt, wenn in der Versammlung Anträge oder Vorschläge erörtert werden, welche eine Aufforderung oder Anreizung zu strafbaren Handlungen enthalten, oder wenn in der Versammlung Bewaffnete erscheinen, die der Aufforderung des Abgeordneten der Polizeibehörde entgegen nicht entfernt werden, oder wenn eine Versammlung einen die öffentliche Ruhe oder die gesetzliche Ordnung gefährdenden Charakter annimmt.

§ 5. Sobald ein Abgeordneter der Polizeibehörde die Versammlung für aufgelöst erklärt und die Aufforderung zum Verlassen des Lokals gestellt hat, sind alle Anwesenden verpflichtet, sich tunlichst rasch zu entfernen.

Nötigenfalls kann die Auflösung mit Waffengewalt zu Ausführung gebracht werden.

§ 6. Niemand darf in einer der im § 1 gedachten Versammlungen bewaffnet erscheinen mit Ausnahme der im Dienste befindlichen Polizeibeamten.

§ 7. Vereine, welche bezwecken, politische Gegenstände in Versammlungen zu erörtern, dürfen Frauenspersonen und männliche Minderjährige unter 18 Jahren nicht als Mitglieder aufnehmen.

Frauenspersonen und männliche Minderjährige unter 18 Jahren dürfen den Versammlungen und Sitzungen der politischen Vereine nicht beiwohnen. Werden dieselben auf die Aufforderung des anwesenden Abgeordneten der Polizeibehörde nicht entfernt, so ist Grund zur Auflösung der Versammlung oder Sitzung vorhanden.

§ 8. Öffentliche Versammlungen unter freiem Himmel bedürfen, sofern sie politische Zwecke verfolgen, der vorgängigen schriftlichen Genehmigung der Ortspolizeibehörde, in anderen Fällen nur der wenigstens 24 Stunden vorher zu machenden Anzeige an dieselbe.

Die Genehmigung ist von dem Unternehmer, Ordner oder Leiter derselben mindestens 48 Stunden vor der Zusammenkunft nachzusuchen und darf nur versagt werden, wenn aus Abhaltung der Versammlung Gefahr für die öffentliche Sicherheit und Ordnung zu befürchten ist.

Soll die Versammlung auf öffentlichen Plätzen in Städten oder Ortschaften oder auf öffentlichen Straßen stattfinden, so hat die Ortspolizeibehörde bei Erteilung der Erlaubnis alle dem Verkehr schuldige Rücksichten zu beachten.

Im übrigen finden auf solche Versammlungen die Bestimmungen der §§ 1, 3, 4, 5 und 6 Anwendung.

§ 9. Den in dem vorhergehenden Paragraphen erwähnten Versammlungen werden öffentliche Aufzüge in Städten und Ortschaften oder auf öffentlichen Straßen gleichgestellt.

Bei Einholung der Genehmigung ist der beabsichtigte Weg anzugeben.

Gewöhnliche Leichenbegängnisse, Züge der Hochzeitsversammlungen, kirchliche Prozessionen, sowie öffentliche Aufzüge, welche lediglich Vergnügungszwecke verfolgen, bedürfen einer Anzeige nicht.

§ 10. Wenn eine Versammlung ohne die im § 1 und im § 8 vorgeschriebene Anzeige stattgefunden hat, so trifft den Unternehmer eine Geldstrafe bis zu 50 Mark oder Haftstrafe.

Derjenige, der den Platz dazu eingeräumt hat, und jeder, welcher in der Versammlung als Vorsteher, Ordner oder Leiter aufgetreten ist, hat eine Geldstrafe bis zu 50 Mark oder entsprechende Haftstrafe verwirkt..

§ 11. Wenn der Vorschrift des § 2 entgegen, die Statuten eines Vereins oder das Verzeichnis der Mitglieder oder die eingetretenen Änderungen in der bestimmten Frist zur Kenntnis der Ortspolizeibehörde nicht gebracht worden sind, oder wenn eine von der Ortspolizeibehörde erforderte Auskunft nicht erteilt worden ist, so wird jeder Vorsteher des Vereins mit Geldstrafe bis zu 50 Mark oder mit entsprechender Haft bestraft, insofern er nicht nachweisen kann, daß die Anzeige oder die Einreichung des Verzeichnisses ganz ohne sein Verschulden unterblieben ist. An Stelle dieser Strafe tritt eine Gefängnisstrafe bis zu 3 Monaten, wenn die Vorsteher wissentlich unrichtige Statuten oder Verzeichnisse eingereicht, oder wissentlich unrichtige Auskunft erteilt haben.

§ 12. Wenn in einer Versammlung, der Vorschrift des § 3 Abs. 3 entgegen, den Abgeordneten der Ortspolizeibehörde der Zutritt oder die Einräumung eines angemessenen Platzes verweigert worden ist, so trifft den Unternehmer und jeden, welcher in der Versammlung als Vorsteher, Ordner oder Leiter aufgetreten ist, eine Geldstrafe bis 300 Mark oder Gefängnis bis zu 3 Monaten.

Dieselbe Strafe hat der Vorsitzende verwirkt, wenn er sich weigert, dem Abgeordneten der Polizeibehörde Auskunft über die Person der Redner zu geben, oder wenn er wissentlich unrichtige Auskunft erteilt.

§ 13. Wer sich nicht tunlichst rasch entfernt, nachdem der Abgeordnete der Ortspolizeibehörde die Versammlung für aufgelöst erklärt und die Aufforderung zum Verlassen des Lokals gestellt hat (§§ 4, 5, 7), wird, soweit nicht sonstige Strafbestimmungen Anwendung finden, mit Geldstrafe bis zu 50 Mark oder mit Haft bestraft.

§ 14. Wenn ein politischer Verein die in § 7 gezogenen Beschränkungen überschreitet, so haben Vorsteher, Ordner und Leiter, die diesen Bestimmungen wissentlich entgegen gehandelt haben, eine Geldstrafe bis zu 150 Mark oder Haftstrafe verwirkt.

Wer durch falsche Angaben bewirkt, daß er der Vorschrift des § 7 entgegen als Mitglied aufgenommen wird, wird mit Geldstrafe bis zu 150 Mark oder Haft bestraft.

§ 15. Wer an einem Aufzuge oder an einer Versammlung unter freiem Himmel teilnimmt, zu welcher die nach dem gegenwärtigen Gesetze erforderliche Genehmigung nicht erteilt ist, wird mit Geldstrafe bis zu 60 Mark oder mit Haft bis zu 14 Tagen bestraft.

Wer zu einer solchen Versammlung oder zu einem solchen Aufzuge vor Eingang der obrigkeitlichen Erlaubnis auffordert oder auffordern läßt, oder darin als Ordner oder Leiter tätig ist, wird mit Geldstrafe bis zu 150 Mark oder Haft bestraft.

Die Teilnehmer sind aber nur dann strafbar, wenn die Versagung der Genehmigung oder das nachträgliche Verbot ihnen vorher bekannt geworden ist. Wird die Nichtgenehmigung oder das Verbot während der Versammlung oder während des Aufzuges selbst bekannt gemacht, so kann sich wegen seiner weiteren Beteiligung niemand mit Unkenntnis der Nichtgenehmigung oder des Verbots entschuldigen.

§ 16. Wer gegen das Verbot des § 6 in einer Versammlung bewaffnet erscheint und sich nicht auf die Aufforderung des Leiters der Versammlung oder des überwachenden Polizeibeamten sofort entfernt, wird mit Geldstrafe bis zu 150 Mark oder mit Haft bestraft.

§ 17. Wer auffordert, in einer Versammlung mit Waffen zu erscheinen oder die Aufforderung hierzu wissentlich verbreitet, oder in einer Versammlung Waffen austeilt, wird mit Gefängnis bis zu einem Jahre bestraft.

§ 18. Auf die durch das Gesetz oder die gesetzlich berufenen Behörden angeordneten Versammlungen und die Versammlungen der Mitglieder des Landtags während der Dauer der Sitzungsperiode finden die vorstehenden Bestimmungen keine Anwendung.

§ 19. Unter politischen Vereinen sind solche Vereine zu verstehen, welche absichtlich und bewußt in ihren Versammlungen die Erörterung politischer Fragen, d. h. derjenigen, welche den Staat als lebendigen Organismus oder seine Einrichtungen betreffen, zum Zweck haben.

Als „öffentliche Versammlungen" sind alle Versammlungen anzusehen, zu welchen ohne Beschränkung auf die Mitglieder eines Vereins jeder Zutritt hat.

§ 20. Dieses Gesetz tritt mit seiner Verkündung in Kraft.

35. Freie und Hansestadt Lübeck.

Gesetz, betreffend die politischen und sozialistischen Vereine und Versammlungen.

Vom 15. September 1888 (Samml. S. 43).

§ 1. Jeder politische oder sozialistische Verein ist unter Übergabe der Statuten und eines Verzeichnisses der Mitglieder des Vorstandes dem Polizeiamte schriftlich anzuzeigen. Die Anzeige hat binnen drei Tagen nach der Begründung des Vereins, bezüglich der gegenwärtig bestehenden Vereine binnen vier Wochen nach der Veröffentlichung dieses Gesetzes zu erfolgen. Spätere Änderungen der Statuten oder der Vorstandsmitglieder sind binnen drei Tagen dem Polizeiamte schriftlich anzuzeigen. Uber die ordnungsmäßig erfolgten Anzeigen wird vom Polizeiamte sofort eine Bescheinigung unentgeltlich erteilt.

Verpflichtet zu den Anzeigen sind alle Mitglieder des Vorstandes. Durch die seitens eines Mitgliedes ordnungsmäßig erfolgte Anzeige werden die übrigen Mitglieder von der Anzeigepflicht befreit.

Die Mitglieder des Vorstandes sind verpflichtet, dem Polizeiamte auf Erfordern Auskunft über die

Einrichtungen und die Tätigkeit des Vereins zu erteilen.

Die Bestimmungen dieses Paragraphen finden auf Vereine, deren Statuten vom Senate bestätigt sind, keine Anwendung.

§ 2. Öffentliche Versammlungen unter freiem Himmel, sowie öffentliche Aufzüge sind nur mit schriftlicher Erlaubnis des Polizeiamtes gestattet. Die Erlaubnis darf nur versagt werden, wenn aus der Abhaltung der Versammlung oder des Aufzuges Gefahr für die öffentliche Sicherheit oder Ordnung zu befürchten ist.*)

Vor Erteilung der Erlaubnis darf eine öffentliche Ankündigung solcher Versammlungen oder Aufzüge oder eine öffentliche Aufforderung zur Teilnahme an denselben nicht erlassen werden.

§ 3. In geschlossenen Räumen abzuhaltende Versammlungen zu politischen oder sozialistischen Zwecken sind dem Polizeiamte schriftlich anzuzeigen. Die Anzeige hat für Versammlungen innerhalb der Stadt und der Vorstädte spätestens sechs, für Versammlungen im Landgebiete spätestens zwölf Stunden vor ihrem Beginne zu erfolgen. Die Anzeige muß den Ort und die Zeit der Versammlung enthalten. Über die ordnungsmäßig erfolgte Anzeige wird vom

---

*) Über das Verbot öffentlicher Versammlungen und Aufzüge an Sonn- und Festtagen während der Zeit des öffentlichen Gottesdienstes vgl. Vd. v. 21. Okt. 1902 (Samml. S. 154) §§ 5, 11.

Polizeiamte sofort eine Bescheinigung unentgeltlich erteilt.

Verpflichtet zur Anzeige sind die Veranstalter (Einberufer) der Versammlung, bezüglich der Versammlungen von Vereinen die Mitglieder des Vereinsvorstandes. Durch die seitens eines Verpflichteten ordnungsmäßig erfolgte Anzeige werden die übrigen Verpflichteten von der Anzeigepflicht befreit.

§ 4. Die Bestimmung in § 3 Absatz 1 unterliegt folgenden Einschränkungen:

1. Die Versammlungen von Vereinen, deren Statuten vom Senate bestätigt worden, sind nicht anzeigepflichtig.
2. Wenn Ort und Zeit der Versammlungen eines Vereins allgemein festgesetzt und dem Polizeiamte schriftlich angezeigt worden, so sind die frühestens zwölf Stunden nach dieser Anzeige und in Gemäßheit derselben stattfindenden Versammlungen nicht anzeigepflichtig.
3. Das Polizeiamt kann Versammlungen bestimmter Vereine oder bestimmter Art widerruflich von der Anzeigepflicht befreien.

§ 5. Bewaffnete, mit Ausnahme der im Dienst befindlichen Polizeibeamten, sowie Minderjährige dürfen an Versammlungen zu politischen oder sozialistischen Zwecken nicht teilnehmen.

§ 6. Das Polizeiamt ist befugt, in die Versammlungen zu politischen oder sozialistischen Zwecken

Polizeibeamte zu senden. Der die Überwachung leitende Polizeibeamte hat in Dienstkleidung zu erscheinen oder seine amtliche Eigenschaft kundzutun. Diesem Beamten hat der Leiter der Versammlung einen angemessenen Platz in seiner Nähe einzuräumen.

§ 7. Der die Überwachung einer Versammlung leitende Polizeibeamte ist befugt, die Versammlung für aufgelöst zu erklären:

1. wenn die Versammlung anzeigepflichtig ist und die Bescheinigung des Polizeiamtes, daß die Anzeige erfolgt sei, nicht vorgelegt werden kann;
2. wenn Bewaffnete oder Minderjährige dem § 5 zuwider an der Versammlung teilnehmen und trotz Aufforderung des die Überwachung leitenden Polizeibeamten nicht sofort aus der Versammlung entfernt werden;
3. wenn in der Versammlung Verhandlungen vorkommen, in welchen eine Aufforderung oder Anreizung zu strafbaren Handlungen enthalten ist;
4. wenn in der Versammlung Ausschreitungen vorkommen, welche die öffentliche Sicherheit oder Ordnung zu gefährden geeignet sind. Kann diese Gefährdung durch Entfernen der Urheber der Ausschreitungen beseitigt werden, so darf die Auflösungserklärung erst dann erfolgen, wenn trotz Aufforderung des die Überwachung leitenden Polizeibeamten die Urheber

der Ausschreitungen nicht sofort aus der Versammlung entfernt werden.

Sofort nach Erklärung der Auflösung haben sämtliche Teilnehmer der Versammlung den Versammlungsort zu verlassen. Die Entfernung der Zurückbleibenden kann zwangsweise bewirkt werden.

§ 8. Die Bestimmungen der §§ 3—7 finden keine Anwendung auf Versammlungen von Mitgliedern der Bürgerschaft.

§ 9. Übertretungen dieses Gesetzes werden, soweit nicht die Bestimmungen des Strafgesetzbuchs zur Anwendung kommen, mit Geldstrafe bis zu 150 Mark oder mit Haft bis zu 6 Wochen bestraft.

Mit gleicher Strafe wird belegt, wer in einer vorgeschriebenen Anzeige oder Auskunftserteilung unrichtige Angaben macht, sowie der Leiter einer nicht vorschriftsmäßig angezeigten Versammlung.

36. Freie und Hansestadt Bremen.

a) Verfassung.

Vom 17. November 1875 (GBl. S. 186).

§ 16. Vereine zu gemeinsamer Wirksamkeit, sowie Versammlungen in geschlossenen Räumen zu friedlichen Zwecken und ohne Waffen stehen nach Maßgabe des Gesetzes*) allen Staatsangehörigen frei.

---

*) Vgl. das sogleich folgende G. v. 22. März 1871.

§ 20. Im Fall eines Krieges, Aufruhrs, Tumults oder sonstiger Umstände, welche die öffentliche Ordnung und Sicherheit gefährden, kann der Senat die in diesem Abschnitte über ...... Versammlungs- und Vereinsrecht enthaltenen Bestimmungen und die in bezug darauf erlassenen Gesetze zeitweilig außer Kraft setzen.*) Er hat jedoch der Bürgerschaft davon unverweilt Mitteilung zu machen, und tritt eine jede desfallsige Anordnung mit Ablauf von vier Wochen ohne weiteres außer Kraft, sofern nicht innerhalb solcher Frist die Bürgerschaft einer längeren Geltung derselben beistimmt.

b) Gesetz, das Vereins- und Versammlungsrecht betreffend.

Vom 22. März 1871 (GBl. S. 22).

§ 1. Volksversammlungen unter freiem Himmel, öffentliche Aufzüge, sowie Vereine und Versammlungen mit Waffen sind nur nach vorgängiger obrigkeitlicher Erlaubnis gestattet.

§ 2. Die Begründung eines politischen oder sozialistischen Vereins ist unter Vorlage der Statuten und eines Verzeichnisses der Mitglieder des Vorstandes spätestens 24 Stunden nach der Begründung des Vereins bei der zuständigen Polizeibehörde anzuzeigen. Ebenso sind spätere Änderungen der Statuten und der Mitglieder des Vorstandes spätestens

*) Vgl. außerdem Art. 68 der ReichsVerf., oben S. 17.

binnen 3 Tagen bei der Polzeibehörde anzuzeigen, welcher auch auf Erfordern weitere Auskunft über die Einrichtungen und Tätigkeit des Vereins zu erteilen ist.

§ 3. Versammlungen zu politischen oder sozialistischen Zwecken sind spätestens 6 Stunden vor Beginn derselben bei der zuständigen Polizeibehörde anzuzeigen. Bei dieser Anzeige haben sich sämtliche Veranstalter der Versammlung zu nennen und zur Mitwirkung behufs Aufrechterhaltung der Ordnung zu verpflichten. Dieselbe Verpflichtung liegt gesetzlich den Leitern der Versammlung ob.

Den von der Polizeibehörde mit der Überwachung der Versammlung etwa zu beauftragenden Beamten sind angemessene Plätze im Versammlungslokale anzuweisen.

Dieselben sind zur Auflösung der Versammlung befugt, wenn:

a) die vorgeschriebene Anzeige nicht erfolgt ist;
b) Bewaffnete an der Versammlung teilnehmen, oder
c) Verhandlungen in derselben vorkommen, in welchen eine Aufforderung oder Anreizung zu strafbaren Handlungen enthalten ist.

Sofort nach Erklärung der Auflösung haben sämtliche Teilnehmer das Versammlungslokal zu verlassen.

§ 4. Wer an Volksversammlungen unter freiem Himmel, öffentlichen Aufzügen, oder Vereinen und

Versammlungen mit Waffen, welche ohne vorgängige obrigkeitliche Erlaubnis (§ 1) stattfinden, oder, nachdem der Mangel der vorgeschriebenen Anzeige zu seiner Kenntnis gekommen ist, an einem Verein oder einer Versammlung zu politischen oder sozialistischen Zwecken (§§ 2 und 3) sich beteiligt, oder nach Erklärung der Auflösung das Versammlungslokal nicht verläßt, hat eine Geldbuße bis zu 50 Talern, oder Haft bis zu 6 Wochen verwirkt.

§ 5. Mit gleicher Strafe werden die Mitglieder des Vereinsvorstandes belegt, wenn die vorgeschriebene Anzeige von Veränderungen der Statuten oder der Vorstandsmitglieder unterlassen wird, sowie die Wirte und Lokalinhaber, welche ihr Lokal zu nicht genehmigten Versammlungen mit Waffen oder zu nicht gehörig angezeigten politischen oder sozialistischen Versammlungen hergeben.

§ 6. Die Veranstalter und die Vorstände von politischen oder sozialistischen Vereinen und Versammlungen, sowie die Leiter der Verhandlungen in denselben trifft eine Geldbuße bis zu 100 Talern, oder eine Gefängnisstrafe bis zu drei Monaten, wenn sie:

a) einer der im § 4 erwähnten strafbaren Handlungen sich schuldig machen;

b) Versammlungen ohne die erforderliche rechtzeitige Anzeige veranstalten oder sich daran beteiligen;

c) bei den vorgeschriebenen Anzeigen sich unrichtige Angaben zu schulden kommen lassen.

37. Freie und Hansestadt Hamburg.

a) Gesetz, betreffend das Versammlungs- und Vereinigungsrecht.

Vom 19. Mai 1893 (GS. 1. Abt. S. 21).

§ 1. Vereine und Versammlungen, deren Zwecke oder deren Tätigkeit mit den Gesetzen im Widerspruch stehen oder den öffentlichen Frieden oder die öffentliche Sicherheit gefährden, sind verboten.

§ 2. Bei dringender Gefahr für den öffentlichen Frieden oder die öffentliche Sicherheit ist die Polizeibehörde berechtigt, jede öffentliche oder nicht öffentliche Versammlung zu untersagen.

§ 3. Versammlungen unter freiem Himmel dürfen ohne vorherige Erlaubnis der Polizeibehörde weder berufen noch gehalten werden.

§ 4. Niemand, mit Ausnahme der im Dienst befindlichen Polizeibeamten, darf in einer öffentlichen Versammlung Waffen tragen.

§ 5. Die Vorsteher, Unternehmer, Ordner oder Leiter einer jeden Versammlung, in welcher öffentliche Angelegenheiten erörtert oder beraten werden, sind verpflichtet, alle daselbst etwa vorkommenden Ausschreitungen, Aufforderungen oder Aufreizungen zu strafbaren Handlungen zu unterdrücken und, wenn kein Erfolg eintritt, die Versammlung sofort aufzulösen und sich selbst zu entfernen.

§ 6. Die Polizeibehörde ist jederzeit befugt, in Vereinen oder Versammlungen, in denen öffentliche

Angelegenheiten erörtert oder beraten werden sollen, einen oder mehrere Angestellte zugegen sein zu lassen, welchen Plätze unfern der Sitze des Vorstandes einzuräumen sind.

Auf Verlangen der überwachenden Polizeibeamten hat der Vorsteher einer Versammlung die Redner, welche in derselben auftreten, aufzufordern, vor Beginn ihres Vortrags den Polizeibeamten ihren Namen und ihre Wohnung anzugeben. Die Redner sind verpflichtet, dieser Aufforderung nachzukommen.

Die Polizeibeamten haben das Recht, sobald Ausschreitungen, Aufforderungen oder Anreizungen zu strafbaren Handlungen vorkommen, die Vorsteher, Unternehmer, Ordner oder Leiter der Versammlung aufzufordern, solche zu unterdrücken. Geschieht letzteres nicht oder bleibt es ohne Erfolg, so haben die Polizeibeamten das Recht, den gedachten Vorstand aufzufordern, die Versammlung aufzulösen, und wenn dieser Aufforderung nicht sofort entsprochen wird, die Versammlung ihrerseits für aufgelöst zu erklären und die Anwesenden nötigenfalls mit Gewalt zu entfernen.

§ 7. Die Berufung eines Vereins oder einer Versammlung der im § 6 Absatz 1 bezeichneten Art hat unter dem richtigen und nicht unter einem Gesamtnamen zu erfolgen; auch müssen jedesmal diejenigen Personen, welche die Versammlung berufen, namhaft gemacht und die Wohnung derselben genau angegeben werden.

§ 8. Die Veranlasser jeder Versammlung der im § 6 Absatz 1 bezeichneten Art und der Inhaber des Versammlungslokals sind verpflichtet, soweit nicht im voraus regelmäßig wiederkehrende Vereinsversammlungen angemeldet worden sind, mindestens 24 Stunden vor der Versammlung unter Angabe des Zweckes, des Orts und der Zeit der Polizeibehörde Anzeige von derselben zu machen. Diese erteilt darüber auf Verlangen eine unentgeltliche Bescheinigung.

§ 9. Jeder Verein der im § 6 Absatz 1 bezeichneten Art ist verpflichtet, der Polizeibehörde binnen dreimal 24 Stunden nach seiner ersten Versammlung die Namen und die Wohnung seiner Vorstandsmitglieder mitzuteilen, auch seine Statuten binnen einer Woche nach deren Feststellung einzureichen.

§ 10. Jede Veränderung in den Statuten oder im Vorstande ist von diesen Vereien der Polizeibehörde ebenso anzuzeigen.

§ 11. Für die in den §§ 9 und 10 vorgeschriebenen Anzeigen ist der Vorsitzende des Vereins bezw. dessen Stellvertreter persönlich verantwortlich.

§ 12. Übertretungen der Vorschriften dieses Gesetzes werden mit Geldstrafen bis zu Mk. 150,— oder mit Haft bestraft.

§ 13. Die revidierte Verordnung zur Verhütung des Mißbrauchs des Versammlungs- und Vereinigungsrechts vom 30. Juni 1851 wird aufgehoben.

b) Bekanntmachung, betreffend Verbot von Zusammenrottierungen und Umzügen.

Vom 29. Juni 1870 (GS. S. 16).

Der Senat sieht sich veranlaßt, in Erinnerung zu bringen, daß Zusammenrottierungen und (ohne besondere polizeiliche Erlaubnis) Umzüge durch die Straßen und Umgegend der Stadt, zumal unter Gesang, Musik oder Vortragung von Fahnen und Emblemen, als unverträglich mit der öffentlichen Ordnung nicht gestattet sind.

Die Polizeibehörden sind demnach angewiesen, wenn solche Zusammenrottierungen oder Umzüge dennoch erfolgen, denselben entgegenzutreten und, wenn die desfallsige Aufforderung unbeachtet bleibt, sie zu zerstreuen und auseinanderzutreiben und diejenigen, die sich widersetzen, zur Haft zu bringen.

Wer dem Verbote zuwider an solchen unstatthaften Ansammlungen teilnimmt, wird mit Geldstrafe bis zu *30 Mark Kurant**) und im Unvermögensfalle mit verhältnismäßiger *Gefängnisstrafe***) belegt . . .***)

---

*) 1 Mark Kurant = 1 Mark 20 Pfennig Reichswährung, vgl. Bekanntmachung v. 7. Dez. 1874 (GS. S. 49).

**) Jetzt Haft, vgl. G. v. 21. Dez. 1870 (GS. S. 158) sub II.

***) Schlußsatz antiquirt durch §§ 116 RStrGB. (oben S 21)

38. Elsaß-Lothringen.

Gesetz über das Vereins- und Versammlungsrecht für Elsaß-Lothringen.

Vom 21. Juni 1905 (GBl. S. 47).

I. Vereinsrecht.

§ 1. Den Vorschriften dieses Gesetzes unterliegen alle Vereine, deren Mitgliederzahl mindestens sieben beträgt, sofern sie nicht durch staatliche Verleihung Rechtsfähigkeit erlangt haben.

§ 2. Jeder Verein muß einen Vorstand haben. Der Vorstand kann aus mehreren Personen bestehen.

§ 3. Der Vorstand ist verpflichtet, innerhalb acht Tagen nach der Bildung des Vereins Namen und Sitz des Vereins unter Vorlage der Satzung und eines Verzeichnisses der Vorstandsmitglieder in je zwei Ausfertigungen dem für den Sitz des Vereins zuständigen Kreisdirektor (Polizeidirektor) anzuzeigen. In gleicher Weise ist jede Änderung der Satzung sowie jede Änderung in der Zusammensetzung des Vorstandes binnen acht Tagen, nachdem die Änderung eingetreten ist, anzuzeigen.

Über den Empfang der vorgeschriebenen Anzeige ist von der Behörde sofort eine schriftliche Bescheinigung zu erteilen.

Der für die Erteilung der Bescheinigung zu entrichtende Stempel richtet sich, soweit es sich um die

Anzeige über die Bildung von Vereinen oder über die Änderung der Satzung handelt, nach den bisher für die Genehmigung von Vereinssatzungen oder deren Änderungen vorgesehenen Sätzen des § 25, im übrigen nach § 32 des Stempelgesetzes vom 21. Juni 1897 (GBl. S. 47).

Auf Erfordern des Bezirkspräsidenten ist ferner ein Verzeichnis der Mitglieder des Vereins vorzulegen, aus welchen der Vor- und Familienname, das Alter, der Stand und Wohnort, sowie die Staatsangehörigkeit der einzelnen Mitglieder zu ersehen ist.

§ 4. Vereinstrachten, Fahnen oder Abzeichen dürfen nur mit Genehmigung des Bezirkspräsidenten getragen werden.

§ 5. Die Vereine haben ihre Satzung in deutscher Sprache abzufassen und sich bei ihren öffentlichen Kundgebungen der deutschen Sprache als Geschäftssprache zu bedienen. Ausnahmen können von dem Bezirkspräsidenten zugelassen werden.

Für das französische Sprachgebiet ist der Mitgebrauch der französischen Sprache gestattet.

§ 6. Vereine, welche einen politischen, sozialpolitischen oder religiösen Zweck verfolgen, dürfen Minderjährige nicht als Mitglieder aufnehmen. Ausnahmen können von dem Bezirkspräsidenten zugelassen werden.

Vereine, welche eine Einwirkung auf politische Wahlen bezwecken, dürfen keine Frauen und keine Ausländer als Mitglieder aufnehmen.

§ 7. Vereine, deren Verfassung, Zwecke oder Tätigkeit mit den Gesetzen in Widerspruch stehen, oder deren Tätigkeit die öffentliche Sicherheit oder den öffentlichen Frieden gefährden, sowie Vereine, welche andere, als die in der Satzung bestimmten Zwecke verfolgen, können durch den Bezirkspräsidenten aufgelöst werden.

Der die Auflösung verfügende Beschluß ist dem Vorstand schriftlich zu eröffnen und muß mit Gründen versehen sein. Er kann für vorläufig vollstreckbar erklärt werden.

Die Eröffnung hat durch Aushändigung des Beschlusses an den Vorstand gegen Empfangsbescheinigung oder mittelst Zustellung durch die Post zu erfolgen. Besteht der Vorstand aus mehreren Personen, so genügt die Eröffnung an eine von ihnen.

§ 8. Gegen den Beschluß steht dem Vorstande binnen einer Frist von 14 Tagen, welche mit dem auf die Eröffnung des Beschlusses folgenden Tage beginnt, die Berufung an den Kaiserlichen Rat zu.

II. Versammlungsrecht.

§ 9. Wer eine öffentliche Versammlung veranstalten will (Einberufer), hat hiervon mindestens 24 Stunden vorher dem für den Versammlungsort zuständigen Kreisdirektor (Polizeidirektor) Anzeige zu erstatten. Der Einberufer muß Reichsangehöriger, volljährig und im Besitze der bürgerlichen Ehrenrechte sein.

Die Anzeige muß folgende Angaben enthalten:

1. Name, Stand und Wohnort des Einberufers;
2. Ort, Tag und Stunde des Beginns der Versammlung, sowie die Räumlichkeiten, in welchen sie stattfinden soll;
3. den Zweck der Versammlung und den Gegenstand der Verhandlung.

Über den Empfang der vorgeschriebenen Anzeige ist von der Behörde sofort eine schriftliche Bescheinigung zu erteilen.

§ 10. Öffentliche Versammlungen, welche nicht in einem abgeschlossenen, gedeckten Raume stattfinden sollen, bedürfen der Genehmigung des Kreisdirektors (Polizeidirektors). Die Genehmigung ist schriftlich zu erteilen.

Öffentliche Aufzüge sind nur mit Genehmigung der Ortspolizeibehörde zulässig. Die nach den geltenden Gesetzen zugelassenen kirchlichen Umzüge fallen nicht unter diese Vorschrift.

§ 11. Die Teilnehmer an einer öffentlichen Versammlung dürfen keine Waffen mit sich führen. Diese Bestimmung findet auf öffentliche Beamte und Angehörige der bewaffneten Macht insoweit keine Anwendung, als sie die zu ihrem Dienstkleide gehörende Waffe tragen.

Minderjährige dürfen an öffentlichen Versammlungen nicht teilnehmen, sofern nicht der Kreisdirektor (Polizeidirektor) die Genehmigung hierzu dem Einberufer schriftlich erteilt hat.

An öffentlichen Versammlungen, durch welche eine Einwirkung auf politische Wahlen bezweckt wird, dürfen Frauen und Ausländer nicht teilnehmen.

§ 12. Das Ministerium kann eine öffentliche Versammlung verbieten, wenn zu befürchten steht, daß durch ihre Abhaltung der öffentliche Frieden gestört wird.

§ 13. Eine öffentliche Versammlung muß spätestens eine Stunde nach der der Behörde angezeigten Zeit des Beginns eröffnet und darf nicht länger als eine Stunde unterbrochen werden.

§ 14. Jede öffentliche Versammlung muß einen Vorstand haben, bestehend aus einem Vorsitzenden und mindestens zwei Beisitzern.

Der Vorsitzende, und, solange der Vorstand nicht gebildet ist, der Einberufer, hat die Versammlung zu leiten sowie für Ruhe und Ordnung zu sorgen.

§ 15. Der Kreisdirektor (Polizeidirektor) ist befugt, zu jeder öffentlichen Versammlung einen oder zwei überwachende Beamte zu entsenden. Sie müssen in Dienstkleidung erscheinen oder sich über ihren Auftrag ausweisen und können sich einen angemessenen Platz wählen.

Auf Verlangen muß ihnen durch den verantwortlichen Leiter der Versammlung (§ 14) über die Person der Redner Auskunft erteilt werden.

§ 16. Der überwachende Polizeibeamte ist befugt, die Versammlung aufzulösen:

1. wenn ihm die Bescheinigung über die vorschriftsmäßige Anzeige (§ 9) oder die Genehmigung (§ 10) auf Erfordern nicht alsbald vorgelegt wird;
2. wenn Personen, welche nicht anwesend sein dürfen, nach vorheriger Aufforderung die Versammlung nicht verlassen;
3. wenn die Zulassung der von dem Kreisdirektor (Polizeidirektor) entsendeten Beamten (§ 15) verweigert wird;
4. wenn der verantwortliche Leiter Fragen zur Erörterung gelangen läßt, welche mit dem in der Anzeige angegebenen Gegenstande der Verhandlung in keinem Zusammenhang stehen;
5. wenn Ausschreitungen vorkommen, welche die öffentliche Ordnung oder Sicherheit zu gefährden geeignet sind, und es dem Vorstande nicht gelingt, sie alsbald zu unterdrücken;
6. wenn zu strafbaren Handlungen, zum Ungehorsam gegen die Gesetze oder zu Gewalttätigkeiten angereizt wird.

Unberührt bleibt das Recht der Behörde, Versammlungen zu verhindern oder aufzulösen, die nach den Gesetzen verboten sind oder zu deren Abhaltung die vorgeschriebene Erlaubnis nicht erteilt worden ist.

Ist eine Versammlung polizeilich aufgelöst, so hat sich jeder Teilnehmer sofort zu entfernen.

§ 17. Die Befugnisse der Ortspolizeibehörde zur Aufrechterhaltung der Ordnung und Sicherheit an öffentlichen Orten werden durch die vorstehenden Bestimmungen nicht berührt.

III. Straf- und Übergangsbestimmungen.

§ 18. Mit Geldstrafen bis zu fünfzig Mark oder im Unvermögensfalle mit Haft bis zu zehn Tagen wird bestraft:

1. wer als Vereinsvorstand oder als Mitglied eines Vereinsvorstandes die im § 3 Absatz 1 vorgeschriebenen Anzeigen verabsäumt;
2. wer als Vereinsvorstand oder als Mitglied eines Vereinsvorstandes trotz wiederholter Aufforderung es unterläßt, das vorgeschriebene Mitgliederverzeichnis einzureichen (§ 3 Abs. 4);
3. wer den Vorschriften des § 4 über die Vereinstrachten, Fahnen und Abzeichen oder des § 5 über die Geschäftssprache der Vereine zuwiderhandelt;
4. wer als Vereinsvorstand oder als Mitglied eines Vereinsvorstandes Personen in einen Verein aufnimmt, die nach dem § 6 nicht Mitglieder sein dürfen;
5. wer als Leiter einer Versammlung (§ 14) den Vorschriften der §§ 13 und 15 zuwiderhandelt.

§ 19. Mit Geldstrafe bis zu einhundertundfünfzig Mark oder mit Haft wird bestraft:

1. wer die Mitgliedschaft an einem auf Grund des § 7 aufgelösten Vereine fortsetzt;

2. wer eine öffentliche Versammlung einberuft oder abhält, ohne daß die im § 9 vorgesehene Anzeige erstattet wird, wer ohne die im § 10 vorgeschriebene Genehmigung eine öffentliche Versammlung im Freien oder einen öffentlichen Aufzug veranstaltet, sowie wer als Leiter einer öffentlichen Versammlung (§ 14) Personen, deren Teilnahme nach dem § 11 Absatz 2 und 3 verboten ist, zuläßt;
3. wer an einer nicht genehmigten Versammlung im Freien oder an einem nicht genehmigten öffentlichen Aufzuge teilnimmt, sowie wer, obwohl ihm die Teilnahme an einer öffentlichen Versammlung nach dem § 11 Absatz 2 und 3 verboten ist, sich auf Aufforderung nicht alsbald aus der Versammlung entfernt;
4. wer Räume, über die er zu verfügen berechtigt ist, einem verbotenen oder aufgelösten Verein oder zur Abhaltung einer verbotenen Versammlung überläßt.

§ 20. Mit Geldstrafe bis zu dreihundert Mark oder mit Gefängnis bis zu drei Monaten wird bestraft:

1. wer eine auf Grund des § 12 verbotene Versammlung abhält oder an einer solchen teilnimmt;
2. wer entgegen der Vorschrift im § 11 Absatz 1 an einer öffentlichen Versammlung bewaffnet teilnimmt;

3. wer dem § 16 Absatz 3 zuwider sich nach erfolgter Auflösung einer Versammlung nicht sofort entfernt.

§ 21. Die Vorschriften dieses Gesetzes über das Vereinsrecht finden nach näherer Bestimmung des Ministeriums*) auch auf die zur Zeit des Inkrafttretens dieses Gesetzes bestehenden Vereine Anwendung.

§ 22. Die diesem Gesetz entgegenstehenden Bestimmungen, insbesondere die Gesetze vom 10. April 1834 und vom 6. Juni 1868 (Bulletin de lois Sér. IX nº 261 und Sér. XI nº 16 052), sowie die Artikel 291, 292, 293 und 294 des Code pénal sind aufgehoben.

*) Ausführungs-Verordnung vom 30. Juni 1905 (Zentral- und Bezirksamtsblatt S. 273).

Sachregister für den ersten und zweiten Teil.

(Deutsches und preußisches Recht.)

(Die Zahlen bezeichnen die Seiten.)

B.

O.

P.

R.

S.

Sachregister für den dritten Teil.

(Recht der übrigen deutschen Bundesstaaten und des Reichslandes.)

Die fettgedruckten Zahlen bezeichnen den Bundesstaat (vgl. das alphabetische Verzeichnis, unten S. 317), die anderen die Gesetzesstelle.

14 = Bayern, **15** = Sachsen, **16** = Württemberg, **17** = Baden, **18** = Hessen, **19** = Mecklenburg-Schwerin, **20** = Sachsen-Weimar, **21** = Mecklenburg-Strelitz, **22** = Oldenburg, **23** = Braunschweig, **24** = Sachsen-Meiningen, **25** = Sachsen-Altenburg, **26** = Sachsen-Koburg-Gotha, **27** = Anhalt, **28** = Schwarzburg-Rudolstadt, **29** = Schwarzburg-Sondershausen, **30** = Waldeck, **31** = Reuß ä. L., **32** = Reuß j. L., **33** = Schaumburg-Lippe, **34** = Lippe, **35** = Lübeck, **36** = Bremen, **37** = Hamburg, **38** = Elsaß-Lothringen.

Bb. bedeutet: Bundestagsbeschluß vom 13. Juli 1854 (abgedruckt bei **18** [Hessen] unter b Seite 168).

O.

P.

T.

U.

Alphabetisches Verzeichnis der Bundesstaaten.

Druck von A. W. Hayn's Erben, Potsdam.

Verzeichnis

der

Guttentag'schen Sammlung Deutscher Reichs- und Preussischer Gesetze

Text-Ausgaben

mit Anmerkungen u. Sachregister

Guttentag'sche Sammlung

Deutscher Reichsgesetze.

Text-Ausgaben mit Anmerkungen. Taschenformat.

1. **Verfassung** des Deutschen Reichs. Gegeben Berlin, den 16. April 1871. Von Dr. **L. von Rönne.** Neunte Auflage von Landrat **Paul von Rönne.** 1904. 2 M. 40 Pf.

2. **Strafgesetzbuch** für das Deutsche Reich. Nebst den gebräuchlichsten Reichs-Strafgesetzen: Presse, Entziehung elektrischer Arbeit, Personenstand, Kranken-, Unfall-, Invalidenversicherung, Gewerbeordnung, unlauterer Wettbewerb, Depot- und Börsengesetz, gewerbliche Kinderarbeit usw. Von Dr. **H. Rüdorff.** Zweiundzwanzigste Auflage von Dr. **H. Appelius,** Kammergerichtsrat. 1907. 1 M. 50 Pf.

3. **Militärstrafgerichtsordnung** nebst Einführungsgesetz und Gesetz, betreffend die Dienstvergehen der richterlichen Militärjustizbeamten und die unfreiwillige Versetzung derselben in eine andere Stelle oder in den Ruhestand. Bearbeitet von Dr. **Paul Herz,** Senatspräsident am Reichsmilitärgericht. Dritte Aufl. 1902. 4 M. (**Militär-Strafgesetzbuch** s. RG. Nr. 67.)

4. **Handelsgesetzbuch vom 10. Mai 1897** unter Ausschluß des Seerechts. Mit den ergänzenden Vorschriften des Bürgerlichen Gesetzbuchs und Erläuterungen herausgegeben von **F. Litthauer,** Justizrat. Dreizehnte Aufl. herausgeg. von Geh. Justizrat Prof. Dr. **A. Mosse,** Oberlandesgerichtsrat. 1905. 3 M.

5. Allgemeine Deutsche **Wechselordnung.** Neunte Auflage von Justizrat Dr. **J. Stranz** und Rechtsanwalt Dr. **M. Stranz,** und das Reichsgesetz über die **Wechselstempelsteuer.** Von Regierungsrat **P. Loeck.** Achte Auflage. 1906. 3 M.

6. **Gewerbeordnung** für das Deutsche Reich nebst allen Ausführungsbestimmungen. Ursprünglich herausgegeben von **T. Ph. Berger** und Dr. **L. Wilhelmi.** Siebzehnte Auflage bearbeitet von Oberverwaltungsgerichtsrat **H. Spangenberg.** 1907. 3 M.

7. Die deutsche **Post- und Telegraphen-Gesetzgebung.** Nebst dem Weltpostvertrag und dem internationalen Telegraphenvertrag. Von Wirkl. Geh. Rat Dr. **Fischer.** Fünfte Auflage bearbeitet von Geh. Postrat Dr. **M. König.** 1902. 3 M.

8. Die Reichsgesetze über den **Unterstützungswohnsitz** in der Fassung der Novelle vom 12. März 1894, **die Freizügigkeit, den Erwerb und Verlust der Bundes- und Staatsangehörigkeit,** nebst allen landesgesetzlichen Bestimmungen. Von Geheimrat Dr. **J. Krech,** Mitglied des Bundesamtes für das Heimatwesen. Sechste Auflage. 1907. 3 M.

9a. Sammlung **kleinerer privatrechtlicher Reichsgesetze.** Von **F. Vierhaus.** Zweite Auflage in Vorbereitung.

9. Sammlung kleinerer strafrechtlicher Reichsgesetze. Mit den Entscheidungen des Reichsgerichts bearbeitet von **M. Werner,** Geh. Ober-Regierungsrat. Zweite Auflage. 1903. 3 M.

Inhalt: Inhaberpapiere — Presse — Personenstand — Urheberrechtsgesetzgebung — Rinderpest — Nahrungs- und Genußmittel — Sprengstoff — Feingehalt von Gold- und Silberwaren — Patentgesetz — Handfeuerwaffen — Gebrauchsmusterschutz — Militärische Geheimnisse — Warenbezeichnung — unlauterer Wettbewerb — Auswanderung — Margarine — Wein — Sklavenraub — Fleischbeschau — Reichsseuchengesetz — Süßstoff — Reichskassenscheine.

10. Das **Reichsbeamtengesetz** vom 31. März 1873 und seine Ergänzungen. Erläutert von **J. Pieper,** Geh. Ober-Reg.-Rat. Zweite Auflage. 1901. 4 M. 50 Pf.

11. **Zivilprozeßordnung mit Gerichtsverfassungsgesetz** in den neuesten Fassungen. Unter besonderer Berücksichtigung der Entscheidungen des Reichsgerichts herausgegeben mit Anmerkungen zunächst von **R. Sydow,** Unterstaatssekretär, weiter bearbeitet von **L. Busch,** Reichsgerichtsrat Zehnte Auflage. 8⁰. 1905. 6 M.

Dieser Band ist in größerem Format erschienen!

12. **Strafprozeßordnung und Gerichtsverfassungsgesetz** nebst dem Gesetz, betreffend die Entschädigung der im Wiederaufnahmeverfahren freigesprochenen Personen. Von Dr. **A. Hellweg,** Reichsgerichtsrat. Vierzehnte Auflage. 1907. 2 M.

13. **Konkursordnung und Anfechtungsgesetz.** Von **R. Sydow.** Weiter bearbeitet von **L. Busch.** Zehnte Auflage. 1906. 2 M. 25 Pf.

14. **Gerichtsverfassungsgesetz** mit Einführungsgesetz. Herausgegeben von **R. Sydow** und **L. Busch.** Neunte Auflage. 1905. 1 M. 50 Pf.

15. Das **Deutsche Gerichtskostengesetz** nebst den Gebührenordnungen für Gerichtsvollzieher, Zeugen und Sachverständige. Herausgegeben mit Kostentabellen von **R. Sydow.** Weiter bearbeitet von **L. Busch.** Achte Auflage. 1907.

16. **Rechtsanwaltsordnung.** Von **R. Sydow.** Sechste Auflage von Justizrat **M. Jacobsohn.** 1907. 1 M. 20 Pf.

17. Die **Deutsche Gebührenordnung für Rechtsanwälte und das Preußische Gebührengesetz** vom 27. September / 6. Oktober 1899. Von **R. Sydow** und **L. Busch.** Siebente Auflage. 1903. 1 M. 60 Pf.

18. **Reichsstempelgesetz (Börsensteuer, Frachturkunde, Kraftfahrzeuge, Personenfahrkarte, Tantieme für Aufsichtsratsmitglieder).** In der Fassung des Gesetzes vom 3. Juni 1906. Nebst Ausführungsbestimmungen, den Entscheidungen der höchsten Verwaltungsbehörden und des Reichsgerichts. Neunte Auflage von **P. Loeck,** Regierungsrat. 1906. 4 M. 50 Pf.

Dieser Band ist in größerem Format erschienen!

19. Die **Seegesetzgebung.** Von Dr. **W. E. Knitschky.** Dritte Auflage bearbeitet von Oberlandesgerichtsrat **Otto Rudorff** in Hamburg. 1902. 4 M. 50 Pf.

20. **Krankenversicherungsgesetz.** Von weil. Dr. **E. von Woedtke,** Direktor im Reichsamte des Innern. Elfte Auflage bearbeitet von Dr. **G. Eucken-Addenhausen,** Geh. Reg.-Rat und vortr. Rat im Reichsamte des Innern. 1905. 3 M.

21. Die **Konsulargesetzgebung.** Von Professor Dr. **Ph. Zorn.** Zweite Auflage. 1901. 3 M.

22a. **Patentgesetz.** Nebst Ausführungsbestimmungen, völkerrechtlichen Verträgen und der Patentanwalts-Ordnung unter eingehender Berücksichtigung der Rechtsprechung des Reichsgerichts und der Praxis des Patentamts. Erläutert von Professor Dr. **R. Stephan,** Geh. Reg.-Rat, Mitglied des Kaiserlichen Patentamts. Sechste Auflage. 1904. 2 M.

22b. Gesetz zum **Schutz der Warenbezeichnungen.** Nebst Ausführungsbestimmungen. Von Dr. **R. Stephan,** Geh. Reg.-Rat, Mitglied des Kaiserlichen Patentamts. Vierte Auflage. 1899. 1 M..

23. **Gewerbe-Unfallversicherungsgesetz.** Von weil. Dr. **E. v. Woedtke.** Neunte neubearbeitete Auflage von **Franz Caspar,** Direktor im Reichsamt des Innern. 1907. 2 M. 50 Pf.

24. **Aktiengesellschaft und Kommanditgesellschaften auf Aktien.** (Handelsgesetzbuch, II. Buch, Abschnitt 3 und 4). Mit Anmerkungen von **H. Keyssner,**

Kammergerichtsrat und Dr. **H. Veit Simon,** Rechtsanwalt. Fünfte Auflage. Bearbeitet von Dr. **Hugo Keyssner** und **L. Keyssner.** 1900. 2 M. 25 Pf.

25. **Brausteuergesetz** vom 3. Juni 1906 mit Ausführungsvorschriften. Von **A. Düffe,** Obersteuerkontrolleur. 1907. 3 M.

26. Die Reichsgesetzgebung über **Münz- und Notenbankwesen,** Papiergeld, Prämienpapiere und Reichsschulden. Von Dr. jur. **R. Koch,** Präsident des Reichsbankdirektoriums. Fünfte Auflage. 1905. 3 M.

27. Die Gesetzgebung, betr. das **Gesundheitswesen** im Deutschen Reich für Behörden, Aerzte ꝛc. Von Dr. jur. **C. Goesch** und Dr. med. **J. Karsten.** 1888. 1 M. 60 Pf.

28. **Bau-Unfallversicherungsgesetz.** Vom 30. Juni 1900. Von **R. Chrzescinski,** Kaiserl. Regierungsrat. Dritte Auflage. 1900. 2 M.

29. Reichsgesetz, betr. die **Erwerbs- und Wirtschaftsgenossenschaften.** Von **L. Parisius** und Dr. **H. Crüger.** Zwölfte Auflage bearbeitet von Dr. **H. Crüger.** 1907. ca. 1 M. 50 Pf.

30. **Invalidenversicherungsgesetz** vom 13. Juli 1899. Von weil. Dr. **E. v. Woedtke.** Zehnte Auflage bearbeitet von Regierungsrat **H. Follmann.** 1906. 4 M.

31. **Gewerbegerichtsgesetz.** Von Stadtrat **L. Mugdan.** Sechste Auflage bearbeitet von **W. Cuno,** Erstem Bürgermeister zu Hagen i. W. 1906. 2 M. 20 Pf.

32. Reichsgesetz, betr. die **Gesellschaften mit beschränkter Haftung.** Von **L. Parisius** und Dr. **H. Crüger.** Neunte Auflage von Dr. **H. Crüger.** 1907. 1,40 M.

33. **Vereins- und Versammlungsrecht** in Deutschland. Von Dr. **E. Ball,** zweite, völlig neubearbeitete Auflage von Dr. **F. Friedenthal.** 1907. ca. 2 M. 50 Pf.

34. Reichsgesetz, betreffend die **Abzahlungsgeschäfte.** Vom 16. Mai 1894. Von **J. Hoffmann.** Zweite vermehrte Auflage besorgt von Dr. **E. Wilke,** Landgerichtsrat. 1901. 1 M. 20 Pf.

35. Die **Reichs-Eisenbahngesetzgebung.** Von **W. Coermann,** Kaiserl. Amtsrichter. 1895. 2 M. 25 Pf.

36. Gesetze, betr. die **privatrechtlichen Verhältnisse der Binnenschiffahrt und der Flößerei.** Erläutert von **H. Makower.** Dritte Auflage bearbeitet von **E. Löwe,** Landgerichtsrat. 1903. 3 M.

37. Gesetz zur **Bekämpfung des unlauteren Wettbewerbes.** Vom 27. Mai 1896. Von Dr. **R. Stephan,** Geh. Regierungsrat. Dritte Auflage. 1903. 1 M.

38/39. **Bürgerliches Gesetzbuch nebst Einführungsgesetz.** Nach dem Tode des ursprünglichen Herausgebers Reichsgerichtsrats a. D. Dr. **A. Achilles** in Verbindung mit Professor Dr. **André,** Landrichter

Ritgen, Ober-Landesgerichtsrat **Strecker**, Ober-Regierungsrat Dr. **Unzner** herausgegeben von Geh. Ober-Justizrat **Greiff**. Fünfte Auflage. 8°. 1906. 6 M. 50 Pf.

Dieser Band ist in größerem Format erschienen!

40. Gesetz, betr. die **Pflichten der Kaufleute bei Aufbewahrung fremder Wertpapiere (Depotgesetz).** Mit Erläuterungen. Von **F. Lusensky**, Geh. Ober-Regierungsrat. Zweite Auflage. 1905. 1 M.

41. **Börsengesetz.** Vom 22. Juni 1896. Nebst Ausführungsbestimmungen. Unter Mitwirkung des Direktors im Reichsamt des Innern **A. Wermuth** bearbeitet von Regierungsrat **H. Brendel.** 1897. 1 M. 50 Pf.

42. **Grundbuchordnung** nebst den preußischen Ausführungsbestimmungen. Mit Einleitung. Von Professor Dr. **O. Fischer.** Vierte Auflage. 1906. 2 M.

43. Die Gesetzgebung, betr. die **Zwangsvollstreckung in das unbewegliche Vermögen** im Reiche und in Preußen. Mit Einleitung, Kosten- und Gebührentabellen. Von Dr. **J. Krech**, Kaiserl. Geh. Regierungsrat und Professor Dr. **O. Fischer.** Fünfte Auflage. 1907. 2 M.

44. Das Reichsgesetz über das **Auswanderungswesen** vom 9. Juni 1897 nebst Ausführungsverordnungen und Anlagen. Unter Benutzung amtlicher Quellen. Von Professor Dr. **Felix Stoerk.** 1899. 2 M. 25 Pf.

45. Das **Entmündigungsrecht** unter Berücksichtigung der für Preußen geltenden Vorschriften nebst der preußischen Justiz-Ministerial-Verfügung vom 28. November 1899. Text der zivil- und prozeßrechtlichen Bestimmungen mit Erläuterungen von Landgerichtsrat Dr. **P. Koll** in Cöln. 1900. 1 M. 50 Pf.

46. Die Gesetze des Reiches und Preußens über die **freiwillige Gerichtsbarkeit.** Mit Einleitung von **Herm. Jastrow,** Amtsgerichtsrat. Vierte Auflage. 1906. 3 M.

47. Das **deutsche Vormundschaftsrecht** und das preuß. Gesetz über die Fürsorgeerziehung Minderjähriger nebst den dazu gehörigen preußischen Nebengesetzen. Mit Einleitung und Erläuterungen von **Max Schultzenstein,** Oberverwaltungsgerichtsrat und Amtsgerichtsrat Dr. **Paul Köhne.** Zweite Auflage. 1901. 3 M.

48. Gesetze und Verordnungen, betr. den **Drogen-, Gift- und Farbenhandel** außerhalb der Apotheken. Von Dr. **Broh,** Rechtsanwalt. 1899. 1 M. 25 Pf.

49. Deutsche **Kolonialgesetzgebung.** Von Professor Dr. **Philipp Zorn.** 1901. 4 M. 50 Pf.

50. Der **Viehkauf** (Viehgewährschaft) nach dem Bürgerlichen Gesetzbuche. Mit Erläuterungen von Rechtsanwalt Dr. **H. Stölzle.** Nebst Verordn. betr. die Hauptmängel und Gewährsfristen beim Viehhandel. Von **H. Weiskopf,** Königl. Kreistierarzt in Augsburg. Dritte Auflage. 1904. 3 M.

51. **Hypothekenbankgesetz** vom 13. Juli 1899. Von Dr. **H. Göppert,** Gerichts-Assessor. 1900. 1 M. 80 Pf.

52. Gesetz, betreffend die gemeinsamen **Rechte der Besitzer von Schuldverschreibungen.** Von Dr. **Heinrich Göppert,** Gerichts-Assessor. 1900. 2 M.

53. **Reichspreßgesetz** vom 7. Mai 1874 nebst den einschlägigen Bestimmungen des Strafgesetzbuchs, der Gewerbeordnung rc. Kommentar von **A. Born,** Polizeiassessor. 1900. 1 M. 50 Pf.

54. Die Reichsgesetzgebung über den Verkehr mit **Nahrungsmitteln, Genußmitteln** und **Gebrauchsgegenständen.** Von Dr. **Georg Lebbin,** Nahrungsmittelchemiker. 1900. 2 M. 25 Pf.

55. Das Recht der **Beschlagnahme von Lohn- und Gehaltsforderungen.** Auf Grundlage der Reichsgesetze vom 21. Juni 1869 u. 29. März 1897 und der Zivilprozeßordnung. Von Rechtsanwalt **Georg Meyer.** Zweite Auflage. 1904. 2 M.

56. Gesetz, betr. die **Bekämpfung gemeingefährlicher Krankheiten.** Nebst Ausführungsbestimmungen. Von Dr. **Bruno Burkhardt,** Regierungsrat, Mitglied des Kais. Gesundheitsamts. 1900. 1 M. 40 Pf.

57. **See-Unfallversicherungsgesetz.** Von **Dr. Max Mittelstein,** Oberlandesgerichtsrat in Hamburg. 1901. 2 M.

58. **Das Recht der unehelichen Kinder.** Ausgabe aller einschlägigen Bestimmungen des BGB. Von **Hermann Jastrow,** Amtsg.-Rat. 1901. 1 M. 80 Pf.

59. Reichsgesetz über die **Beurkundung des Personenstandes und die Eheschließung.** Von Dr. **F. Fidler,** Amtgerichtsrat. 1901. 1 M. 80 Pf.

60. Gesetz, betreffend das **Urheberrecht an Werken der Literatur und der Tonkunst.** Von Landrichter **Otto Lindemann.** Zweite Auflage. 1907. 1 M. 60 Pf.

61. Gesetz über das **Verlagsrecht.** Von Justizrat **Ernst Heinitz.** 1901. 1 M. 50 Pf.

62. Gesetz über die **privaten Versicherungsunternehmungen.** Von **H. Könige,** O.L.G.-Rat. 1901. 3 M.

63. **Gesetzestafel des Deutschen Reichsrechts.** Systematisch geordnete Nachweisung des z. Z. geltenden Reichsrechts. Ergänzungsband zu der Guttentag'schen Sammlung Deutscher Reichsgesetze. Von **Hugo Bruhns,** Syndikus. 1902. 2 M. 50 Pf.

64. Gesetzsammlung betr. den **Handel mit Drogen und Giften.** Reichsgesetzl. Bestimmungen und Anhang mit den landesgesetzl. Verordnungen sämtlicher Bundesstaaten. Von Rechtsanwalt **H. Sonnenfeld,** Syndik. d. Berl. Drogisten-Innung. 1902. 3 M.

65. Das **Weingesetz** vom 24. Mai 1901. Mit Ausführungsbestimmungen erläutert von Dr. **Georg Lebbin,** Handels- und Gerichtschemiker zu Berlin. 1902. 1 M. 50 Pf.

66. Die **Eisenbahn-Gesetzgebung.** Von **W. Pietsch,** Geh. exp. Sekretär im Reichs-Eisenbahn-Amt. 1902. 5 M.

67. **Militär-Strafgesetzbuch.** Mit den Entscheidungen des Reichs-Militärgerichts von Dr. **Paul Herz,** Senats-Präsident am Reichs-Militärgericht und Kriegsgerichtsrat Dr. **Georg Ernst.** 1903. 3 M.

68. Das **Fleischbeschaugesetz.** Vom 3. Juni 1900. Mit Ausführungsges. u. Verordnungen im Reiche und in Preußen. Von Dr. **Georg Lebbin,** Gerichtschemiker und Rechtsanwalt Dr. **Georg Baum.** 1903. 4 M.

69. Reichsgesetz über die **Naturalleistungen der bewaffneten Macht im Frieden** nebst den zugehörigen in Preußen geltenden Bestimmungen. Von Regierungsassessor Dr. **Walter v. Hippel.** 1903. 1 M. 25 Pf.

70. Das **Reichs-Haftpflichtgesetz,** betr. die Verbindlichkeit zum Schadensersatz für die bei dem Betriebe von Eisenbahnen, Bergwerken, Steinbrüchen, Gräbereien und Fabriken herbeigeführten Tötungen und Körperverletzungen, vom 7. Juni 1871. Von Regierungsrat Dr. **G. Eger.** 1903. Preis 3 M.

71. **Kinderarbeit in gewerblichen Betrieben,** v. 30. März 1903. Nebst der Preuß. Ausführ.-Anw. v. 30. Nov. u. d. Bek. des Reichskanzlers v. 17. Dez. 1903. Von **H. Spangenberg,** Oberverwaltungsgerichtsrat. Zweite vermehrte Auflage. 1904. 1 M. 60 Pf.

72. **Unfallversicherungsgesetz für Land- und Forstwirtschaft** vom Wirkl. Geh. Rat Dr. **E. von Woedtke,** fortgesetzt von Dr. **Alfred Radtke,** Geh. Regierungsrat und Senatspräs. im Reichsversicherungsamt. 1904. 4 M. 50 Pf.

73. **Entschädigung für unschuldig erlittene Verhaftung und Bestrafung.** Nebst Anhang, enth. die dazu gehörigen Nebengesetze über Schadensersatz. Von Dr. jur. **A. Romen,** Geh. Kriegsrat und vortr. Rat im Kriegsministerium. 1904. 2 M.

74. Die **Kaufmannsgerichte** nebst den preuß. Ausführungsbestimmungen. Von Dr. **Max Apt,** Syndikus der Korporation der Berliner Kaufmannschaft. Dritte Auflage. 1905. 2 M.

Daraus einzeln: **Preuß. Ausführungsbestimmungen.** 50 Pf.

75. Reichsgesetz über die **Konsulargerichtsbarkeit.** Erläutert von Dr. jur. **A. F. Vorwerk,** Rechtsanwalt in Schanghai. 1905. 2 M.

76. **Die Rechtshilfe im Verkehr mit den ordentlichen Gerichten nach deutschem Reichsrecht.** Zusammenstellung aller in Betracht kommenden Gesetzesstellen. Von Landrichter Dr. **A. Friedländer.** 1906. 1 M. 80 Pf.

77. **Das Reichserbschaftssteuergesetz.** Vom 3. Juni 1906. Von **Ulrich Hoffmann,** Geh. Registrator im Königl. Preuß. Finanzministerium. 1906. 2 M. 60 Pf.

78. **Zigarettensteuergesetz.** Vom 3. Juni 1906. Von Dr. **Cuno,** Gerichtsassessor. 1906. 1 M. 80 Pf.

79. **Die Militärpensionsgesetze** vom 31. Mai 1906 nebst den Ausführungsbestimmungen. Zum praktischen Gebrauch für Heer, Marine und Schutztruppe, von Dr. jur. **A. Romen,** Wirklicher Geheimer Kriegsrat und vortr. Rat im Kriegsministerium. a) I. Teil: Offizierpensionsgesetz. 3 M. 50 Pf. b) II. Teil: Mannschaftsversorgungsgesetz. Im Druck.
Jeder Teil ist einzeln käuflich.

80. **Reichsgesetzgebung über gerichtliche Registerführung.** Textausgabe der einschlägigen Gesetzesbestimmungen mit Anmerkungen und Sachregister von **Otto Lindemann,** Landrichter. 1906. 3 M.

81. **Gesetz, betr. Urheberrecht an Werken der bildenden Künste und der Photographie.** Von Dr. **Ludw. Fuld,** Rechtsanwalt. 1907. 1 M.

Guttentag'sche Sammlung

Preußischer Gesetze.

Text-Ausgaben mit Anmerkungen. Taschenformat.

---

1. Die **Verfassungs-Urkunde** für den Preußischen Staat. Mit Einleitung, vollständigem Kommentar. Von Prof. Dr. **Adolf Arndt.** Sechste Auflage. 1907. 3 M. 50 Pf.

2. Preußische **Beamten-Gesetzgebung.** Enthaltend die wichtigsten Beamtengesetze in Preußen. Von **C. Pfafferoth.** Vierte, neubearb. Auflage. 1905. 2 M.

3. **Die Aufnahme des Notteftaments** durch die bestellten besonderen Urkundspersonen. Anweisung vom 15. März 1904. Erläutert mit Musterbeispielen und einem Abriß des Erbrechts von Amtsgerichtsrat **C. Kurtz.** 1904. 1 M. 50 Pf.

4. **Gebührenordnung** für **Notare** vom 25. Juni 1895 nebst den einschlägigen Vorschriften des Preußischen Gerichtskostengesetzes. Von **R. Sydow.** Zweite Auflage bearbeitet von Dr. **E. Mosler,** Gerichtsassessor. 1900. 1 M. 50 Pf.

5. Gesetz vom **24. April 1854 (betr. die außerehel. Schwängerung).** Von Dr. **Schulze.** 1873. 75 Pf. Gültiges Recht siehe: Reichsgesetze Nr. 58.

6. Die Preuß. **Ausführungsgesetze und Verordnungen zu den Reichs-Justizgesetzen.** Von **R. Sydow.** Dritte vermehrte Auflage. 1895. 2 M. 40 Pf.
   Siehe Seite 22, Busch, Ausführungsgesetze.
7. Allg. **Gerichtsordnung** vom 6. Juli 1793 und Preuß. **Konkursordnung** vom 8. Mai 1885. Von **F. Vierhaus,** Geh. Ober-Justizrat. Vergriffen.
8. **Vormundschaftsordnung.** Von **F. Schultzenstein.** Gültiges Recht siehe: Reichsgesetze Nr. 47.
9. Die Preußische **Grundbuchgesetzgebung.** Von Prof. Dr. **Fischer.** Vergriffen. Siehe: Reichsgesetze Nr 42.
10. **Einkommensteuergesetz.** Von **A. Fernow,** Geh. Ober-Finanzrat. Sechste Auflage. 1906. 3 M.
11. **Gewerbesteuergesetz.** Von **A. Fernow,** Geh. Ober-Finanzrat. Vierte, vermehrte Auflage. 1905. 2 M.
12. **Allgemeines Berggesetz** für die Preußischen Staaten vom 24. Juni 1865 nebst den preußischen Berggesetznovellen. Mit Einleitung, Erläuterungen und Sachregister bearbeitet von **W. Westhoff** und **W. Schlüter.** 1906. 4 M.
13. **Ergänzungssteuergesetz** (Vermögenssteuergesetz). Von **A. Fernow,** Geh. Ober-Finanzrat. Vierte vermehrte Auflage. 1907. 2 M. 40 Pf.
14. **Kommunalabgabengesetz.** Vom 14. Juli 1893 und Gesetz wegen Aufhebung direkter Staatssteuern. Von Dr. **F. Adickes,** Oberbürgermeister. Vierte Auflage. 1906. 1 M. 50 Pf.

15. Die **Kreisordnungen** für den Preußischen Staat. Von **O. Kolisch,** Landgerichtsrat. 1894. 4 M.

16. **Konzessionierung gewerblicher Anlagen.** Preuß. Ausführungs-Anweisung zu §§. 16 u. ff. der Gewerbe-Ordnung. Von Dr. **W. v. Rüdiger,** Geh. Regierungs- u. Gewerberat. Zweite Auflage. 1901. 2 M.

17. Preußisches **Gerichtskostengesetz.** Mit Kostentabellen. Von Dr. **P. Siméon,** Landrichter. Vierte Auflage. 1904. 2 M. 25 Pf.

18. Preußisches **Stempelsteuergesetz** vom 31. Juli 1895. Mit den gesamten Ausführungsbestimmungen und vollständigen Tabellen. Von **P. Loeck,** Regierungsrat. Sechste Auflage. 1907. 6 M.

Dieser Band ist in größerem Format erschienen.

19. Das **Jagdscheingesetz.** Mit ausführlichen Erläuterungen. Von **F. Kunze,** Wirklichem Geh. Ober-Regierungsrat. Zweite Auflage. 1899. 2 M.

20. Die **preußischen Erbschaftssteuergesetze.** Unter Berücksichtigung der Novelle vom 31. Juli 1895. Von **U. Hoffmann,** Geh. Registrator im Königl. preuß. Finanzministerium. 1905. 4 M.

(Reichserbschaftssteuergesetz s. Reichsgesetze Nr. 77).

21. Gesetz über die **Handelskammern.** Vom 19. August 1897. Mit Erläuterungen von **F. Lusensky,** Geh. Regierungsrat. 1897. 3 M.

22. **Gesetz**, betr. **Anstellung und Versorgung der Kommunalbeamten.** Mit Ausführungsanweisung. Von Dr. **W. Ledermann,** Magistratsassessor zu Berlin. 1899. 1 M. 25 Pf.

23. **Ausführungsgesetz zum Bürgerlichen Gesetzbuche.** Von Landrichter Dr. **P. Siméon.** 2. Aufl. 1905. 1 M. 80 Pf.

24. Die **Hinterlegungsordnung** in der Fassung des Ausführungsgesetzes z. BGB. v. 20. Sept. 1899 nebst Ausführungsbestimmungen. Von Regierungsassessor Dr. **Georg Bartels.** 1900. 1 M. 50 Pf.

25. **Preußische Kommunalbeamtengesetzgebung.** Von Magistr.-Assess. Dr. **Fr. Kremski,** Berlin. 1901. 3 M.

26. Gesetze über das **Diensteinkommen der Lehrer und Lehrerinnen, Ruhegehalt und Fürsorge für Hinterbliebene.** Tabelle zur Berechnung der Ruhegehalts-, Witwen- u. Waisenbezüge. Von Dr. **Ed. Cremer,** Beigeordneter. 1900. 2 M. 40 Pf.

27. **Gesetz**, betreffend die **Warenhaussteuer.** Von Geh. Ober-Finanzrat Dr. **G. Strutz.** 1900. 1 M. 20 Pf.

28. **Gesetz** über die **Fürsorgeerziehung Minderjähriger.** Nebst Ausführungsbestimmungen. Von Landgerichtsdirektor Dr. **P. F. Aschrott.** Zweite umgearbeitete Auflage. 1907. 2 M. 80 Pf.

29. **Gesetz**, betr. **die ärztlichen Ehrengerichte, das Umlagerecht und die Kassen der Aerztekammern.** Von Amtsgerichtsrat Dr. **Fidler.** 1901. 1 M. 50 Pf.

30. **Die das Preußische Staatsschuldbuch und Reichsschuldbuch** betr. Gesetze nebst Ausführungsbestimmungen. Von Wirkl. Geh. Ober-Finanzrat **J. Mücke,** Mitglied der Staatsschuldenverwaltung. 1902. 2 M.

31a. **Die geltenden Preußischen Gesindeordnungen.** Herausgegeben in zwei Bänden von **Stephan Gerhard,** Rechtsanwalt in Berlin. 1902.

Band I: Gesindeordnung für die altpreußischen Provinzen vom 8. XI. 1810, mit Erläuterungen unter Berücksichtigung der Ergänzungsgesetze und der Rechtsverhältnisse der Gesindevermieter, sowie die Gesindeordnung für Neuvorpommern und Rügen und für die Rheinprovinz. 2 M. 50 Pf.

31b. **Band II:** Gesindeordnungen für Hannover, Schleswig-Holstein, Hessen-Nassau und den Regierungsbezirk Hohenzollern. 2 M. 50 Pf.

32. **Die Städteordnung für die sechs östlichen Provinzen** Preußens vom 30. Mai 1853 nebst ihren gesetzlichen Ergänzungen. Von **Dr. jur. Walter Ledermann,** Magistrats-Assessor zu Berlin. 1902. 6 M.

Dieser Band ist in größerem Format erschienen!

33. **Rentenguts- und Anerbenrechts-Gesetzgebung in Preußen.** Von Landgerichtsrat **M. Peltasohn** und Rechtsanwalt **Bruno Peltasohn.** 1903. 3 M.

34. Sammlung der wichtigsten preußischen Strafgesetze nebst Anhang: Gesetz betr. polizeiliche Strafverfügungen vom 23. April 1883. Von **Otto Lindemann,** Amtsrichter. 1903. 2 M. 50 Pf.

Inhalt: Mobiliar-Feuerversicherung — Chausseegeld — Jagdpolizei — Jagdschein — Wild-Schonzeit — Fischerei — Versammlungs- u. Vereinigungsrecht — Belagerungszustand — Gesindedienstpflichten — Mineraliengewinnung und -Aneignung — Schlachthäuser — Dampfkesselbetrieb — Wandergewerbebetrieb — Reblausverbreitung — Forstdiebstahl — Wald- u. Wassergenossenschaften — Feld- u. Forstpolizei — Lotteriespiel — Verkehrsabgaben — Landestrauer.

35. Geschäftsordnung für Gerichtsvollzieher. Gerichtsvollzieherordnung und Gebührensätze von Amtsgerichtssekretär a. D. **Emil Exner.** 1904. 3 M. 50 Pf.

36 Die Gesetzgebung über Polizeiverordnungen in Preußen von **Otto Lindemann,** Amtsrichter in Köslin. 1904. 1 M. 50 Pf.

37. Gesetz über die Enteignung von Grundeigentum vom 11. Juni 1874. Von Landrichter **O. Meyer.** 1905. 2 M.

38. Kreis- und Provinzial-Abgabengesetz. Vom 23. April 1906. Von **Fr. Schmidt,** Gemeindevorsteher. 1906. 1 M. 25 Pf.

39. Gesetz betr. die Unterhaltung der öff. Volksschulen. Vom 28. Juli 1906. Von **Dr. A. Marcks,** Regierungsrat. 1906. 2 M.

Guttentag'sche Sammlung von Text-Ausgaben mit Sachregister ohne Anmerkungen

Militärstrafgerichtsordnung nebst **Einführungsgesetz** u. Ges., betr. Dienstvergehen der richterlichen Militärjustizbeamten u. unfreiwillige Versetzung derselben usw. **Militär-Strafgesetzbuch** mit Abdruck der entsprechenden Bestimmungen des Reichs-Strafgesetzbuchs. Zweite Auflage. 1 M. 50 Pf.

Die Preußischen Ausführungsgesetze, Verordnungen und ministeriellen Verfügungen zu dem Bürgerlichen Gesetzbuche und den Reichs-Justizgesetzen nebst anderen zugehörigen Gesetzen. Textausgabe, nach Materien geordnet, mit Sachregister von **L. Busch.** Zweite Auflage von Gerichtsassessor **O. Eylau.** 8°. Preis geb. 4 M. 50 Pf.

Die Preußischen Ausführungsgesetze zum Bürgerlichen Gesetzbuche und Nebengesetze. Text-Ausgabe ohne Anmerkungen. Fünfte Auflage. Taschenformat. Preis geb. in ganz Leinen 1 M. 80 Pf.

Handbuch des Testamentsrechts

mit zahlreichen Beispielen und Formularen.

Dargestellt von **Heinrich Peiser,** Landgerichtsrat in Danzig. gr. 8°. Zweite Auflage. Im Druck.

Arndt, Verfassung des Deutschen Reichs. Zweite Auflage. 8°. Geb. 4 M. 50 Pf.

Behrens, Handbuch für Vereine. 8°. Geb. 1 M.

Born, Das preußische Baupolizeirecht nebst den Bestimmungen des Ansiedelungs-, Feld- und Forstpolizei-, Waldschutz- und Deichgesetzes, sowie dem Fluchtlinien-, Rayongesetz und Ges. über die Zulässigkeit des Rechtsweges gegen polizeiliche Verfügungen. Kommentar. gr. 8°. 10 M.; geb. 11 M.

Delius, Die Haftpflicht der Beamten. 8° Geb. 2 M.

Delius, Die Rechtsverhältnisse der geschlossenen Gesellschaften und Vereine. 8°. Geb. 1 M. 60 Pf.

v. Strauß u. Torney, Straßen-Baufluchten-Gesetz v. 2. Juli 1875. 5. völlig neu bearbeitete Auflage des Kommentars v. **R. Friedrichs.** Geb. 5 M.

Holtgreven und Wolff, Das Wildschadengesetz. Kommentar. 4. Auflage. 8°. Geb. 4 M. 50 Pf.

Königs, Handelsgesetzbuch. 8°. Geb. 4 M. 50 Pf.

Telegraphenwege-Gesetz. Amtliche Ausgabe. 8°. Geb. 1 M.

Wilhelmi, Das Handwerkergesetz Kommentar. Geb. 6 M.

Winter, Bürgerliches Gesetzbuch nebst Einführungsgesetz unter Einfügung der preußischen Ausführungsbestimmungen. 2. Ausgabe. 8°. Geb. 3 M.

Wie leitet man eine Versammlung? Geschäftlicher Handweiser für Vorsitzende. kl. 8°. Geb. 1 M.

Schlagwort-Register.

R. = Nummer der Sammlung Deutscher Reichsgesetze.
P. = Nummer der Sammlung Preußischer Gesetze.
S. = Seite.

FSC
www.fsc.org
MIX
Papier | Fördert
gute Waldnutzung
FSC® C083411

Kolibri 360 GmbH
Ferdinand-Jühlke-Straße 7
99095 Erfurt, Deutschland
produktsicherheit@kolibri360.de